中南财经政法大学出版基金资助出版

中南财经政法大学
青 年 学 术 文 库

贝叶斯分位面板协整方法及应用

李素芳　著

WUHAN UNIVERSITY PRESS
武汉大学出版社

图书在版编目(CIP)数据

贝叶斯分位面板协整方法及应用/李素芳著.—武汉：武汉大学出版社，2020.12(2022.4 重印)
中南财经政法大学青年学术文库
ISBN 978-7-307-21889-5

Ⅰ.贝…　Ⅱ.李…　Ⅲ.计量经济学—贝叶斯方法—研究　Ⅳ.F224.0

中国版本图书馆 CIP 数据核字(2020)第 214242 号

责任编辑:范绪泉　　责任校对:李孟潇　　版式设计:马　佳

出版发行：**武汉大学出版社**　(430072　武昌　珞珈山)
(电子邮箱：cbs22@whu.edu.cn　网址：www.wdp.com.cn)
印刷:武汉邮科印务有限公司
开本:720×1000　1/16　印张:12.75　字数:181 千字　插页:2
版次:2020 年 12 月第 1 版　2022 年 4 月第 2 次印刷
ISBN 978-7-307-21889-5　定价:39.00 元

序　言

非平稳面板数据研究是目前计量经济学领域中的前沿问题，其中，面板单位根和协整研究，作为时间序列单位根与传统协整理论在面板数据中的发展和延伸，更具有重要意义。本书目的是向读者介绍贝叶斯分位面板协整方法及其应用，包括贝叶斯面板协整简介、贝叶斯分位面板协整的基础理论、线性的贝叶斯分位面板协整方法、平滑变结构分位面板协整方法以及门限分位面板协整方法，并将贝叶斯分位协整方法应用于原油与股票市场的关系研究。全书分为 6 章，具体内容安排如下：

第 1 章：贝叶斯面板协整简介。本章阐述本书的研究背景和意义，对国内外研究现状进行综述，并对研究思路、主要研究内容及论文结构安排等进行说明。

第 2 章：贝叶斯分位面板协整的基础理论。本章对面板协整的定义和模型表示进行介绍；对贝叶斯定理、贝叶斯决策理论以及贝叶斯分位回归理论进行系统描述；接着讨论了贝叶斯协整中贝叶斯因子以及后验概率比的计算；最后讨论了面板分位回归模型的 MCMC 抽样算法。

第 3 章：基于动态公共因子的贝叶斯分位面板协整。本章利用动态公共因子来刻画截面相依特征，提出考虑了截面相依特征的面板协整回归模型；并对模型进行贝叶斯分位推断，对模型参数先验选择以及先验分布的灵敏度进行讨论；然后设计模型参数估计以及协整检验的 MCMC 抽样算法；最后，利用 Monte Carlo 仿真实验对贝叶斯分位面板协整的性质进行了更深入的探讨。

第 4 章：基于贝叶斯分位回归的变结构面板协整。本章首先对传统变结构协整问题进行了介绍，并提出了具有平滑突变的面板变结构协整；其次，利用傅立叶级数来刻画变结构特征，从贝叶斯的角度对平滑变结构面板协整回归模型进行了分位推断，并对模型参数先验选择以及先验分布的灵敏度进行分析；然后设计模型参数估计以及协整检验的 MCMC 抽样算法；最后，利用 Monte Carlo 仿真实验对面板时间序列的贝叶斯分位变结构协整的性质进行了进一步的讨论。

第 5 章：基于贝叶斯分位回归的面板门限协整。本章首先对门限协整以及面板门限协整的应用背景进行了介绍，指出贝叶斯门限协整方法的优点；然后，提出面板门限协整模型，并利用非对称 Laplace 分布，从贝叶斯角度对面板门限协整模型进行分位回归分析，得到模型参数的贝叶斯分位估计；然后设计模型参数估计以及协整检验的 MCMC 抽样算法；最后，利用 Monte Carlo 仿真实验对面板时间序列的贝叶斯分位门限协整的性质进行了进一步的讨论。

第 6 章：国际原油与股票市场的面板协整研究。本章利用面板数据，分别在传统面板协整和贝叶斯分位面板协整理论框架下，对原油价格波动与中国各行业股票市场之间的动态关系进行了变结构协整分析；接着，针对跨国股票市场进行研究，分别利用面板门限协整方法和贝叶斯分位面板门限协整方法，对国际原油价格与多国股票市场间的联动性关系进行分析；最后进行了结果比较。

在本书的撰写过程中，湖南大学朱慧明教授和英国 Brunel 大学 Keming YU 教授提出了许多宝贵意见。在本书的出版过程中，得到了武汉大学出版社的大力支持及帮助。作者在此表示衷心感谢！

由于作者水平所限，书中存在的问题肯定还是不少的，作者恳请专家和读者提出宝贵的批判意见。

作　者

目　　录

第1章
贝叶斯面板协整简介

1.1 研究背景与意义

1.1.1 研究背景

面板数据是研究社会与经济动态演化行为、揭示经济运行规律及社会发展趋势的重要工具。它能够刻画多个不同个体随时间变化的行为特征，进而分析各个个体之间的共性与异质性。随着面板数据库的逐步发展和日益完善，相对长时期的面板数据库已经可以获得。因此，诺贝尔经济学奖获得者 Engle & Granger 提出的时间序列协整理论[1]在面板时间序列分析中能够得以进一步发展；这种面板数据框架下的协整理论，即面板协整，由于其自身的优势引起了越来越多学者的关注。众所周知，在有限样本下，纯时间序列单位根与协整检验普遍存在检验势低的缺陷，而面板检验的主要优势在于，靠增加截面维数，增加各个时期可获得的信息量[2]。面板协整模型是利用面板数据研究变量间的长期关系，同时综合了截面维度和时间维度的数据信息，从而提高协整检验的检验势和协整预测的准确性。

最初发展的面板单位根与协整检验都是假设面板中各个截面的个体时间序列具有独立同分布特征。这一假设是为了满足 Lindberg-Levy 中心极限定理的条件，以得到服从渐进正态分布的检验统计量。但是，由于全球国际趋势和国际经济周期等共同驱动的影响，宏观经济或金融面板数据，尤其是由国家(地区或个体单元)构成的面板，其面板数据之间通常存在截面相依特征。此时，截面个体独立的假设过于严格且不符合实际应用背景，如果不考虑国家(或地区)之间的相依性直接利用截面个体独立的面板单位根与协整进行分析，会导致检验误判以及预测失灵的问题。因此，考虑截面相依条件下的面板单位根与面板协整理论尤为重要。最近，作为非平稳面板数据研究中的一个重要问题，截面相依面板协整的研究已经成为目前国际计量经济领域的前沿性问题。

从现有的研究来看，尽管考虑截面相依的面板单位根检验已在最近提出，但协整检验方面的进程却慢得多。并且，现有面板协整模型是基于传统统计(或频率统计)理论建立起来的，它存在以下几个方面的问题：

(1)在现有面板协整模型中，其渐进性质主要依赖于个体数 N 和时期数 T 趋向无穷的假设。但是，实际应用中，面板数据的个体数和时期数一般都有限，从而导致面板协整检验水平歪曲(size distortion)和检验势(power)不稳定的小样本性质问题。因此，基于传统统计技术的现有面板协整理论难以保证面板协整检验的可靠性和协整预测的准确性。

(2)现有面板协整模型难以全面刻画响应变量与协变量的长期均衡关系。现有面板协整模型是一种条件均值模型，其主要目的是估计和检验均值效应，分析变量均值间的长期关系；然而，数据的信息是全方位的，传统面板协整建模过程中容易受到异常数据点的影响，不能全面地挖掘数据中所包含的信息，难以全面地刻画变量间的长期均衡关系。

1.1.2　研究意义

贝叶斯分位回归方法为解决传统面板协整模型存在的上述问题提供了一种有效的研究工具。2007 年，Granger 在 Rotterdam 举行的协整专题会议上就指出了协整未来可能分析的主题——协整分位时间序列。面板时间序列的贝叶斯分位协整作为协整分位时间序列的一个新发展，融合了贝叶斯统计以及分位协整的优点。首先，贝叶斯方法避免了传统面板协整中原假设设置为存在协整或不存在协整的假设检验问题，而是利用后验概率比(posterior probability ratio)直接计算协整模型的确切概率，能够得到更准确的结果；其次，贝叶斯分位回归方法可以通过设置多个分位点，构建分位协整模型体系，从而描述不同分位点上响应变量与协变量之间的关系，达到全面刻画变量之间动态关系的目的。

同时，截面相依条件下的协整模型理论放松了误差项服从独立同分布的假设，从而能够刻画个体间可能存在的共同驱动，体现个体间的相互依存程度，因此，更符合实际应用背景。而且，由于截面个体间潜在的相依性，在截面独立假设条件下构造的面板协整检验统计量存在冗余参数(nuisance parameter)问题，往往变得不再有效，从而可能影响面板协整检验的有限样本性质，导致协整检验错误判断的问题。所以，考虑截面相依条件下的面板协整模型不仅仅是一个检验水平和检验势的技术问题，在实际经济背景下，它更是一个与动态关系中国家(地区、部门或个体单元)的相依特征有关的经济问题。截面相依条件下的面板协整研究将具有重要的理论与现实意义。

目前，截面相依条件下的面板协整理论及其应用研究尚处于初始阶段，其建模、推断、算法设计及应用方面的研究还很少，因此，要形成一套完善的面板协整理论体系，还需要从各个角度去研究面板协整模型。本书将利用贝叶斯统计理论和分位回归方法，在面板协整模型中对截面相依特征进行刻画，提出截面相依条件下的贝叶斯分位面板协整模型，并设计相应的 MCMC 算法，构建贝叶斯分位面板协整理论体系，为该领域的研究提供新视角；并且，贝叶斯分位回归面板协整模型可以为实际应用提供新的理论支撑，它可以广泛应用于经典经济理论的检验以及经济运行规律的探索，也可以用于经济管理及金融领域中经济金融行为的预测预报分析，为企业管理决策以及国家宏观经济政策提供重要的参考依据。

1.2　相关理论的来源及发展

1.2.1　面板协整理论

协整理论作为对传统计量经济学的一个重大突破，一直是计量经济学界关注的焦点之一。1987 年，著名计量经济学家 Engle 和 Granger 关于协整的突破性成果在国际顶级期刊 *Econometrica* 上发表[1]。此后，大量关于协整的理论与应用研究不断涌现，Engle 和 Granger 也因此获得 2003 年诺贝尔经济学奖。

协整理论在计量经济理论与应用中的地位如此重要，以致继 2007 年 3 月 23 日在 Rotterdam 开展的协整专题会议以后，*Journal of Econometrics* 即收集了此次会议中的优秀论文并将其发表在该期刊 2010 年第 158 卷第 1 期，名为“Twenty Years of Cointegration”的专刊上。在过去的 20 多年中，协整理论已经取得了丰硕的研究成果，它历经了从线性到非线性、从传统频率统计下的协整到贝叶斯协整、从时间序列协整到面板时间序列协整的多维度发展。

1.2.1.1　面板线性协整

面板协整是纯时间序列协整理论的进一步发展，其主要目的是利用面板数据挖掘更多的数据信息以便更有效地解释变量间的长期均衡关系。因此，如果按照与纯时间序列协整理论类似的方法进行分类，传统面板协整主要分为基于残差的面板协整和基于似然的面板协整；其中，基于残差的两步面板协整方法只关注协整是否存在的问题，而基于似然的面板协整还需要考虑协整关系个数的估计问题。如果按照截面相依假设条件来分，则传统面板协整主要分为截面独立条件下的面板协整和截面相依条件下的面板协整。

在截面独立假设条件下，McCoskey 和 Kao[3] 根据面板单位根 IPS 检验的思想，利用各个个体的拉格朗日乘数(LM)统计量的截面平均首次进行基于残差的面板协整检验，其中原假设为存在协整关系。Kao[4] 则按照纯时间序列协整中的基于残差的 EG 协整的思路，得出以不存在协整为原假设的面板残差协整检验的渐进性质和模拟结果。Kao 和 Chiang[5] 以及 Pedroni[6,7] 也提出了以不存在协整关系为原假设的基于残差的协整检验方法，特别地，它们考虑了异质性面板中的协整估计问题。Westerlund[8] 则通过完全修正最小二乘(FMOLS)估计[9]或动态最小二乘(DOLS)估计[10]得到的有效残差构造面板 CUSUM 检验统计量，进行异质性面板的协整检验。另一方面，Larsson 和 Lyhagen[11]首先研究了截面个体独立的多变量面板模型中的基于似然的面板协整检验；进而，Larsson 和 Lyhagen[12]以及 Larsson 等[13]则在假设各个个体具有共同协整秩的条件下，研究了截面独立的异质性面板的基于似然的面板协整检验，其中，Larsson 等的检验假设个体间相互独立而且要求时间 T 很大，不能保证小样本条件下的检验可靠性。

在截面相依假设条件下，面板单位根与协整的相关研究最早始于 O'Connell[14]应用共同时间效应和 GLS 方法控制截面相依，提出考虑了截面相依的单位根检验，以进行购买力平价检验。然而，这种检验只考虑了一种很特殊的时不变截面相依形式，因此，具有很大的局限性。之后，截面相依条件下的面板协整在近些年得到迅速发展。针对更为普遍的截面相依特征，截面相依条件下的面板协整主要分为基于公共因子(common factor)结构的截面相依面板协整和基于 bootstrap 方法的截面相依面板协整。Gengenbach 等[15]提出了一种简单的两步方法以处理带有公共因子的面板中的协整问题。Westerlund[16]只在协整残差中考虑了公共因子，而没有在变量本身中考虑公共因子结构，Bai 和 Carrion-i-Silvestre[17]以及 Gengenbach 等[15]虽然设定了更一般的公共因子形式，但是他们分别假定了协整向量具有同质性和因子载荷矩阵是满秩且分块对角的条件。同时，当协整面板回归中具有未知公共因子结构的截面相依误差时，Westerlund[18]提出了一种偏差调整的估计量。最近，针对截面相依是非平稳公共因子的形式时，长期平均回归系数的 bootstrap 检验（例如，Fuertes[19]提出的 bootstrap 检验）会得出错误判断的问题，Urbain 和 Westerlund[20]利用共同随机趋势刻画截面个体间的特殊相依形式——截面个体间协整，既考虑了面板协整又考虑了个体间协整；而 Kapetanios 等[21]则将 Pesaran[22]的工作拓展到不可观测公共因子是否是非平稳的检验中。以往的研究主要关注面板协整的估计和检验，与之不同的是，Westerlund 和 Hess[23]的研究则主要关注检验协整参数的同质性限制问题，其中，为了处理违背截面独立假设所造成的影响，假设用少量公共因子来刻画相依性。这个假定的主要优势在于它减少了截面相依的维数，使得新提出的检验即使在 N 大于 T 的情形下也适用。Bai 和 Kao[24] 在考虑截面相依条件下运用因子模型研究了面板协整回归的估计问题，提出了传统面板 FMOLS 估计的因子扩展形式（factor-augmented version）。继而，林谦、黄浩、黎实[25] 在其基础上对模型进行了异方差修正，并提出了协整系数检验的组间均值 t 统计量。Berenguer-Rico 和 Carrion-i-Silvestre[26] 则考虑了具有公共因子面板中的多重协整（multicointegration）检验问题。

Westerlund[27] 以及 Westerlund 和 Basher[28] 用 bootstrap 方法考虑面板协整模型中的截面相依特征。Westerlund 和 Edgerton[29] 将 sieve bootstrap 应用到面板协整中以考虑更广泛的截面相依结构，提出了一种新的基于 LM 检验的面板协整检验方法。Di Iorio 和 Fachin[30] 则认为基于 sieve bootstrap 的面板协整检验在小样本中会有检验势偏低的缺陷，提出基于分块 bootstrap 方法的残差形式面板协整检验。Fachin[31] 通过实际应用分析说明分块 bootstrap 方法对处理实际中的截面相依协整问题特别有效。这些面板协整都是基于残差的协整检验，在 VECM 框架下的基于似然的截面相依面板协整的研究，目前还只有 Groen 和 Kleibergen[32] 以及 Breitung[33] 的相关工作。

此外，Demetrescu 和 Tarcolea[34] 提出基于非线性工具变量的截面相依面板协整检验。Westerlund[35] 则首先在截面独立条件下提出基于方差比检验的面板协整检验方法，进而放松截面独立假设，构造修正的方差比检验以进行具有广泛的截面相依形式的面板协整检验。Westerlund[36] 指出，当均衡误差有截面相依时，用动态似不相关（DSUR）进行协整面板回归中的估计。张晓峒等[37] 则研究了序列相关时的面板数据虚假回归问题。Caporate 和 Cerrato[38] 在购买力平价背景下对现有面板单位根与协整检验进行了综述，既考虑了截面独立的情况又讨论了截面相依的情形，发现面板方法仍然不能解决购买力平价之谜。

另一方面，在贝叶斯框架下，面板线性协整的相关研究也在逐年增多。在贝叶斯面板单位根检验与协整模型研究方面，Meligkotsidou 等[39] 研究了截面相依面板模型的贝叶斯单位根检验方法，并将其用于研究 G-7 国家的 GDP 面板数据问题；Koop 等[40]进行了面板数据协整模型的贝叶斯推断分析，该模型每个截面单元有一个 ECM 表示，不同截面单元有不同的协整秩和协整空间。在贝叶斯面板线性协整模型的预测方面，Carriero 等[41]利用一个大型贝叶斯 VAR 模型系统预测了 33 个国家对美国的汇率面板数据，结果发现对大部分国家而言，贝叶斯 VAR 模型系统预测效果比随机游走模型的预测效果好。Mol 等[42]把基于正态和双指数先验的贝叶斯回归作为面板数据的预测方法。Lahiri 和 Sheng[43]应用各个不同机构的异质性贝叶斯学习模型以识别专业预测者对通货膨胀率的期限结构和实际 GDP 预测持同意和不同意观点所依据的方法的相对重要性。Trapani 和 Urga[44]比较了同质性面板估计量、异质性面板估计量和贝叶斯面板估计量的预测准确性，发现当异质性水平高的时候，贝叶斯估计量的结果更好，而当异质性程度很低或者中等的时候，同质性估计量有最好的预测精度。

1.2.1.2 面板变结构协整

在纯时间序列中，以 EG 协整和 Johansen 协整为代表的线性协整检验方法通常假定长期均衡是线性的，且向长期均衡的调节速度是对称稳定的。但是，在实际经济金融背景中，上述假定一般很难满足，当经济金融变量间的关系呈现出非线性特征时，利用线性协整进行研究很可能得出错误的结论。特别地，当金融、经济、政治、文化、科技等方面发生重大变化时，经济金融市场中各个因素之间可能会发生结构性的变化。此时，需要用结构突变模型来刻画变量间的动态关系，变结构协整检验考虑了结构变化的特点，能够更好地进行检验和预测。

自 Perron[45,46]以及 Rappoport 和 Reichlin[47]发现随机游走模型比平稳时间序列模型能更准确地描述围绕变结构常数水平平稳波动的时间序列以来，单整时间序列的结构变化研究成为很多学者关注的前沿问题。Gregory 和 Nason[48]利用 Monte Carlo 模拟方法检测了协整关系的变结构特征，并研究了出现结构突变时 ADF 协整检验的灵敏性，发现变结构情形下 ADF 检验具有很低的势。*Journal of Business and Economic Statistics* 1990 年第 10 卷和 *Journal of Econometrics* 1996 年第 70 卷对结构变点未知的变结构计量经济模型进行了专题研究。其中，Campos 等[49]利用 Monte Carlo 模拟方法研究了结构突变情况下的协整检验关系。Gregory 和 Hansen[50]提出了截距和斜率存在单个未知结构变点时，基于残差的协整检验统计量，并利用 Monte Carlo 仿真比较发现考虑变结构特征的协整检验比传统 ADF 协整检验具有更高的势。Gregory 和 Hansen[51]进一步考虑了趋势也有结构变化时以不存在协整为原假设的协整检验，它是 Engle 和 Granger 以及 Phillips 和 Ouliaris 工作的拓展。Hao[52]则对以前的研究做了一些比较和拓展，把 LM 检验推广到部分结构变化的检验中，同时提出了一种指数平均 LM 检验。Diebold 和 Chen[53]研究了单个平稳时间序列的结构突变检验方法。Inoue[54]和 Lutkepohl 等[55]则提出了趋势和水平项中具有未知结构突变点时，向量自回归模型的协整秩检验，Kuo[56]、Seo[57]、Hansen 和 Johansen[58]以及 Hansen[59]研究了协整参数包含结构变化时的协整问题。Johansen 等[60]把其传统的似然比线性协整检验方法拓展到变结构情形，研究了变结构线性趋势和结构变化点已知的协整理论。杨宝臣和张世英[61]提出了结构突变协整的定义，将结构突变协整分为 3 种类型：参数变化型协整、部分变化型协整和机制变化型协整，并对第一种协整提出了基于 ADF 检验统计量的变结构协整检验方法。Leybourne 和 Newbold[62]对变结构单整时间序列相互独立时的三个协整检验的效果进行了研究，发现不考虑结构突变会导致协整检验的伪拒绝现象。Carrion-i-Silvestre 和 Sansó[63]考虑了当确定项和协整向量中都有一个结构突变点的原假设为存在协整的协整检验。其他相关研究主要有 Westerlund 和 Edgerton[64]以及 Kurozumi 和 Arai[65]的工作，其中后者是以存在结构突变协整为原假设的。最近，Davidson 和 Monticini[66]则用基于数据的子样本的残差检验的极值考虑了结构突变的协整检验。

近年来，面板变结构协整的研究迅速发展。在频率统计框架下，其主要研究者有 Westerlund、Banerjee 以及 Carrion-i-Silvestre 等。Banerjee 和 Carrion-i-Silvestre[67]以及 Westerlund 和 Edgerton[68]都是用公共因子刻画一

种特殊的截面相依以研究结构突变面板协整问题。不同的是，前者假设自变量的公共因子与因变量的公共因子正交，而后者只假设协整残差中含有公共因子。同样，当面板数据之间有截面相依时，截面独立假设条件下的检验统计量由于存在冗余参数问题，变得不再有效。因此，与面板线性协整类似，计算截面独立条件下检验统计量相应的 bootstrap 分布成为解决截面相依问题的另一个主要方法。Westerlund[69,70]用 bootstrap 方法考虑了具有一般形式截面相依条件下的结构突变协整，先后研究了考虑一个结构突变点和多个突变点的情况，其检验是以存在结构突变的协整为原假设而进行的。Di Iorio 和 Fachin[71]以及 Gutierrez[72]则分别用基于残差的平稳 bootstrap 和 sieve bootstrap 方法来刻画截面相依继而进行面板协整检验，两种检验方法都有很好的检验水平和检验势；特别地，前者的模拟结果说明其提出的面板协整检验对一般形式的相依结构都稳健，并且有很好的检验水平和检验势。另外，Kao 等[73]提出了一种检验截面相依面板协整模型的斜率参数具有结构变化的方法。Breitung 和 Eickmeier[74]则提出一种 Chow 型检验，它适用于当结构突变点已知时面板动态因子模型中的结构突变检验，而当结构突变点未知时，即将 LM 检验推广到动态因子模型中进行结构突变检验。

在贝叶斯的视角下，结构突变面板协整的工作还相对较少，目前主要有，Liao[75]假设不同时间序列的结构变化点服从一个共同的分布，以便在保持序列共同特征的同时又能考虑各个序列发生结构变化的时间点的异质特点，从而对结构突变面板模型进行贝叶斯推断，并设计了隐 Markov 链的 Gibbs 抽样算法。Monte Carlo 模拟发现这种方法大大提高了结构变化点估计的精度，而且估计的算法速度很快。Canova 和 Ciccarelli[76]则确定一个既考虑了截面间相依性又考虑了参数中的时变性的模型，提出了预测贝叶斯面板 VAR 模型中的变量和转变点的方法；通过对参数设置分层和 Minnesota 型先验以得到参数的后验分布，并将该预测方法应用于 G-7 国家的出口增长率预测和转变点预测。

1.2.1.3　面板门限协整

除了结构性的变化外，经济金融变量间的关系还可能呈现出非对称性等非线性特征，并且，当系统向长期均衡的调节速度呈现非对称时，线性结构下的面板数据模型无法准确描述现实经济金融问题中的非线性、非对称调节等问题。门限协整是与结构突变协整联系很紧密的另一种非线性协整。1997年，Balke 和 Fomby[77]首次提出了门限协整(threshold cointegration)的概念；它能够弥补线性协整的缺陷，有效地刻画变量之间的非线性关系和非对称特征。门限协整主要研究经济金融变量间的非线性长期均衡关系以及短期动态向长期均衡的非对称调节。

自 Balke 和 Fomby 提出双变量门限协整模型以来，门限协整的理论与应用研究受到了学者们的广泛关注。Tsay[78]提出了一种对多变量门限模型进行估计的方法，并应用期货与现货价格的门限协整模型进行了套利分析。他的这种估计方法已经成为当前估计门限协整模型的主要方法之一。Cook[79]则利用 Monte Carlo 模拟研究了门限自回归(TAR)和冲量门限自回归(momentum threshold autoregressive；MTAR)形式下门限协整的有限样本检验势。Esteve 和 Prats[80]的研究发现美国股票价格与红利之间不存在线性协整关系，而是服从非线性门限协整关系。Gooijer 和 Vidiella-i-Anguera[81]定义了三种评价预测效果的准则，结合 bootstrap 和 Monte Carlo 模拟，检测了两种门限协整模型即水平门限向量误差修正模型(LTVECM)和门限误差修正模型(TVECM)的预测效果，发现 LTVECM 模型比 TVECM 模型和线性协整模型的预测效果好。同时，刘印旭和张世英[82]利用 LTVECM 模型对上证和深证 A 股指数的门限协整系统进行了预测研究。另一方面，Koop 和 Potter[83]研究了美国失业率中的非平稳动态非对称性问题。Kapetanios 等[84]研究了非线性 STAR 模型的单位根检验方法；进而，Kapetanios 等[85]假设协整向量已知的条件下，提出了平滑转移自回归模型的门限协整检验。Choi 和 Saikkonen[86]基于动态非线性最小二乘法(DNOLS)估计门限协整向量，并在DNOLS估计残差基础上，提出利用Bonferroni分块方法计算KPSS统计量检验门限协整的方法。欧阳志刚[87]则运用FMOLS研究了平滑转移回归模型下的协整检验。刘金全和刘志刚[88]利用具有Markov机制转换VECM模型进行检验，发现我国经济增长率与通货膨胀率之间的影响与替代关系具有依赖经济周期的“门限性质”。

近年来，面板数据的动态特征研究，特别是围绕非平稳性检验进行的研究，受到诸多学者的关注。与非平稳性紧密相关的另一个特征是动态非对称性，因此，将时间序列门限协整拓展到面板数据中具有重要的研究价值。目前，自Hansen[89]对非动态门限面板模型进行研究以来，面板门限协整的相关研究还相对较少。Shin和Jhee[90]利用带MTAR项的面板模型，首次研究了面板数据方面的非平稳动态非对称性问题，而Shin和Lee[91]则利用工具变量方法消除了误差项之间的截面相依，进行面板MTAR模型的单位根检验。Beyaert和Camacheo[92]研究了面板TAR模型的单位根检验，并用bootstrap方法考察了截面相依条件下的面板TAR单位根检验。另一方面，He和Sandberg[93,94]研究了平滑转换自回归(STAR)模型中的单位根检验问题。Wu和Lee[95]应用似不相关方法(SUR)处理截面相依和异质性序列相关问题，并进行了面板指数平滑转换自回归(ESTAR)模型的单位根检验；与其类似的工作还有Cerrato等[96]和Chi-Keung[97]的相关研究，他们都是将Kapetanios等[98]的非线性单位根检验推广到面板背景下以检验面板中每个时间序列的平稳性。Chiang等[99]依据自回归参数和转换速度在各个个体间是一样的还是不一样的，将ESTAR面板模型分为同质和异质的，同时研究了同质性面板ESTAR和异质性面板ESTAR中的单位根检验，并应用到实际汇率数据中以检验购买力平价假说。Fok等[100]提出了一个时间序列面板的多层级平滑转换模型，用于考察变量间的共同非线性经济循环特征；并且，他们还将非线性时间序列的面板模型用于总量预测[101]。吴强和彭方平[102]则用动态门槛面板模型研究了我国经济增长的收敛性问题。王少平和欧阳志刚[103]针对我国实际经济背景，利用阈值协整模型和面板阈值协整模型分析了我国各省市不同经济发展阶段的合理城乡收入差距水平及其对经济增长效应。

在进行门限效应检验时，门限参数在线性协整原假设下是不可识别的，因此，检验统计量的渐进分布中包含有门限参数等未知的冗余参数。Hansen[104]以及Hansen和Seo[105]提出SupLM检验统计量，解决了门限效应检验的参数识别问题，并利用极大似然估计方法进行门限模型的参数估计。但是，迄今为止，门限模型的理论和门限检验方法还很不成熟，满足参数可识别条件的检验统计量的统计性质还没有得到确切的论证；同时，门限模型的似然函数往往具有多峰、不连续的特征，从而导致似然函数不可导，最优化计算变得相对复杂。

利用贝叶斯方法进行门限模型的估计和门限协整检验则避免了以上几个方面的问题。首先，在贝叶斯框架下，参数空间中即使某些点存在不可识别参数，也并不影响后验分布的构建(Bauwens，Lubrano和Richard[106])，所以参数识别问题迎刃而解；其次，运用贝叶斯方法估计门限模型不要求似然函数满足可导的条件，从而避免了极大似然估计中门限模型的似然函数不可导、二阶导不存在等问题，使得计算变得相对简单。因此，从贝叶斯角度研究门限协整模型和门限协整问题具有理论和现实意义。近年来，在纯时间序列的贝叶斯框架下，Koop[107]对内生延迟门限自回归模型(endogenous delay threshold autoregressive models，EDTAR)进行了贝叶斯分析。Geweke和Terui[108]对时间序列门限自回归模型进行了贝叶斯推断，得到了延迟、门限参数和多步预测密度函数的后验分布。同时，贝叶斯方法在门限单整中也得到推广。例如，Park等[109]提出了一种检验MTAR模型中非平稳和非对称的简便有效的贝叶斯检验方法。Smith[110]则提出了一种检验单位根和门限平稳过程的贝叶斯方法，发现贝叶斯方法至少与Caner和Hansen方法[111]的检验水平和检验势一样好。贝叶斯面板门限协整的相关研究目前还只有Jung和Shin[112]，他们研究了面板数据MTAR模型的贝叶斯分析，并进行了非对称和单位根检验；Koop和Tobias[113]研究了面板数据非线性平滑系数模型的贝叶斯估计和检验方法；Balcombe 等[114]提出了一个贝叶斯广义门限误差修正模型以检验价格转换的门限行为，并利用美国、阿根廷和巴西的小麦、玉米和大豆价格面板数据进行分析，证明了模型的有效性。

1.2.2 协整模型估计方法

协整理论及其应用研究一直是计量经济研究领域中的一个热点。当前，协整模型的估计方法主要是从两个不同视角出发的：在传统频率统计框架下的估计方法和在贝叶斯统计框架下的估计方法，以下分别介绍这两类方法。

1.2.2.1 传统频率统计下的协整估计

与联立方程模型的估计类似，协整模型估计的方法分别有单方程方法(single equation methods)和系统方法(system methods)。在单方程方法中，主要关注的是只有一个特定协整向量的情形；而在系统方法中，还需要同时确定协整向量的个数，即协整秩。

在单方程方法中，最简单的情形是考虑由两个非平稳变量 y_{1t}、y_{2t} 构成的协整关系 $y_{1t}=\beta y_{2t}+u_t$，其中，u_t 是平稳过程。实践中经常会用到这个双变量模型及其变形形式，比如，购买力平价理论的检验、利率费雪效应的讨论等。对于这个静态协整回归模型，可以应用 Engle-Granger 两步方法：首先采用普通最小二乘(OLS)估计来估计长期参数 β 得到相应估计值 $\hat{\beta}$，然后用 $\hat{\beta}$ 替换误差修正模型(ECM)中的 β，并用最小二乘(LS)估计 ECM。由于 $\hat{\beta}$ 是超一致的，ECM 参数的两步估计与当 β 已知时得到的 ECM 估计有相同的渐进分布[115]。

当协整系统中非平稳变量个数大于 2 时，则可以考虑 Phillips[116]提出的三角形模型(triangular system)。此时，β 的最小二乘估计 $\hat{\beta}$ 虽然是超一致的，但是其渐进分布却依赖于由回归元的内生性和误差项中的序列相关性所产生的冗余参数。因此，主要有两类不同的估计方法处理内生性和序列相关问题：Phillips 和 Hansen[9] 的 FMOLS 是将非参数修正应用到 β 的最小二乘估计中；而其他方法如 Saikkonen[10] 的 DOLS、Phillips 和 Loretan[117] 的非线性最小二乘（NLS）以及 Stock 和 Watson[118] 的动态广义最小二乘（DGLS），都是把向前和滞后项加入估计方程中。

由于单方程方法与 OLS 估计联系紧密，所以这些方法存在标准化（normalization）的问题。相反，系统估计方法就不存在标准化问题，并且协整向量的个数不需要事先确定，而是在估计过程中同时确定协整向量个数。主要的系统估计方法有最常用的 Johansen 方法[119,120]、Box-Tiao 方法[121] 以及与主成分相关的方法[122]。Johansen 方法是利用极大似然估计对 VAR 模型进行估计，并用迹检验和最大特征值检验确定协整向量的个数。Box-Tiao 方法是用标准相关分析得到协整向量的一种方法。它指出，如果 y_t 与 y_{t-1} 有标准的相关性，则序列中最能够预测到的部分将会接近非平稳，而最不能预测到的部分则会是平稳过程。如果 Y_t 是由 $I(1)$ 变量组成的向量，那么 Johansen 方法包含的思想是在 Y_{t-1} 的线性组合中找出与 ΔY_t 最相关的线性组合，而 Box-Tiao（简称 BT）方法包含的思想是在 Y_{t-1} 的线性组合中找出与 Y_t 最不相关的线性组合。主成分方法是用来确定 n 个变量 y_1，y_2，…，y_n 的线性组合中哪个具有最大方差的方法，在协整中，主成分方法的思想是：由于一个协整关系的方差会比一个 $I(1)$ 变量的更小，因此，更小的特征值对应的主成分就是协整向量，而更大的特征值对应的主成分则是共同随机趋势。

作为时间序列协整在面板数据领域中的进一步拓展，面板协整在传统统计理论下的估计方法也是时间序列协整方法在面板数据上的发展，只是在估计的同时需要考虑面板数据的一些内在特征对其估计量的影响，如截面相依性等。

1.2.2.2　贝叶斯统计下的协整估计

大多数研究者采用传统方法而不用贝叶斯方法进行估计，不是因为传统方法优于贝叶斯方法，而是由于大部分计量文献都是传统方法的，从而产生了先入为主的效果。在单位根协整检验中，贝叶斯方法相比传统方法的优势在于，它把原假设和备择假设平等对待，应用后验概率比来比较原假设和备择假设的可能性，而不像传统方法中必须要以原假设作为基础进行检验。并且，正如2011年诺贝尔经济学奖获得者Sims[123]指出的，经济时间序列中单位根的统计含义有很多问题，由于渐进分布理论在平稳和单位根情形之间是不连续地变化的，因此，以渐进理论为基础的传统假设检验不能产生基于这种不连续渐进理论的合理推断方法。

最初的贝叶斯协整研究（例如DeJong[124]，Dorfman[125]，Koop[126,127]）都不是在协整ECM基础上进行，而是基于非限制性VAR模型进行的。这样虽然简化了贝叶斯计算，但是却意味着先验信息没能反映由协整而产生的减秩限制（reduced rank restrictions）。因此，Bauwens和Lubrano[128]、Geweke[129]以及Kleibergen和van Dijk[130]提出了用ECM进行贝叶斯协整分析，进而采用Gibbs抽样方法实施参数估计，这些研究成为后来贝叶斯协整研究的基础。并且，除了Martin and Martin[131]用三角形协整模型进行协整推断外，现有的主要研究都是基于传统线性协整ECM进行的；而协整ECM存在局部和全局识别问题，贝叶斯协整主要是通过先验选取来解决这些问题，目前主要有三种方法。第一种是Kleibergen and van Dijk[130]提出的Jefferys的先验方法，即在局部不识别点处（比如在调整系数α有减秩的地方）令Jeffrey先验为0。第二种是Kleibergen[132]、Kleibergen and van Dijk[133]、Kleibergen and Paap[134]的嵌入法（embedding approach），该方法在Strachan[135]中得到扩展，它主要解决局部不识别问题。

与之前的两种研究方法不同，第三种方法不是从协整向量的角度出发，而是考虑对协整向量张成的空间即协整空间进行先验设置。这种方法认为协整关系的先验信息应当在协整空间的先验分布中体现，我们可以把它称作Grassman方法。这种方法最初由Villani[136]提出，并由Villani[137,138]、Strachan[135]、Strachan和Inder[139]、Strachan和van Dijk[140]

进一步发展。一般而言，n 个 $I(1)$ 变量构成的协整系统如果有 r 个协整向量的话，则协整空间是 n 维空间中的一个 r 维超平面。根据流形(manifold)的概念，协整空间是 Grassman 流形中的一个元素，因此，协整空间的均匀先验由 Grassman 流形的均匀分布给出。进一步，根据 Grassman 流形与 Stiefel 流形(即所有 $n\times r$ 半正交矩阵构成的集合)的关系，由于 Stiefel 流形上的均匀分布会导致 Grassman 流形上的均匀分布，所以可以估计半正交矩阵，所有积分只要在 Stiefel 流形上进行调整即可。Grassman 方法合理地解决了全局和局部不可识别所导致的问题，是大多数应用中受欢迎的一种方法。所以，在面板协整中，Koop 等[40]就是将贝叶斯时间序列协整拓展到面板数据背景下，利用对协整空间设置先验的思想，基于面板 VECM 对协整面板数据模型进行了贝叶斯推断。

贝叶斯分位回归方法(Bayesian quantile regression)则是与传统贝叶斯方法紧密联系的另一种估计方法，传统贝叶斯方法主要关注模型回归系数的后验均值估计、后验众数估计或者后验中位数估计，而贝叶斯分位回归方法关注响应变量受协变量在各个分位点上的影响系数的后验估计。它已经被用于时间序列和面板数据模型的估计中。对于协整模型，除了在传统统计框架下进行的时间序列分位协整研究[141-143]外，目前还没有用贝叶斯分位回归方法对其进行估计的相关工作，因此，协整模型的贝叶斯分位回归估计方法是未来可以发展的一种很有意义的协整估计方法。

1.2.3　贝叶斯分位回归面板数据模型

1.2.3.1　贝叶斯分位回归理论

相对均值回归模型而言，以中位数回归模型为特例的分位回归模型是一种更加完整的统计模型。自 Koenker 和 Bassett[144]提出分位回归的概念以来，分位回归方法逐渐成为一种广泛的方法，它是对线性和非线性响应模型的条件分位函数进行统计分析。正如传统线性回归方法是通过最小化残差平方和的原则来估计模型的条件均值函数，分位回归方法则是通过最小化非对称加权的绝对残差，来估计模型的条件中位函数以及所有其他条件分位函数。因此，分位回归方法可以为随机变量间的随机关系研究提供更为全面的统计分析，是一种更稳健的估计方法。

但是，分位回归在贝叶斯框架下的研究却相对缓慢。直到2001年，英国Brunel大学Yu和Moyeed[145]利用非对称Laplace分布(asymmetric Laplace distribution)构建似然函数，首次提出贝叶斯分位回归方法。随后，Yu[146-149]研究了贝叶斯分位回归问题中的RJMCMC方法的收敛速度，并且考虑了对维数的惩罚，从而解决了过度拟合的问题。Tsionas[150]指出可以将分位回归归为正态分布的尺度混合族，所以可以通过数据扩张实现对贝叶斯分位回归模型的Gibbs抽样。Cai[151]提出了分位自激励门限自回归(QSETAR)模型，并在贝叶斯框架下对其进行估计以研究美国实际GNP，其更进一步的工作还有Cai和Stander[152]、Cai[153]。Kozumi和Kobayashi[154]把服从非对称Laplace分布的误差项分解为标准指数分布和正态分布的组合，从而可以使得参数的后验分布具有标准形式，便于直接采用Gibbs抽样进行后验估计。Burgette和Reiter[155]则研究了具有因子结构(factor structure)的贝叶斯分位回归模型，提出了一种当某些协变量表示基本公共因子时模型的贝叶斯分位回归方法。针对离散响应数据的分位回归在最优化目标函数和参数推断中存在的问题，Benoit和Van den Poel[156]在非对称Laplace分布基础上提出了二元分位回归的贝叶斯方法。Reed和Yu[157]则利用局部剪枝Gibbs抽样(partially collapsed Gibbs sampler，简记为PCG)进行分位回归模型的贝叶斯推断。Lancaster和Jun[158]则将贝叶斯指数倾斜经验似然(Bayesian exponentially tilted empirical likelihood)应用到分位回归的推断中。

除了上述参数分位回归外，非参数分位回归也得到广泛的发展和应用，它可以避免因错误的函数形式设定而导致的问题。Yu和Jones[159]利用一个核权重建立了局部线性分位回归的理论背景，提出了两种局部线性分位回归估计方法。De Gooijer 等[160]提出了一种多元时间序列的非参数分位预测，而 Min 和 Kim[161]应用 Monte Carlo 模拟比较了参数和非参数分位回归方法，发现当模型是非线性或者误差项服从非正态分布时，非参数分位回归方法更为合适。同时，在贝叶斯框架下研究非参数分位回归模型的拟合问题得到了学者们的关注。Chen 和 Yu[162]提出了拟合非参数分位模型的贝叶斯方法，在拟合过程中这种方法会自动选择非参数分段多项式模型的节点个数和节点位置。Kottas 和 Krnjaji'C[163]研究了分位回归模型的贝叶斯半参数方法，利用狄利克雷混合过程模型（Dirichlet process mixture models），提出了误差分布的非参数概率模型。Thompson 等[164]在贝叶斯方法的研究框架下，将多项式分位回归拓展到利用样条方法的非参数分位回归中，提出利用三次自然样条拟合非参数条件分位回归的方法。

1.2.3.2　贝叶斯分位回归在面板数据模型中的应用

分位回归方法早期主要是用于截面数据的分析，比如，Koenker 和 Basset[165]提出的从线性分位回归到位置模型（the location model）的推广研究，Powell[166]提出的删失分位回归（censored quantile regression）等。后来又发展到时间序列的研究领域中以进行时间序列的分位估计，例如，Weiss[167]就讨论了如何利用最小绝对误差估计拟合非线性动态模型的问题；而 Koenker and Xiao[141]研究了最大自回归系数可能为 1 时的分位自回归模型的统计推断。随后，Koenker and Xiao[168]进一步研究了当系数可以表示成一个标量随机变量的单调性函数时的分位自回归模型；Qu[169]则研究了条件分布或者条件分位中的变结构问题，提出几种诊断回归分位中是否存在结构变化的检验；Galvao Jr. 等[170]研究了门限分位自回归模型，提出了以门限参数定义非线性特征时，非线性分位过程中参数的估计和推断方法。

随着面板数据的发展，分位回归在面板数据模型中的应用也开始出现，Lipsitz 等[171]把加权估计方程用到带缺失数据的面板数据分位回归模型中，从而得到分位回归参数的一致性估计。Koenker[172]引入一个 L_1 惩罚项，提出了一类惩罚分位回归估计，解决了可加随机效应模型的分位回归识别的难题。之后，Lamarche[173]将惩罚项分解成与调和参数(用来控制收缩(shrinkage)程度的)相关的两项，研究了随机效应面板数据模型的一类惩罚分位回归估计。Canay[174]、Galvao Jr. 和 Montes-Rojas[175]也都利用了 L_1 收缩来研究带固定效应的面板数据模型的惩罚分位回归。此外，在目标函数中不引入 L_1 收缩时，Galvao Jr.[176]则以滞后回归元为工具变量，应用工具变量分位回归方法，以减少固定效应动态面板数据模型中的动态偏差。同样，Harding 和 Larmarche[177]也利用工具变量，提出了带内生变量以及个体效应与自变量相关的面板数据模型的分位回归方法。罗幼喜和田茂再[178]则给出了三种估计固定效应面板数据模型的未知参数的分位回归方法。Kato 和 Galvao Jr.[179]通过平滑分位回归估计的目标函数，研究了面板数据分位回归模型的固定效应估计，当时期数 T 和个体数 N 以相同的速度增加时，该固定效应平滑分位回归估计量服从一个带均值偏差的极限正态分布。Kato 等[180]还研究了固定效应面板数据模型的固定效应分位回归(FE-QR)估计，得到了 FE-QR 估计的渐进分布，然后分别用截面重抽样、时间重抽样、截面和时间重抽样三种 bootstrap 抽样构建固定效应分位回归模型的置信区间。Karlsson[181]应用 Koenker 和 Bassett[144]定义的加权分位回归估计，考察了非线性面板数据的分位回归估计。Geraci 和 Bottai[182]则研究了一种对带随机效应的条件分位函数的参数进行估计的方法，提出了一个基于非对称 Laplace 密度的似然方法，以便自动选择惩罚的最优水平。

但是，贝叶斯分位回归在面板数据中的应用还相对较少。近期，Yuan 和 Yin[183]提出了含有不可忽视缺失数据的随机效应面板数据模型的贝叶斯分位回归估计，他们在分位回归检查函数中引入一个 L_2 惩罚项解释个体内(within-subject)相关从而将个体效应收缩为0。Kobayashi 和 Kozumi[184]则利用基于非对称 Laplace 误差分布的似然方法，提出一种分析删失面板数据分位回归模型的贝叶斯方法，通过将非对称 Laplace 分布分解成位置-尺度形式以便运用 Gibbs 抽样进行后验推断。Luo 等[185]分别运用了 M-H 算法（Metropolis-Hastings algorithm）和 Gibbs 抽样算法以进行随机效应面板数据模型的贝叶斯分位推断。

综上所述，面板协整理论的研究动态可以用图 1.1 表示。

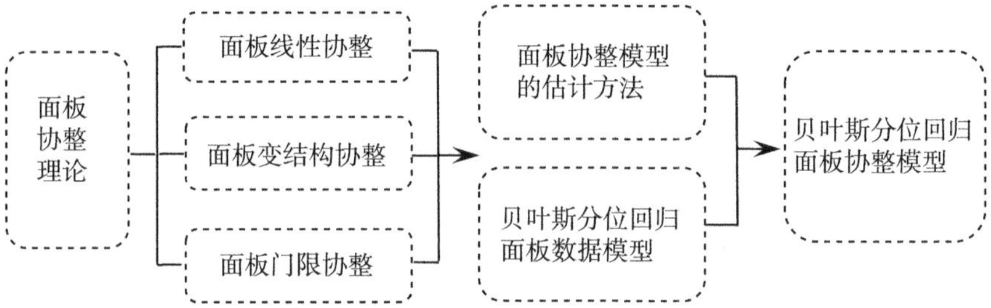

图 1.1　面板协整理论的研究动态与发展趋势图

目前，对于面板数据的分位协整模型还没有贝叶斯方面的研究，而在面板数据的协整分析中，贝叶斯学派要解决的问题或多或少不同于传统计量经济学家要解决的问题。因此，在不同的视角下，对协整模型的许多重要性质会有新的发现，从这一点来看，非贝叶斯学派应该也会对贝叶斯分位面板协整方法感兴趣。本书提出一类基于贝叶斯理论的分位面板协整模型，包括线性协整模型、变结构协整模型和门限协整模型，并将其应用到考察原油与股票市场关系的实证研究中。

1.3　研究思路与研究内容

1.3.1　研究思路

本书关于贝叶斯分位面板协整模型的研究主要是解决当面板中各个个体之间有截面相依时，面板分位协整模型的贝叶斯估计，在贝叶斯理论框架下的分位协整检验问题，以及面板协整在原油与股票市场中的应用问题。结合 MCMC 算法，按照从线性到非线性的思路，对三类面板协整模型——面板线性协整、面板变结构协整以及面板门限协整模型，分别进行了贝叶斯分位推断，主要研究思路如图 1.2 所示。

1.3.2 研究内容与结构安排

本书主要研究考虑了截面相依特征的面板时间序列的贝叶斯分位协整理论，共分为 6 章，具体内容如下：

第 1 章：贝叶斯面板协整简介。阐述了本书的研究背景和意义，然后对国内外研究现状进行综述，最后对研究思路、主要研究内容及论文结构安排等进行说明。

第 2 章：贝叶斯分位面板协整的基础理论。首先对面板协整的定义和模型表示进行介绍；然后对贝叶斯定理、贝叶斯决策理论以及贝叶斯分位回归理论进行系统描述；接着讨论了贝叶斯协整中贝叶斯因子以及后验概率比的计算；最后讨论了面板分位回归模型的 MCMC 抽样算法。

第 3 章：基于动态公共因子的贝叶斯分位面板协整。首先利用动态公共因子来刻画截面相依特征，提出考虑了截面相依特征的面板协整回归模型；其次对模型进行贝叶斯分位推断，并对模型参数先验选择以及先验分布的灵敏度进行讨论；然后设计模型参数估计以及协整检验的 MCMC 抽样算法；最后，利用 Monte Carlo 仿真实验对贝叶斯分位面板协整的性质进行了更深入的探讨。

第 4 章：基于贝叶斯分位回归的变结构面板协整。首先对传统变结构协整问题进行了介绍，并提出了具有平滑突变的面板变结构协整；其次，利用傅立叶级数来刻画变结构特征，从贝叶斯的角度对平滑变结构面板协整回归模型进行了分位推断，并对模型参数先验选择以及先验分布的灵敏度进行分析；然后设计模型参数估计以及协整检验的 MCMC 抽样算法；最后，利用 Monte Carlo 仿真实验对面板时间序列的贝叶斯分位变结构协整的性质进行了进一步的讨论。

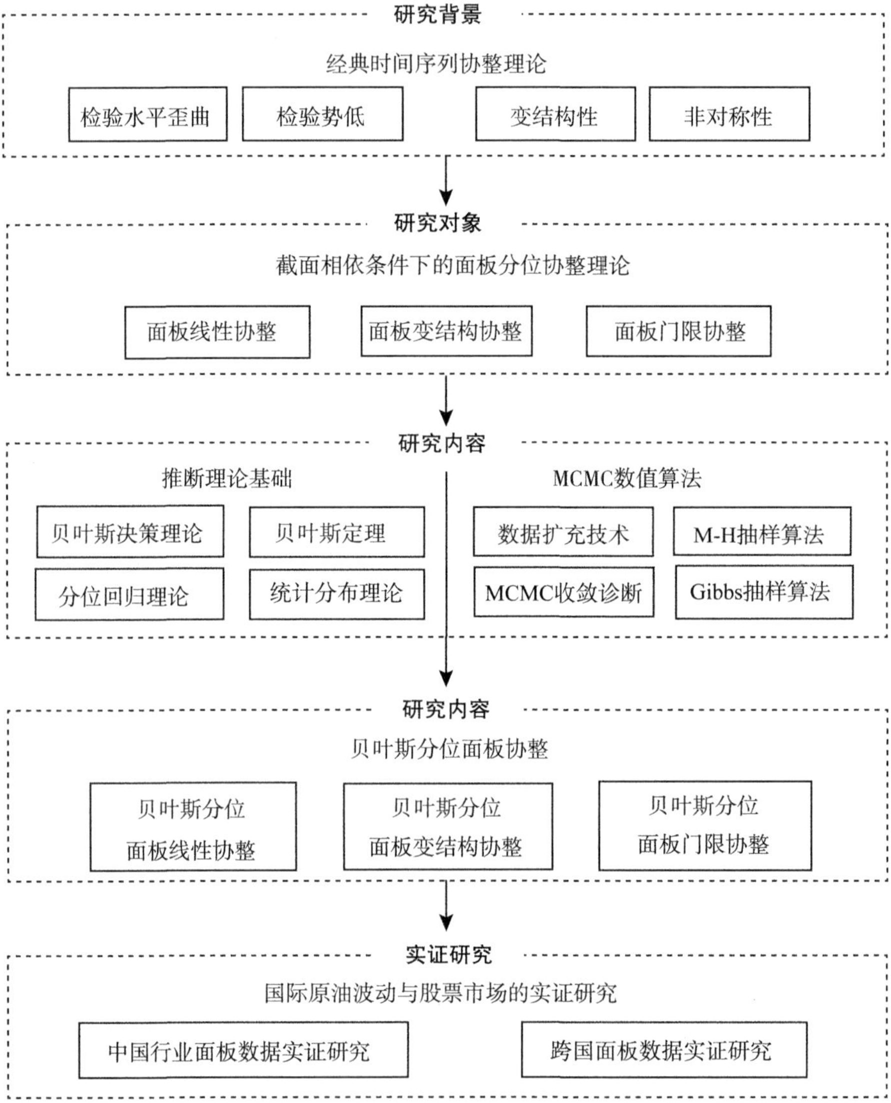

图 1.2　技术路线图

第 5 章：基于贝叶斯分位回归的面板门限协整。首先对门限协整以及面板门限协整的应用背景进行了介绍，并指出贝叶斯门限协整方法的优点；然后，提出面板门限协整模型，并利用非对称 Laplace 分布，从贝叶斯角度对面板门限协整模型进行分位回归分析，得到模型参数的贝叶斯分位估计；然后设计模型参数估计以及协整检验的 MCMC 抽样算法；最后，利用 Monte Carlo 仿真实验对面板时间序列的贝叶斯分位门限协整的性质进行了进一步的讨论。

第 6 章：国际原油与股票市场的面板协整实证研究。首先简要概述了国际原油与股票市场之间联动性特征的相关研究；然后，利用面板数据，分别在传统面板协整和贝叶斯分位面板协整理论框架下，对原油价格波动与中国各行业股票市场之间的动态关系进行了变结构协整分析；接着，针对跨国股票市场进行研究，分别利用面板门限协整方法和贝叶斯分位面板门限协整方法，对国际原油价格与多国股票市场间的联动性关系进行分析；最后进行了结果比较。

第 2 章
贝叶斯分位面板协整的基础理论

2.1 面板协整及其模型表示

2.1.1 面板协整的含义

定义 2.1 设 x_t 为一个单变量时间序列，如果 x_t 不平稳，而其差分序列是平稳的，则称 x_t 是单整的。如果 x_t 经过 $d-1$ 次差分后不平稳，经过 d 次差分后平稳，则称该序列 d 阶单整，记作 $I(d)$，d 为单整阶数。特别地，平稳序列可以记作 $I(0)$。

定义 2.2 设 X_t 为一个 n 维时间序列，可以表示为 $X_t = (x_{1t}, x_{2t}, \cdots, x_{nt})'$，如果存在一个向量 $\beta = (\beta_1, \beta_2, \cdots, \beta_n)'$，使得线性组合 $\beta_1 x_{1t} + \beta_2 x_{2t} + \cdots + \beta_{nx} x_{nt}$ 是平稳的，则称 X_t 是协整的，称这个线性组合为一个协整关系，其相应系数 $\beta = (\beta_1, \beta_2, \cdots, \beta_n)'$ 构成一个协整向量。

协整的概念是基于均衡(balance)的思想而提出的。对于由变量 x_1，x_2，…，x_n 组成的系统，如果用某一函数 $f(\cdot)$ 来刻画各个变量之间的关系，有方程 $f(x_1, x_2, \cdots, x_n) = 0$ 成立，则称这个系统处于均衡状态。因此，均衡状态只是系统某一时期的一种状态，比如，在某个时期需求和供给相等时，需求、供给和价格组成的系统即在这一时期达到了均衡，但是，这种均衡状态可能并不具有持续稳定性，而经济学中更关心均衡状态的稳定性，即长期均衡。长期均衡指的是，$f(\cdot) = 0$ 在任意时期均成立；然而，这种状态是很难达到的，系统只能在很大程度上趋于这种均衡。正如Engle和Granger[1]所述，若把线性组合$\beta' x_i = 0$，$i = 1, 2, \cdots, n$理解成一个长期均衡，协整则意味着相对这个均衡的偏离是平稳的。协整秩则表示均衡的个数。

随着面板数据的不断发展，时间序列分析中的伪回归、单位根、协整问题不可回避地存在于面板数据分析中，其中，面板数据的单位根检验与协整，以及面板数据的VAR模型已成为这一方向的研究前沿。其主要原因在于，面板方法提供了纯时间序列分析不具备的方法和视角，而面板协整能够利用面板数据信息以解决纯时间序列协整检验的低势等问题，从而进行更为准确和直接的协整推断。

2.1.2 面板协整的模型表示

在时间序列中，协整模型有两变量协整模型表示、Phillip[116]的三角形协整模型表示、ECM表示和面板VAR模型表示。前两种协整的表示都是对应基于残差的协整方法，其中，协整模型的三角形表示考察了变量不止两个的情况，并且可以考察存在多个协整向量的情况。在面板数据中，协整的表示主要有基于残差的协整回归表示、ECM表示和面板VAR模型表示。其中，基于残差的协整又有两个方向：原假设为不存在协整和原假设为存在协整。原假设为不存在协整的面板协整检验可以认为是Engle-Granger在面板中的发展，原假设为存在协整的面板协整检验则与Harris和Inder[186]、Shin[187]等的时间序列协整检验类似。基于面板VAR模型的系统方法则是Johansen协整方法在面板中的一大拓展，但是，现有的统计量还只能考虑不带截距项的VAR模型。因此，基于残差的面板协整检验是目前应用最为广泛的一种面板协整方法。

考虑一个面板数据向量X_{it}，$i = 1, 2, \cdots, N$，$t = 1, 2, \cdots, T$，如果有r_i个协整关系使得$z_{it} = \beta_i' X_{it}$是$I(0)$，则有很多种可能的情形：协整向量个数为$r_i = r$，以致每组的协整向量个数相同；协整向量个数至少为

$r_{\min}$；协整向量 β_i 在每组中相同。这些可能的情形使得很难对拒绝协整假设时的情况作出清楚的解释。这也是与时间序列协整的一些不同之处。

基于残差的面板协整回归的一般表述为

$$y_{it} = \alpha_i + \delta_i t + X'_{it}\beta_i + e_{it},\ i = 1, 2, \cdots, N,\ t = 1, 2, \cdots, T \quad (2.1)$$

其中，$\beta_i = (\beta_{1i}, \beta_{2i}, \cdots, \beta_{ki})'$，$X_{it} = (x_{1i,t}, x_{2i,t}, \cdots, x_{ki,t})'$，如果 $\delta_i = 0$，则说明没有确定趋势项，如果没有 α_i 项，则说明没有固定效应。若是以原假设为不存在协整进行检验，则是对上式估计得到的 $\hat{e}_{it}$ 基于 $\hat{e}_{it} = \rho_i \hat{e}_{i,t-1} + u_{it}$ 的 DF 检验或 $\hat{e}_{it} = \rho_i \hat{e}_{i,i-1} + \sum_{j=1}^{p} \theta_{ij} \Delta \hat{e}_{i,t-j} + u_{it}$ 的 ADF 检验，此时原假设为 H_a：面板中的所有个体都没有协整，而备择假设则有两种设定：所有个体都是协整的或者大部分个体是协整的。因此，当原假设为不存在协整的面板协整检验时，相对原假设 H_0：$\rho_i = 1$，$\forall i$，常用的备择假设为 H_a：$\rho_i = \rho < 1$，$\forall i$ 或者 H'_a：$\rho_i < 1$，$\forall i$；而当原假设为存在协整时，基于残差的面板协整检验一般是以 $e_{it} = \gamma_{it} + u_{it}$ 为基础，此处 $\gamma_{it} = \gamma_{i,t-1} + \theta u_{it}$，$u_{it} \sim i.i.N(0, \sigma_u^2)$，原假设记为 H_0：$\theta = 0$，$\forall i$。

在基于似然的框架下，面板协整检验是考虑如下面板 VAR 模型：

$$\Delta Y_{it} = \sum_{k=1}^{k_i} A_{ik} Y_{i,t-k} + \varepsilon_{it},\ i = 1, 2, \cdots, N,\ t = 1, 2, \cdots, T \quad (2.2)$$

其中，初始值 $Y_{i,-k_i+1}$，$Y_{i,-k_i+2}$，…，$Y_{i,0}$ 是确定的，但是这个模型中不允许有截距或者时间趋势项。与时间序列 VECM 一样，面板 VAR 模型的误差修正表述为

$$\Delta Y_{it} = \Pi_i Y_{i,t-1} + \sum_{k=1}^{k_i - 1} \Gamma_{ik} \Delta Y_{i,t-k} + \varepsilon_{it},\ i = 1, 2, \cdots, N,\ t = 1, 2, \cdots, T \quad (2.3)$$

其中，Π_i 为 $p \times p$，p 为每个个体中变量的个数。在减秩形式中，Π_i 可以写成 $\Pi_i = \alpha_i \beta_i'$，$\alpha_i$ 和 β_i 是 $p \times r_i$ 的列满秩矩阵。此时，面板协整检验即是对原假设 H_0：秩$(\Pi_i) = r_i \leqslant r$，$\forall i = 1, 2, \cdots, N$，备择假设为 H_1：秩$(\Pi_i) = p$，$\forall i = 1, 2, \cdots, N$ 进行检验。

2.2 贝叶斯分位回归理论

2.2.1 贝叶斯决策理论

贝叶斯分位协整分析是在贝叶斯理论框架下，以贝叶斯定理和贝叶斯决策理论为基础进行的协整估计和假设检验，因此，下面介绍贝叶斯理论中相关的基本概念及定义[188-191]。

定理 2.1 设 $\pi(x,\ \theta)$ 为一个随机观察向量 X 的联合概率密度函数，θ 为一个参数向量，它也可以看成是随机的。参数向量 θ 可以是一个模型中的系数，或误差项的方差、协方差等。于是，根据概率密度函数的运算法则，可知

$$\pi(x,\ \theta) = l(x \mid \theta)\pi(\theta) = \pi(\theta \mid x)\pi(x) \tag{2.4}$$

因而

$$\pi(\theta \mid x) = \frac{\pi(\theta)l(x \mid \theta)}{\pi(x)} \tag{2.5}$$

其中，$\pi(x) \neq 0$。将后一表达式表示为下式，即贝叶斯定理：

$$\pi(\theta \mid x) \propto \pi(\theta)l(x \mid \theta) \propto \text{先验概论密度} \times \text{似然函数} \tag{2.6}$$

此处，$\pi(\theta \mid x)$ 是在给定样本信息 $X = x$ 后，参数向量 θ 的后验概率密度，而 $\pi(\theta)$ 是参数向量 θ 的先验概率密度。$l(\theta \mid x)$ 是似然函数，由样本密度函数的乘积得到。

因此，当 θ 是连续随机变量时，θ 的后验分布为

$$\pi(\theta \mid x) = \frac{l(\theta \mid x)\pi(\theta)}{p(x)} = \frac{l(\theta \mid x)\pi(\theta)}{\int_{\Theta} l(\theta \mid x)\pi(\theta)\mathrm{d}\theta} \tag{2.7}$$

上式分母中关于参数空间 $\Theta = \{\theta\}$ 的积分是 X 的边缘密度函数。

类似地，当 θ 是离散随机变量时，先验分布可用先验分布列 $\pi(\theta_i)$，$i = 1,\ 2,\ \cdots$ 表示。此时，后验分布也是离散形式：

$$\pi(\theta_i \mid x)=\frac{l(\theta_i \mid x)\pi(\theta_i)}{\sum_i l(\theta_i \mid x)\pi(\theta_i)},\ i=1,\ 2,\ \cdots \tag{2.8}$$

假如总体 X 也是离散的，则只需要把(2.7)或(2.8)中的 $l(\theta \mid x)$ 看作概率函数 $P(X=x \mid \theta)$ 即可。

贝叶斯定理可以理解为利用样本信息，对先验信息进行修正和改进并得到后验信息，因此，贝叶斯理论实质上描述了一个如何利用采样信息修正和改进现有的概率分布的规律，本质上它概括了大多数成人的学习过程。

假设检验可以认为是一个从两个动作(接受和拒绝)中选择的问题，因此可以描述为一个决策问题，贝叶斯假设检验不同于传统的假设检验，它不仅要考虑后验概率分布，而且要考虑涉及决策的后果和损失。

同时，传统方法虽然能处理大多数假设检验问题，但是它不便于应用，而且不像贝叶斯假设检验那么直观，因为贝叶斯假设检验仅仅要求基于后验分布计算有关假设的后验概率，而这是不困难的，当后验分布是一系列共轭分布族，而且很多分布族的概率表都是现成的，因此就更方便。贝叶斯假设检验也没有将假设检验仅仅限制在两个假设情况，考虑有若干个假设 $\{H_1,\ H_2,\ \cdots,\ H_s\}$，如果想要知道哪个假设最像是真的，那么可以比较所有假设的后验概率并发现具有最大后验概率的那个假设即是。

定义 2.3　先验信息和抽样信息都用的决策问题称为贝叶斯决策问题。

定义 2.4　在一个决策问题中假设状态集为 $\Theta=\{\theta\}$，行动集 $\Re=\{a\}$，而定义在 $\Theta\times\Re$ 上的二元函数 $L(\theta,\ a)$ 称为损失函数。假如它能表示在自然界(社会)处于状态 θ，而人们采取行动 a 时对人们引起的(经济的)损失。

定义 2.5　在给定的贝叶斯决策问题中，从样本空间 $\mathcal{X}=\{x=(x_1,\ x_2,\ \cdots,\ x_n)\}$ 到行动集 $\Re$ 上一个映射 $\delta(x)$ 称为该决策问题的一个决策函数。所有从 $\mathcal{X}$ 到 $\Re$ 上的决策函数组成的类称为决策函数类，用 $D=\{\delta(x)\}$ 表示。

具体而言，在对 θ 进行点估计时，一般取 $\Re = \Theta$；在对 θ 进行区间估计时，Θ 上一切可能的区间构成行动集 $\Re$；而在对 θ 作假设检验时，$\Re$ 只含两个行动：接受（a_1）和拒绝（a_2）。

定理 2.2 在平方损失函数 $L(\theta, \delta) = (\delta - \theta)^2$ 下，θ 的贝叶斯估计为后验均值，即 $\delta_B(x) = E(\theta \mid x)$。

定理 2.3 在绝对值损失函数 $L(\theta, \delta) = \mid \delta - \theta \mid$ 下，θ 的贝叶斯估计 $\delta_B(x)$ 为后验分布 $\pi(\theta \mid x)$ 的中位数。

定理 2.4 在线性损失函数 $L(\theta, \delta) = \begin{cases} k_0(\theta - \delta), & \delta \leqslant \theta \\ k_1(\delta - \theta), & \delta > \theta \end{cases}$ 下，θ 的贝叶斯估计 $\delta_B(x)$ 为后验分布 $\pi(\theta \mid x)$ 的 $k_0/(k_0 + k_1)$ 分位数。

定义 2.6 仅使用抽样信息的决策问题称为统计决策问题。设 $\delta(x)$ 为某一统计决策问题中的决策函数，那么损失函数 $L(\theta, \delta(x))$ 对样本分布 $p(x \mid \theta)$ 的期望值

$$R(\theta, \delta) = E^{x \mid \theta} L(\theta, \delta(x)) = \int_x L(\theta, \delta(x)) p(x \mid \theta) \mathrm{d}x \tag{2.9}$$

称为 $\delta(x)$ 的风险函数。若样本空间是离散的，则只要把上式积分号改为求和号。

定义 2.7 对给定的统计决策问题和决策函数类 D，决策函数 $\delta_1 = \delta_1(x) \in D$ 称为非容许的，假如在 D 中存在另一个决策函数 $\delta_2 = \delta_2(x)$ 满足如下两个条件：

(a) $R(\theta, \delta_2) \leqslant R(\theta, \delta_1), \quad \forall \theta \in \Theta$

(b) 在 $\Theta = \{\theta\}$ 中至少有一个 θ_0，有 $R(\theta, \delta_2) \leqslant R(\theta, \delta_1)$

假如 D 中不存在满足上述两条件的决策函数，则称 $\delta_1(x)$ 是容许的，在点估计问题中，相应的估计量称为非容许估计和容许估计。

定义 2.8 对给定的统计决策问题和给定的决策函数类 D，设决策函数 $\delta(x)$ 的风险函数为 $R(\theta, \delta(x))$，同时设 θ 的先验分布为 $\pi(\theta)$，则风险函数对先验分布的期望

$$R(\delta)=\begin{cases}\int_{\Theta}R(\theta,\ \delta)\pi(\theta)\mathrm{d}\theta, & \theta\text{ 为连续}\\ \sum_i R(\theta_i,\ \delta)\pi(\theta_i), & \theta\text{ 为离散}\end{cases} \tag{2.10}$$

称为 $\delta(x)$ 的贝叶斯风险。

定理 2.5　在贝叶斯决策问题中，设先验分布 $\pi(\theta)$ 在 Θ 上处处为正，θ 的贝叶斯估计 $\delta_0=\delta_0(x)$，假如 δ_0 的风险函数 $R(\theta,\ \delta_0)$ 是 θ 的连续函数，δ_0 的贝叶斯风险 $R(\delta_0)$ 是有限的，则 δ_0 是容许的。

这个定理虽然简单，但是却有很大的实用价值。首先，它可以说明一大批贝叶斯估计是容许的，例如，使用共轭先验分布得到的贝叶斯估计都是容许的。此外，这个定理还指出：要证明一个估计是容许的，只要能找到满足定理 2.5 的先验分布，使得在该先验分布下的贝叶斯估计就是给定的估计即可。

2.2.2　分位回归理论

均值回归是最小二乘回归条件均值函数的传统方法，它得到的条件均值函数刻画了因变量的条件均值如何受自变量向量的影响。作为回归分析中的一个突破性的发展，分位回归方法可以用来估计一个条件分布的各个分位函数，中位数函数(即 0.5 分位函数)则是其中的一种特殊情况。每个分位回归刻画了条件分布的一个特定点(例如中心或者尾部)，因此不同分位回归综合起来就得到了潜在条件分布的更完全刻画。当条件分布是异质的，没有标准形状(如非对称、肥尾或截断分布)时，分位回归分析就更加有用。

2.2.2.1　分位数与条件分位数

设 Y 是分布函数为 F_Y 的随机变量，τ 是 0 和 1 之间的实数，记 F_Y 的第 τ 分位数为 $q_Y(\tau)$，从而有 $F_Y(q)=\tau$，即

$$q_Y(\tau)=F_Y^{-1}(\tau)=\inf\{y:\ F_1(y)\geqslant\theta\} \tag{2.11}$$

因此，Y 有 $100\tau\%$ 的概率位于 $q_Y(\tau)$ 之下，有 $100(1-\tau)\%$ 的概率位于 $q_Y(\tau)$ 之上。常用的分位数有 $q_Y(0.25)$，$q_Y(0.5)$，$q_Y(0.75)$ 以及百分位数 $q_Y(0.01)$，$q_Y(0.02)$，…，$q_Y(0.99)$。

类似于最小二乘问题，F_Y 的第 τ 分位数可以通过最小化如下关于 q 的目标函数得到：

$$\begin{aligned}&\tau\int_{y>q}\left|y-q\right|\mathrm{d}F_Y(y)+(1-\tau)\int_{y<q}\left|y-q\right|\mathrm{d}F_Y(y)\\&=\tau\int_{y>q}(y-q)\mathrm{d}F_Y(y)-(1-\tau)\Big]\int_{y<q}(y-q)\mathrm{d}F_Y(y)\end{aligned}\tag{2.12}$$

很显然，最小化以上目标函数的一阶条件是

$$\begin{aligned}0&=-\tau\int_{y>q}\mathrm{d}F_Y(y)+(1-\tau)\int_{y<q}\mathrm{d}F_Y(y)\\&=-\tau[1-F_Y(q)]+(1-\tau)F_Y(q)=-\tau+F_Y(q)\end{aligned}\tag{2.13}$$

该式子的解就是 F_Y 第 τ 分位数。

当 Y 有条件分布 $F_{Y|X}(y)$ 时，它的第 τ 分位数可以类似定义为 $Q_{Y|X}(\tau)=F_{Y|X}^{-1}(y)$，$Q_{Y|X}$ 是 X 的函数，并且有

$$Q_{Y|X}(\tau)=\underset{q}{\operatorname{argmin}}\left[\tau\int_{y>q}\left|y-q\right|\mathrm{d}F_{Y|X}(y)+(1-\tau)\int_{y<q}\left|y-q\right|\mathrm{d}F_{Y|X}(y)\right]\tag{2.14}$$

此处 $Q_{Y|X}(0.5)$ 是条件中位数，表示 $F_{Y|X}$ 的中心；若 τ 在 0 附近，$Q_{Y|X}(\tau)$ 刻画的是 $F_{Y|X}$ 的左尾，若 τ 在 1 附近时，$Q_{Y|X}(\tau)$ 刻画的是 $F_{Y|X}$ 的右尾。

如果 $Q_{Y|X}(\tau)$ 是一个线性函数 $X'\beta$，β 是未知参数向量，则上式等价于对如下最小化问题

$$\min_{\beta}\left[\tau\int_{y>X'\beta}|y-X'\beta|\mathrm{d}F_{Y|X}(y)+(1-\tau)\int_{y<|X\beta}|y-X'\beta|\mathrm{d}F_{Y|X}(y)\right]\tag{2.15}$$

求解，并记为 β_τ，从而有第 τ 条件分位数 $Q_{Y|X}(\tau)=X'\beta_\tau$。

2.2.2.2 分位回归方法

给定数据 $(y_t,\ x_t')'$，$t=1,2,\cdots,T$，其中 x_t 是 k 维列向量，对于

线性模型 $y_t = x_t'\beta + \varepsilon_t$，根据(2.15)，$\beta$ 的第 τ 分位回归估计可以通过最小化非对称加权绝对误差求得，即：

$$\arg\min_{\beta} \frac{1}{T}\Big(\tau \sum_{t:\ y_t \geqslant x_t'\beta} |y_t - x_t'\beta| + (1-\tau) \sum_{t:\ y_t < x_t'\beta} |y_t - x_t'\beta|\Big) \tag{2.16}$$

上式也可以理解为使得决策理论中的线性损失函数最小，而均值回归估计是使二次损失函数最小。当 $\tau = 0.5$ 时，(2.16)中的目标函数乘以 2 其实就是 LAD 估计的目标函数：

$$\frac{1}{T}\sum_{t=1}^{T} |y_t - x_t'\beta| \tag{2.17}$$

因此，通过 LAD 方法得到的估计是条件分位回归的特殊情形，叫作中位数回归。

设 ρ_τ 为检查函数，满足若 $a > 0$，则 $\rho_\tau(a) = \tau a$；若 $a \leqslant 0$，则 $\rho_\tau(a) = (\tau - 1)a$，从而(2.16)可以表示为

$$\arg\min_{\beta} \frac{1}{T}\Big(\sum_{t=1}^{T} \rho_\tau(y_t - x_t'\beta)\Big) = \arg\min_{\beta} \frac{1}{T}\sum_{t=1}^{T} (\tau - I_{\{y_t - x_t'\beta\}})(y_t - x_t'\beta) \tag{2.18}$$

其中，I_A 是事件 A 的示性函数。由于分位回归估计 $\hat{\beta}_\tau$ 没有封闭形式，所以不容易计算，在实践中，一般是通过求解一个线性规划问题来进行分位回归估计。

2.2.3　贝叶斯分位回归

在贝叶斯理论框架下，一般是应用回归误差项服从非对称 Laplace 分布以处理贝叶斯分位回归问题。设随机变量 X 的概率密度函数为

$$p(x;\mu,b,\tau) = \frac{\tau(1-\tau)}{b}\exp\left(-\frac{x-\mu}{b}(\tau - I(x \leqslant \mu))\right), x \in (-\infty, +\infty), \tag{2.19}$$

其中，τ 为位置参数，$b > 0$ 为尺度参数，$0 < \tau < 1$ 为偏度参数，则称 X 服从非对称 Laplace 分布，记为 ALD(μ, b, τ)。当 $\tau = 0.5$ 时，则认为 X 服从对称 Laplace 分布，又称双指数分布。如果随机变量 $\xi \sim$ ALD(μ, b,

τ)，则其相应的分布函数为

$$F(x;\mu,b,\tau)=\begin{cases}\tau\exp\left(\dfrac{1-\tau}{b}(x-\mu)\right), & x<\mu\\ 1-(1-\tau)\exp\left(-\dfrac{\tau}{b}(x-\mu)\right) & x\geqslant\mu\end{cases}\tag{2.20}$$

从而，ξ 的第 τ 分位数为

$$F^{-1}(\xi;\mu,b,\tau)=\mu\tag{2.21}$$

上式表明，服从非对称 Laplace 分布的随机变量 ξ 在 τ 概率处的分位数等于其分布的位置参数 μ，所以，非对称 Laplace 分布作为分位数回归模型误差的分布是合理的。相应地，随机变量 ξ 的均值为 $E(\xi)=\mu+\dfrac{b(1-2\tau)}{\tau(1-\tau)}$，方差为 $D(\xi)=\dfrac{b^2(1-2\tau+2\tau^2)}{(1-\tau)^2\tau^2}$，$\xi$ 的 k 阶中心矩为

$$E(\xi-\mu)^k=k!\ b^k\tau(1-\tau)\left(\frac{1}{\tau^{k+1}}+\frac{(-1)^k}{(1-\tau)^{k+1}}\right)\tag{2.22}$$

此外，变量 ξ 的偏度为 $S(\xi)=\dfrac{2(\tau^3-(1-\tau)^3)}{((1-\tau)^2+\tau^2)^{3/2}}$，峰度为 $\kappa(\xi)=\dfrac{9\tau^4+6\tau^2(1-\tau)^2+9(1-\tau)^4}{(1-2\tau+2\tau^2)^2}$。可以发现，$\xi$ 的偏度、峰度与尺度参数 b 无关。如果分位回归模型的误差项服从非对称 Laplace 分布，传统分位回归方法可利用极大似然估计方法实现分位数回归的参数估计，而贝叶斯分位回归则应用贝叶斯后验推断进行参数估计，此时，分位回归模型的似然函数为

$$l(\mu,b,\tau\mid X)=\frac{\tau^T(1-\tau)^T}{b^T}\exp\left\{-\sum_{t=1}^{T}\frac{\rho_\tau(x_t-\mu)}{b}\right\}\tag{2.23}$$

其中，$X=(x_1,x_2,\cdots,x_T)'$。但是，由于似然函数的复杂性，β_τ 的后验密度往往不能得到解析形式，因此贝叶斯分位回归估计通常采用 MCMC 进行后验推断。

2.3 面板协整模型的贝叶斯分位推断

2.3.1 贝叶斯协整分析中的常用工具

2.3.1.1 贝叶斯协整常用的一些矩阵代数

定义 2.9 设 $a=(a_1, a_2, \cdots, a_n)'$ 为数域 F 上一个 n 维向量，$F^n=\{(a_1, a_2, \cdots, a_n)' | a_i \in F\}$ 是 n 维向量空间，向量组 $a_1, a_2, \cdots, a_s \in F^n$，由 $a_1, a_2, \cdots, a_s$ 张成的空间为 F^n 的子空间。若 F^n 中向量组 $a_1, a_2, \cdots, a_s$ 线性无关，且 F^n 中任意向量组可以表示成 $a_1, a_2, \cdots, a_s$ 的线性组合，则称 $a_1, a_2, \cdots, a_s$ 是 F^n 的一个极大无关组。F^n 的极大无关组又叫 F^n 的基。

定义 2.10 向量组 $a_1, a_2, \cdots, a_s$ 的极大线性无关组中所含向量的个数称为此向量组的秩。如果一个向量组仅含有零向量，则规定它的秩为零。

定义 2.11 矩阵 A 的行向量组的秩/列向量组的秩称为矩阵 A 的秩，记作 秩(A) 或 $r(A)$。

在协整理论中，协整向量就是线性独立的，构成了一个极大线性无关组，即是协整空间的基，而协整秩就是协整向量的个数。

定理 2.6 设 A 为一个 $n\times n$ 非奇异矩阵分块矩阵，$A=\begin{pmatrix} A_{11} & A_{12} \\ A_{21} & A_{22} \end{pmatrix}$，其中，$A_{11}$，$A_{22}$ 分别是 $n_1\times n_1$ 和 $n_2\times n_2$ 的非奇异矩阵，且满足 $n_1\times n_2=n$，而 A_{12}，A_{21} 分别是 $n_2\times n_1$ 和 $n_1\times n_2$ 矩阵。则 A 的逆矩阵也以同样的方式分块，有

$$A^{-1}=\begin{pmatrix} A^{11} & A^{12} \\ A^{21} & A^{22} \end{pmatrix}$$

其中 $A^{11} = (A_{11} - A_{12}A_{22}^{-1}A_{21})^{-1}$，$A^{22} = (A_{22} - A_{21}A_{11}^{-1}A_{12})^{-1}$，$A^{12} = -A_{11}^{-1}A_{12}A^{22}$，$A^{21} = -A_{22}^{-1}A_{21}A^{11}$；并且，$A$ 的行列式为 $|A| = |A_{22}||A_{11} - A_{12}A_{22}^{-1}A_{21}| = |A_{11}||A_{22} - A_{21}A_{11}^{-1}A_{12}|$。

定理 2.7 设 A 为一个 $n \times n$ 矩阵，则存在 $n \times n$ 矩阵 X 和 D 使得 $X'X = I_N$，D 为对角矩阵，且 $X'AX = D$。如果 A 正定，则 X 和 D 非奇异。

这个定理常用来将具有一般误差协方差矩阵的模型变换为误差协方差矩阵等于 cI 的模型，此处 c 表示一个数，I 表示单位阵。

定理 2.8 设 A 为一个 $n \times n$ 正定矩阵，则存在一个非奇异 $n \times n$ 下三角矩阵 X，有 $A = XX'$。这就是 Cholesky 分解定理。

Cholesky 分解定理中矩阵 X 不是唯一的，一种常用的方式是让它的所有对角元素为正从而使得 X 唯一确定。Cholesky 分解就类似于开方运算，如果 A 是协方差矩阵，计算 Cholesky 分解相当于计算标准偏差。

2.3.1.2 几种常用的统计分布

定义 2.12 若离散随机变量 X 的概率函数为

$$p(x;\ n,\ b) = \begin{cases} \dfrac{n!}{(n-x)!\ x!} b^x (1-b)^{n-x}, & \text{如果 } x = 0,\ 1,\ \cdots,\ n \\ 0, & \text{其他} \end{cases} \tag{2.24}$$

其中 $0 \leqslant b \leqslant 1$，$n$ 是正整数；则 X 服从二项式分布，记为 $X \sim B(n,\ b)$。

定义 2.13 若离散随机变量 X 的概率函数为

$$p(x;\ \lambda) = \begin{cases} \dfrac{\lambda^x \exp(-\lambda)}{x!}, & \text{如果 } x = 0,\ 1,\ \cdots \\ 0, & \text{其他} \end{cases} \tag{2.25}$$

其中，λ 是正数；则 X 服从 Possion 分布，记为 $X \sim Po(\lambda)$。

定义 2.14 若连续随机变量 X 的概率密度函数为

$$p(x;\ \mu,\ h,\ \nu)=\frac{\Gamma((\nu+1)/2)}{\Gamma(1/2)\Gamma(\nu/2)}\left(\frac{h}{\nu}\right)^{1-2}\left(1+\frac{h}{\nu}(x-\mu)^2\right)^{-(\nu+1)/2} \tag{2.26}$$

其中，$\nu>0$ 为自由度，则 X 服从 t 分布，记为 $X\sim t(\mu,\ h,\ \nu)$。

定义 2.15　若连续随机变量 X 的概率密度函数为

$$p(x;\ a,\ b)=\begin{cases}\dfrac{1}{b-a}, & 如果\ a\leqslant x\leqslant b\\ 0, & 其他\end{cases} \tag{2.27}$$

其中，$-\infty<a<b<\infty$；则 X 服从均匀分布，记为 $X\sim U(a,\ b)$。

定义 2.16　若连续随机变量 X 的概率密度函数为

$$p(x;\ \alpha,\ \lambda)=\frac{\lambda^{\alpha}}{\Gamma(\alpha)}x^{\alpha-1}\exp(-\lambda x),\ x>0 \tag{2.28}$$

其中 $\alpha>0$ 为形状参数，$\lambda>0$ 为尺度参数，$\Gamma(\alpha)=\int_0^{+\infty}x^{\alpha-1}\exp(-x)\mathrm{d}x$；则 X 服从伽玛分布，记为 $X\sim Ga(\alpha,\ \lambda)$。

在贝叶斯计量分析中，伽玛分布非常重要，通常是与误差精度相关的，而如果关注的不是误差精度，而是误差方差时，就一般用逆伽玛分布，记为 $IG(\alpha,\ \lambda)$，即是将 x^{-1} 代替(2.28)中 x 得到的相应概率密度函数。特别地，在伽玛分布中，令 $\alpha=1$ 即得指数分布，记为 $\exp(\lambda)$；令 $\alpha=\frac{n}{2}$，$\lambda=\frac{1}{2}$ 即得自由度为 n 的卡方分布，记为 $\chi^2(n)$。

定义 2.17　若连续随机变量 X 的概率密度函数为

$$p(x;\ \mu,\ b)=\frac{1}{2b}\exp\left(-\frac{|x-\mu|}{b}\right)=\begin{cases}\dfrac{1}{2b}\exp\left(-\dfrac{\mu-x}{b}\right), & x<\mu\\ \dfrac{1}{2b}\exp\left(-\dfrac{x-\mu}{b}\right), & x\geqslant\mu\end{cases} \tag{2.29}$$

其中 μ 为位置参数，$b>0$ 为尺度参数，则 X 服从 Laplace 分布，记为 $X\sim LD(\mu,\ b)$。

定义 2.18　若 n 维连续随机向量 $X=(X_1,\ X_2,\ \cdots,\ X_n)$ 的概率密度函

数为

$$p(x;\ \mu,\ \Sigma) = \frac{\lambda^{\alpha}}{2\pi^{\frac{n}{2}}} |\Sigma|^{-\frac{1}{2}} \exp\left(-\frac{1}{2}(x-\mu)'\Sigma^{-1}(x-\mu)\right) \quad (2.30)$$

其中，n 维向量 μ 为均值，$n \times n$ 正定阵 Σ 为协方差矩阵，则 X 服从均值为 μ，协方差矩阵为 Σ 的多元正态分布，记为 $X \sim N(\mu,\ \Sigma)$。

定理 2.9 如果将 n 维向量 $X \sim N(\mu,\ \Sigma)$ 写成分块形式 $X = \begin{pmatrix} X_{(1)} \\ X_{(2)} \end{pmatrix}$，其中，$X_{(i)}$ 为 n_i 维向量，$i = 1,\ 2$，且 $n_1 + n_2 = n$，μ 和 Σ 也类似分块为 $\mu = \begin{pmatrix} \mu_{(1)} \\ \mu_{(2)} \end{pmatrix}$，$\Sigma = \begin{pmatrix} \Sigma_{(11)} & \Sigma_{(12)} \\ \Sigma_{(12)} & \Sigma_{(22)} \end{pmatrix}$，则 $X_{(i)}$ 的边缘分布为 $N(\mu_{(i)},\ \Sigma_{(ii)})$；给定 $X_{(2)} = z_{(2)}$ 时，$X_{(1)}$ 的条件分布 $X_{(1)} | X_{(2)} = z_{(2)} \sim N(\mu_{(1|2)},\ \Sigma_{(1|2)})$，其中，$\mu_{(1|2)} = \mu_{(1)} + \Sigma_{(12)}\Sigma_{(22)}^{-1}(z_{(2)} - \mu_{(2)})$，$\Sigma_{(1|2)} = \Sigma_{(11)} + \Sigma_{(12)}\Sigma_{(22)}^{-1}\Sigma'_{(12)}$。

类似地，给定 $X_{(1)} = z_{(1)}$ 时，$X_{(2)}$ 的条件分布只要将上面定理中条件分布的下标 1 与 2 互换即可得到。

定义 2.19 若 n 维连续随机向量 $X = (X_1,\ X_2,\ \cdots,\ X_n)$ 的概率密度函数为

$$p(x;\ \mu,\ \Sigma,\ \nu) = \frac{1}{c_t} |\Sigma|^{-\frac{1}{2}} (\nu + (x-\mu)'\Sigma^{-1}(x-\mu))^{-\frac{\nu+n}{2}} \quad (2.31)$$

其中，$c_t = \dfrac{\pi^{\frac{n}{2}}\Gamma\left(\frac{\nu}{2}\right)}{\nu^{\frac{\nu}{2}}\Gamma\left(\frac{\nu+n}{2}\right)}$，$\Sigma$ 为 $n \times n$ 正定阵，正数 ν 为自由度参数，则 X 服从多元 t 分布，记为 $X \sim t(\mu,\ \Sigma,\ \nu)$。特别地，当 $n = 1$ 且 $\nu = 1$ 时，t 分布即为柯西分布。

定理 2.10 如果将 n 维向量 $X \sim t(\mu,\ \Sigma,\ \nu)$ 像定理 2.9 中那样进行分块，μ 和 Σ 也类似分块，则 $X_{(i)}$ 的边缘分布为 $t(\mu_{(i)},\ \Sigma_{(ii)},\ \nu)$；给定 $X_{(2)} = z_{(2)}$ 时，$X_{(1)}$ 的条件分布为

$$|X_{(1)}|X_{(2)} = z_{(2)} \sim t(\mu_{(1|2)},\ \Sigma_{(1|2)},\ \nu + n_1) \quad (2.32)$$

其中，$\mu_{(1|2)}=\mu_{(1)}+\Sigma_{(12)}\Sigma_{(22)}^{-1}(z_{(2)}-\mu_{(2)})$，$\Sigma_{(1|2)}=k_{(1|2)}(\Sigma_{(11)}+\Sigma_{(12)}\Sigma_{(22)}^{-1}\Sigma'_{(12)})$，$k_{(12)}=\dfrac{1}{\nu+n_2}(\nu+(z_{(2)}-\mu_{(2)})'\Sigma_{(22)}^{-1}(z_{(2)}-\mu_{(2)}))$。

类似地，给定 $X_{(1)}=z_{(1)}$ 时，$X_{(2)}$ 的条件分布只要将上面条件分布公式中的下标1与2互换即可得到。

定义2.20　设 X 为 n 维随机向量，H 为一个随机变量，如果 $X|H\sim N(\mu,\ \Sigma)$，且 $X\sim Ga(m,\ \nu)$，则 $\theta=(X',\ H)'$ 服从正态-伽玛分布，记为 $\theta\sim NG(\mu,\ \Sigma,\ m,\ \nu)$。

定理2.11　如果 $\theta=(X',\ H)'\sim NG(\mu,\ \Sigma,\ m,\ \nu)$，则 X 的边缘分布为 $X\sim t(\mu,\ m^{-1},\ \Sigma,\ \nu)$，$H$ 的边缘分布为 $H\sim Ga(m,\ \nu)$。

定义2.21　设 H 为 $n\times n$ 正定(对称)随机矩阵，A 为一个确定的 $n\times n$ 正定阵，且 $\nu>0$ 为自由度，如果 H 的概率密度函数为

$$p(H;\ \nu,\ A)=\frac{1}{c_\pi}|H|^{\frac{\nu-n-1}{2}}|A|^{-\frac{\nu}{2}}\exp\left(-\frac{1}{2}tr(A^{-1}H)\right)\tag{2.33}$$

其中，$c_W=2^{\frac{\nu n}{2}}\pi^{\frac{n(n-1)}{4}}\prod_{i=1}^{n}\Gamma\left(\dfrac{\nu+1-t}{2}\right)$，则 H 服从Wishart分布，记为 $H\sim W(\nu,\ A)$。特别地，当 $n=1$ 时，Wishart分布即为伽玛分布。

定义2.22　设 H 为 $n\times n$ 正定(对称)随机矩阵，A 为一个确定的 $n\times n$ 正定阵，且 $\nu>0$ 为自由度，如果 H 的概率密度函数为

$$p(H;\ \nu,\ A)=\frac{1}{c_W}|H|^{-\frac{\nu+n+1}{2}}|A|^{\frac{\nu}{2}}\exp\left(-\frac{1}{2}tr(H^{-1}A)\right)\tag{2.34}$$

其中，$c_W=2^{\frac{\nu n}{2}}\pi^{\frac{n(n-1)}{4}}\prod_{i=1}^{n}\Gamma\left(\dfrac{\nu+1-t}{2}\right)$，则 H 服从逆Wishart分布，记为 $H\sim IW(\nu,\ A)$。

定义2.23　设 $X=(X_1,\ X_2,\ \cdots,\ X_n)$ 为满足 $X_1+X_2+\cdots+X_n=1$ 的 n 维连续随机向量，如果 X 的概率密度函数为

$$p(x;\ \alpha)=\frac{\Gamma(b)}{\prod_{i=1}^{n}\Gamma(\alpha_i)}\prod_{i=1}^{n}x_i^{\alpha_i-1}\tag{2.35}$$

其中，$\alpha=(\alpha_1,\ \alpha_2,\ \cdots,\ \alpha_n)'$，$\alpha_i>0\ \forall i=1,\ 2,\ \cdots,\ n$，且 $b=\sum_{i=1}^{n}\alpha_i$；则 X 服从狄利克雷分布，记为 $X\sim D(\alpha)$。当 $n=2$ 时，狄利克雷分布即是 Beta 分布，记为 $X\sim Be(\alpha_1,\ \alpha_2)$。

定义 2.24 设 H 为 $p\times q$ 随机矩阵，P 和 Q 分别为 $p\times p$ 和 $q\times q$ 的正定对称矩阵，$n>p+p-1$，如果 H 的概率密度函数为

$$p(H;\ P,\ Q,\ n)=c_t^{-1}\cdot\frac{|Q|^{(n-p)/2}|P|^{q/2}}{|Q+H'PH|^{n/2}}\tag{2.36}$$

其中，$c_t=\pi^{pq/2}\prod_{i=1}^{q}\Gamma((n-p-i+1)/2)/\prod_{i=1}^{q}\Gamma((n-i+1)/2)$，则随机阵 H 服从矩阵 t 分布，记为 $H\sim Mt(P,\ Q,\ 0,\ n)$，此处 0 表示式(2.36)的期望值，由对称性可知，它是一个零矩阵。

在多元回归模型分析中，有时会遇到式(2.36)的密度，用一个分散的先验，就找到回归系数的后验分布密度是 $\pi(B\mid Y)\propto|S+(B-\hat{B})'X'X(B-\hat{B})|^{-n/2}$，令 $S=Q$，$P=X'X$，$H=B-\hat{B}$，则 $\pi(B\mid Y)$ 就是式(2.36)。

定理 2.12 式(2.36)的密度可由 $p(G,\ H)=p(G)p(H\mid G)$ 的边缘密度得到，其中，$p(G)$是逆 Wishart 分布，$p(H\mid G)$ 是多元正态分布。

定理 2.13 将式(2.36)中 Q 写成由 $q_1\times q_1$ 矩阵 Q_{11}，$q_2\times q_2$ 矩阵 Q_{22}，$q_1\times q_2$ 矩阵 Q_{12} 和 $q_2\times q_1$ 矩阵 Q_{21} 构成的分块形式，P 也类似分块，写成由 $p_1\times p_1$ 矩阵 P_{11}，$p_2\times p_2$ 矩阵 P_{22}，$p_1\times p_2$ 矩阵 P_{12} 和 $p_2\times p_1$ 矩阵 P_{21} 构成的分块形式：

$$Q=\begin{pmatrix}Q_{11} & Q_{12}\\ Q_{21} & Q_{22}\end{pmatrix},\quad P=\begin{pmatrix}P_{11} & P_{12}\\ P_{21} & P_{22}\end{pmatrix}\tag{2.37}$$

其中，$q_1+q_2=q$，$p_1+p_2=p$，且有 $Q_{11\cdot2}=Q_{11}-Q_{12}Q_{22}^{-1}Q_{21}$，$P_{22\cdot1}=P_{22}-P_{21}P_{11}^{-1}P_{12}$。如果随机阵 $H=(H_1,\ H_2)$，则给定 H_2 后，H_1 的条件分布为一个矩阵 t 分布，相应参数为 $(P^{-1}+H_2Q_{22}^{-1}H_2')^{-1}$、$Q_{11\cdot2}$、$H_2Q_{22}^{-1}Q_{21}$、$n$，均值为 $H_2Q_{22}^{-1}Q_{21}$；如果随机阵 $H'=(H_1,\ H_2)$，则给定 H_2 后，H_1 的条件分布

为一个矩阵 t 分布，相应参数为 P_{11} 、$Q+H_2'P_{22\cdot1}H_2$、$P_{11}^{-1}P_{12}H_2$、n，均值为 $P_{11}^{-1}P_{12}H_2$。

以上列出的是一些常用分布的概率密度函数的完整形式，而在贝叶斯计量分析实际应用中，只要知道概率密度函数的核就足够了，所以下文中将直接列出核。

2.3.1.3　先验分布的选择

由于贝叶斯分析中存在不识别问题，先验分布的选择一直是贝叶斯分析中的重点问题之一。目前已经形成了多种构造参数先验分布的方法。在贝叶斯分析中，最常用的参数先验分布包括无信息先验分布和共轭先验分布。无信息先验是研究者对模型中的参数知道很少，或希望按照“知道很少”来研究时，选择的一种先验分布，以表示“知道很少”甚至一无所知。当一个参数的值是完全未知时，Jeffreys 建议用两个规则来选择先验分布：若参数会在有限范围或在 $(-\infty, +\infty)$ 上取任意值，则它的先验分布应取为均匀分布；若它的可能取值的范围是从 0 到 ∞ 之间，则它取对数后的先验分布应是均匀分布。Jeffreys 的第一个规则可以用于均值为未知参数 μ 的情形，代表对 μ 一无所知时取 $\pi(\mu) \propto$ 常数。Jeffreys 的第二个规则可以用于 0 到 ∞ 之间取值的参数，例如，标准差 σ。对于这样的参数，符合 Jeffreys 第二个规则的情形，采用它的对数均匀分布，得到 σ 的无信息先验分布为 $\pi(\sigma) \propto 1/\sigma$，由此也可导出 $\pi(\sigma^2) \propto 1/\sigma^2$。

特别地，对于正态分布 $N(\mu, \sigma)$，其参数 (μ, σ) 的联合分散无信息先验分布密度函数取 $\pi(\mu, \sigma) \propto 1/\sigma$；对于 n 维多元正态分布 $N_n(\mu, \Sigma)$，参数 (μ, Σ) 的分散先验分布密度函数为 $\pi(\mu, \Sigma) \propto |\Sigma|^{-(n+1)/2}$。

定义 2.25　设 θ 为总体分布中的参数(或参数向量)，$\pi(\theta)$ 为 θ 的先验密度函数，如果由抽样信息算得的后验密度函数与 $\pi(\theta)$ 有相同的函数形式，则称 $\pi(\theta)$ 是 θ 的(自然)共轭先验分布。

与无信息先验不同，共轭先验分布是一种有信息的先验分布，一般而言，无信息先验分布(如均匀分布 $U(0, 1)$)一般不含有超参数，而共轭先验分布常含有超参数。在贝叶斯统计中，如果似然函数属于指数族，则会存在一个共轭先验，这个先验通常也属于指数族。指数族包括许多最常用的分布，比如正态分布、指数分布、伽玛分布、卡方分布、Beta 分布、狄利克雷分布、贝努利分布、二项式分布、多项式分布、Possion 分布、Weibull 分布、参数 r 已知的负二项分布、几何分布等；最小边界确定的 Pareto 分布族也构成一个指数族，而学生 t 分布、柯西分布族、均匀分布族都不是指数族，Laplace 分布族也不是一个指数族（除非均值为 0 时）。表 2.1 给出了一些属于指数族的似然函数对应的共轭先验分布及其后验分布。

表 2.1　　常用的共轭先验分布

似然分布	参数	共轭先验分布	先验超参数	后验超参数
二项分布	成功概率	Beta 分布	α，β	$\alpha+\sum_{i=1}^{n}x_i$，$\beta+\sum_{i=1}^{n}N_i-\sum_{i=1}^{n}x_i$
Possion 分布	均值	伽玛分布	α，λ	$\alpha+\sum_{i=1}^{n}x_i$，$\lambda+n$
指数分布	均值倒数	伽玛分布	α，λ	$\alpha+n$，$\lambda+\sum_{i=1}^{n}x_i$
多元正态分布（协方差阵已知）	均值向量	多元正态分布	μ_0，Σ_0	$(\Sigma_0^{-1}+n\Sigma^{-1})^{-1}(\Sigma_0^{-1}\mu_0+n\Sigma^{-1}\bar{x})$，$(\Sigma_0^{-1}+n\Sigma^{-1})^{-1}$
多元正态分布（均值已知）	协方差阵	逆 Wishart 分布	κ，ψ	$u+\kappa$，$\psi+\sum_{i=1}^{n}(x_i-\mu)(x_i-\mu)'$

2.3.2　后验概率比与贝叶斯因子

2.3.2.1　后验概率比

由于贝叶斯假设检验可以看作一个贝叶斯决策问题，从而在贝叶斯协整分析中，主要是应用后验概率比来进行协整检验。如果有若干个假设 $\{H_0, H_1, H_2, \cdots, H_s\}$ 可供选择，则可以利用现有数据，应用各个假设对应的模型对数据拟合的优劣进行比较来对这些假设进行检验。设 M_i 和 M_j 分别为假设 H_i 和 H_j 对应的模型，假设 H_i 和 H_j 条件下的参数分别为 θ_i 和 θ_j，$\pi(\theta_i)$ 和 $\pi(\theta_j)$ 分别为 θ_i 和 θ_j 的先验分布密度函数，也即分别代表先验模型概率 $\pi(M_i)$ 和 $\pi(M_j)$，$l(\theta_i \mid x)$ 和 $l(\theta_j \mid x)$ 分别为样本 $x = (x_1, x_2, \cdots, x_n)$ 在 H_i 和 H_j 下的边缘似然函数，则假设 H_i 相对于假设 H_j 进行检验的后验概率比为

$$PO_{ij} = \frac{\pi(H_i \mid x)}{\pi(H_j \mid x)} = \frac{\pi(M_i \mid x)}{\pi(M_j \mid x)} = \frac{l(\theta_i \mid x)\pi(M_i)}{l(\theta_j \mid x)\pi(M_j)} = \frac{l(\theta_i \mid x)\pi(\theta_i)}{l(\theta_j \mid x)\pi(\theta_j)} \tag{2.38}$$

并且，由于 $\sum_{i=1}^{s} \pi(M_i \mid x) = 1$，所以结合(2.38)可以计算出各个假设对应的模型的后验模型概率。例如，若是对两个假设 H_0 和 H_1 进行假设检验，则有

$$PO_{01} = \frac{\pi(H_0 \mid x)}{\pi(H_1 \mid x)} = \frac{\pi(M_0 \mid x)}{\pi(M_1 \mid x)} = \frac{l(\theta_0 \mid x)\pi(\theta_0)}{l(\theta_1 \mid x)\pi(\theta_1)},$$
$$\pi(M_0 \mid x) + \pi(M_1 \mid x) = 1 \tag{2.39}$$

从而可以得到假设 H_0 和 H_1 的后验概率为

$$\pi(H_0 \mid x) = \pi(M_0 \mid x) = \frac{PO_{01}}{1 + PO_{01}},$$
$$\pi(H_1 \mid x) = \pi(M_1 \mid x) = 1 - \pi(M_0 \mid x) \tag{2.40}$$

2.3.2.2　贝叶斯因子的定义

当假设 H_i 和 H_j 对应的模型的先验模型概率 $\pi(M_i) = \pi(M_j)$ 时，先验

概率比等于1，所以，后验概率比简化为边缘似然的比，即所谓的贝叶斯因子，则假设 H_i 相对于假设 H_j 的贝叶斯因子为

$$BF_{ij}=\frac{l(H_i \mid x)}{l(H_j \mid x)}=\frac{l(M_i \mid x)}{l(M_j \mid x)} \tag{2.41}$$

此时，假设 H_i 和 H_j 的后验概率仅仅依赖于贝叶斯因子。显然，边缘似然函数是计算贝叶斯因子的关键，假设 H_i 条件下的边缘似然为

$$I=l(H_i \mid x)=\int l(\theta_i \mid x)\pi(\theta_i)\mathrm{d}\theta_i \tag{2.42}$$

此处，θ_i 可以是向量，记其维数为 d_i。但是，边缘似然在大多数情形中很难有解析形式(除了带共轭先验的指数族分布，包括正态线性模型可能有解析形式外)，从而需要用数值方法来计算。

2.3.2.3 贝叶斯因子的计算

一种有用的估计方法是 Laplace 方法，设 $\tilde{\theta}$ 为后验众数，$\tilde{l}(\theta)=\log(l(\theta \mid x)\pi(\theta))$，应用 Laplace 估计方法，得到

$$\hat{I}=(2\pi)^{d/2}\mid\tilde{\Sigma}\mid^{1/2}l(\tilde{\theta} \mid x)\pi(\tilde{\theta}) \tag{2.43}$$

其中，d 为 θ 的维数，$l(\theta_i \mid x)\pi(\theta_i)$ 的估计服从均值为 $\tilde{\theta}$，协方差阵为 $\tilde{\Sigma}=(-D^2\tilde{l}(\bar{\theta}))^{-1}$ 的正态分布，此处 $D^2\tilde{l}(\bar{\theta})$ 是二阶导数的海森(Hessian)矩阵。当样本容量 $n\to\infty$时，$I=\hat{I}(1+O(n^{-1}))$，即相对误差是 $O(n^{-1})$，因此当应用 Laplace 方法来估计(2.41)中贝叶斯因子的分子和分母时，最后得到的估计也有 $O(n^{-1})$ 阶的相对误差。

边缘似然的 Laplace-Metropolis 估计则是利用后验模拟结果来估计(2.43)中的后验众数 $\tilde{\theta}$ 和 $\tilde{\Sigma}$。后验众数可以通过 $\tilde{\theta}=\underset{\theta^{(i)}}{\operatorname{argmax}}(l(\theta^{(i)} \mid x)\pi(\theta^{(i)}))$ 进行估计，从而需要对每个模拟的 $\theta^{(i)}$ 计算似然；如果这样太花费时间的话，则可以用多元或向量后验中位数代替后验众数或者用非参数密度估计来估计后验众数。矩阵 $\tilde{\Sigma}$ 可以用估计的后验协方差作为其估计。

当考察的所有模型中有很多参数 z 时，有另外一种计算贝叶斯因子的方法。这些参数是缺失数据、分层模型中的随机效应值或者潜在数据时，完全数据似然 $l(\theta \mid x, z)$ 有一个简单形式。通过平均

$$B_{10}(z^{(i)}) = l(H_1 \mid x, z^{(i)}) / l(H_0 \mid x, z^{(i)}) \tag{2.44}$$

得到贝叶斯因子的模拟一致性估计，此处，$z^{(i)}$ 一般是利用 MCMC 方法从假设 H_0 条件下 z 的后验分布模拟得到。因此，$B_{10}(z^{(i)})$ 通常很容易计算或者至少可以用 Laplace 方法进行很好的估计。

Chib[192]建议基于 Gibbs 抽样估计对数边缘似然，因此，对于假设 H_i，θ_i 为 H_i 条件下的参数向量，以 $\theta_i=(\beta, \psi)$ 为例，可以用以下步骤估计边缘似然：

第 1 步：利用贝叶斯定理，有 $l(H_i \mid x) = l(\beta, \psi \mid x)\pi(\beta, \psi)/\pi(\beta, \psi \mid x)$；

第 2 步：利用具有最大后验密度的估计 $\tilde{\beta}$，$\tilde{\psi}$ 作为参数的估计，并用这些参数估计替换未知参数，从而得到似然估计 $\hat{l}(H_i \mid x)$ 的对数

$$\log(\hat{l}(H_i \mid x) = \log(l(\tilde{\beta}, \tilde{\psi} \mid x)) + \log(\pi(\tilde{\beta}, \tilde{\psi})) - \log(\pi(\tilde{\beta}, \tilde{\psi} \mid x)) \tag{2.45}$$

第 3 步：上式最后一项 $(\log(\pi(\tilde{\beta}, \tilde{\psi} \mid x))$ 可以表示成

$$\log(\pi(\tilde{\beta}, \tilde{\psi} \mid x)) = \log(\pi(\tilde{\psi} \mid \tilde{\beta}, x)) + \log(\pi(\tilde{\beta} \mid x)) \tag{2.46}$$

最后，利用 $\frac{1}{N-S}\sum_{g=S+1}^{N}\pi(\beta \mid \tilde{\psi}^{(g)}, z^{(g)}, x)$ 估计 $\pi(\tilde{\beta} \mid x)$，此处 z 为可能存在的潜在变量。

一种更简单的计算贝叶斯因子的方法是 Savage-Dickey 密度比（Savage-Dickey density ratio，简记为 SDDR），它只可以用于比较嵌套模型，且只在某些先验类型下可以应用，但是它计算贝叶斯因子和后验概率比非常简便。设非限制模型 M_2 有参数向量 $\theta=(\beta, \psi)$，模型似然和先验为 $l=(\beta, \psi \mid x)$ 和 $\pi(\beta, \psi)$；而限制模型 M_1 有限制条件 $\beta=\beta_0$，此处 β_0 是一个常

数向量，而向量 ψ 中的参数在每个模型中均不给定限制，限制模型 M_1 的似然和先验为 $l(\psi \mid x)$ 和 $\pi(\psi)$。如果在 $\beta=\beta_0$ 处，限制模型 M_1 和非限制模型 M_2 中除 β 外的参数 ψ 的先验都一样，即

$$\pi(\psi \mid \beta=\beta_0,\ M_2)=\pi(\psi \mid M_1) \tag{2.47}$$

也即 M_2 条件下，将 $\beta=\beta_0$ 代入 M_2 参数的先验中得到的先验概率等于 M_1 条件下的先验概率时，比较 M_1 和 M_2 的贝叶斯因子则简化为

$$\mathrm{BF}_{12}=\frac{\pi(\beta=\beta_0 \mid x,\ M_2)}{\pi(\beta=\beta_0 \mid M_2)} \tag{2.48}$$

其中，$\pi(\beta=\beta_0 \mid x,\ M_2)$ 和 $\pi(\beta=\beta_0 \mid M_2)$ 为在 $\beta=\beta_0$ 处的非限制后验和非限制先验。上式称作 Savage-Dickey 密度比，它避免了计算每个假设(模型)的边缘似然函数。

2.3.3 贝叶斯计算的 MCMC 数值算法

定义 2.26 设 $\{Y_t\}$ 为一个随机变量序列，Y 是常数，如果 $\lim\limits_{t\to\infty}P(\mid Y_t-Y\mid>\varepsilon)=0$，$\forall\varepsilon>0$，则称 $\{Y_t\}$ 依概率收敛于常数 Y，记为 $Y_t\xrightarrow{p}Y$。

依概率收敛的一个重要性质是：若 $Y_t\xrightarrow{p}Y$，则对于连续函数 $g(\cdot)$，有 $g(Y_t)\xrightarrow{p}g(Y)$。

定义 2.27 设 $\{Y_t\}$ 为一个随机变量序列，其有限均值序列为 $\{\mu_t\}$，记样本均值为 $\overline{Y}_t=\sum\limits_{t=1}^{T}Y_t/T$，$\overline{\mu}_t=\sum\limits_{t=1}^{T}\mu_t/T$，如果 $\overline{Y}_t\xrightarrow{p}\overline{\mu}_t$，则 $\overline{Y}_t$ 满足弱大数定理。

弱大数定理在贝叶斯计算中很重要，这是由于贝叶斯计算通常需要从后验分布抽取样本序列，此时，弱大数定理表明这个序列的平均收敛于想得到的期望。尽管一些后验模拟方法(如 Gibbs 抽样)的后验模拟序列不是一个随机抽样，但是它们都满足弱大数定理，从而可以保证依概率收敛。

定义 2.28 设 $\{Y_t\}$ 为一个随机变量序列，其分布函数序列为

$\{F_t(\cdot)\}$，随机变量 Y 的分布函数为 $F(y)$，如果 $\lim_{t\to\infty}F_t(y)=F(y)$，则称 $\{Y_t\}$ 依分布收敛于随机变量 Y，记为 $Y_t \xrightarrow{d} Y$。

类似地，依分布收敛的一个重要性质是：若 $Y_t \xrightarrow{d} Y$，则对于连续函数 $g(\cdot)$，有 $g(Y_t) \xrightarrow{d} g(Y)$。

定义 2.29　设 $\{Y_t\}$ 为一个随机变量序列，Y 为一个随机变量，记样本均值为 $\overline{Y}_t=\sum_{t=1}^{T}Y_t/T$，如果 $\overline{Y}_t \xrightarrow{d} Y$，则 $\overline{Y}_t$ 满足中心极限定理。

在贝叶斯计算中，利用从后验模拟得到的随机抽样序列，基于中心极限定理计算数值标准误的估计。尽管一些后验模拟方法(如 Gibbs 抽样)的后验模拟序列不是一个随机抽样，但是它们都满足中心极限定理，从而可以保证依分布收敛。

定理 2.14(Lindeberg-Levy 中心极限定理)　设 $\{Y_t\}$ 为来自均值 μ，方差 σ^2 分布的 i. i. d. 随机变量序列，定义一个新的 i. i. d. 随机变量序列 $\{Z_t\}$，$Z_t=\sqrt{t}(\overline{Y}_t-\mu)/\sigma$，则 $Z_t \xrightarrow{d} N(0,\ 1)$。

后验模拟方法都是大数定理或中心极限定理的应用或拓展。在贝叶斯计算中，后验模拟的主要工具是 MCMC 数值算法，因此，下面介绍其中两种主要的抽样方法，即 Gibbs 抽样和 M-H 抽样。

Gibbs 抽样算法是最为常见、最简单的一种 MCMC 数值算法，在很多计量模型中，它是后验模拟的一种有效工具。设随机向量 X 分成 d 个分块的形式为 $(X_1,\ \cdots,\ X_j,\ \cdots,\ X_d)$，同时，令 $f(x_j \mid x_{-j})$ 表示在其他随机变量 $X_{-j}=x/x_j$ 条件下 X_j 的分布，则 Gibbs 抽样方法的步骤如下：

第 1 步：给定初始值 $x^{(0)}=(x_1^{(0)},\ x_2^{(0)},\ \cdots,\ x_j^{(0)},\ \cdots,\ x_d^{(0)})$，同时令 $i=0$；

第 2 步：从后验条件分布 $\pi(x_1 \mid x_2^{(i)},\ x_3^{(i)},\ \cdots,\ x_d^{(i)})$ 抽取 $x_1^{(i+1)}$；

第 3 步：从后验条件分布 $\pi(x_2 \mid x_1^{(i+1)},\ x_3^{(i)},\ \cdots,\ x_d^{(i)})$ 抽取 $x_2^{(i+1)}$；

……

第 4 步：从后验条件分布 $\pi(x_d \mid x_1^{(i+1)},\ x_2^{(i+1)},\ \cdots,\ x_{d-1}^{(i+1)})$ 抽取

$x_d^{(i+1)}$;

第 5 步：令 $i=i+1$，返回到第 2 步继续迭代。

通过 N 次以上迭代会得到一系列抽样 $x^{(i+1)}$，$i=1, 2, \cdots, N$，从而生成一条 Markov 链，这条链在温和条件下就能收敛[193,194]。如果 Markov 链在 S 次迭代后收敛，则可以将模拟值 $\{x^{(i)}, i \geqslant S\}$ 作为从联合后验得到的样本，从而计算后验密度和后验期望。此时，如果 $f(\cdot)$ 是研究者感兴趣的函数，且

$$\hat{f}=\frac{1}{N-S}\sum_{i=S+1}^{N} f(x^{(i)}) \tag{2.49}$$

则根据弱大数定理，当 $N-M$ 趋于无穷时，$\hat{f}$ 收敛到后验期望 $E(f(x) \mid \text{Data})$，即

$$E(f(x) \mid \text{Data}) \approx \frac{1}{N-S}\sum_{i=M+1}^{N} f(x_1^{(i)}, x_2^{(i)}, \cdots, x_d^{(t)}) \tag{2.50}$$

另一种 MCMC 算法是 M-H 抽样算法，它是比 Gibbs 抽样出现得更早，也更一般的方法，在后验分布不是标准分布形式时，需要用 M-H 抽样算法进行后验模拟。设 $\pi(x)$ 为目标分布的密度，且 $g(x, y)$ 是一个转移概率函数，则 M-H 抽样算法的步骤如下：

第 1 步：给定初始值 $x^{(0)}=(x_1^{(0)}, x_2^{(0)}, \cdots, x_j^{(0)}, \cdots, x_d^{(0)})$，同时令 $i=0$;

第 2 步：从建议分布 $g(x^{(i)}, y)$ 模拟生成 y;

第 3 步：令

$$\alpha(x^{(i)}, y)=\begin{cases}\min\left\{\dfrac{\pi(y)g(y, x^{(i)})}{\pi(x^{(i)})g(x^{(i)}, y)}, 1\right\}, & \pi(x^{(t)})g(x^{(t)}, y)>0 \\ 1, & \pi(x^{(i)})g(x^{(i)}, y)=0\end{cases}$$

y 被接受的概率为 $\alpha(x^{(i)}, y)$，此时 $x^{(i+1)}=y$，而 y 被拒绝的概率为 $1-\alpha(x^{(i)}, y)$，此时 $x^{(i+1)}=x^{(i)}$;

第 4 步：令 $i=i+1$，回到第 2 步继续迭代。

由上面步骤可知，选择不同的转移概率函数会产生算法的不同形式，

例如，如果 $g(x^{(i)}, y)=g(y, x^{(i)})$，则接受概率简化为 $\alpha(x^{(i)}, y)=\min\{(\pi(y)/\pi(x^{(i)}), 1\}$，此时就变成了最原始的 Metropolis 算法；如果 $g(x^{(i)}, y)=g(y)$，则接受概率变为 $\alpha(x^{(i)}, y)=\min\{(w(y)/w(x^{(i)}), 1\}$，其中 $w(x^{(i)})=\pi(x^{(i)})/g(x^{(i)})$，可以理解为重要性权重。

根据 Markov 链的遍历性，所有基于 MCMC 算法的统计推断都是在假定 Markov 链已经收敛的条件下进行的。因此，MCMC 的收敛性诊断对于评估后验估计的可靠性非常重要。目前，MCMC 诊断的方法很多，第一种 MCMC 诊断是数值标准误（numerical standard error），而最常用的方法则是 Gelman 和 Rubin 提出的 G-R 收敛诊断法。

设 $x^{(0,j)}$，$j=1, 2, \cdots, m$ 为从参数空间的不同区域得到的 m 个初始值，$x^{(i,j)}$，$i=1, 2, \cdots, N$ 为从第 j 个初始值抽取的 N 个 Gibbs 抽样，$\hat{f}^{(j)}$ 为 $E(f(x) \mid \text{Data})$ 的估计，通过计算(2.49)式得到。直观来看，如果初始值的作用已经消除的话，则这 m 个序列应该相同，所以序列间方差不应该比序列内方差大。序列内方差为

$$V_j^2=\frac{1}{N-S-1}\sum_{i=S+1}^{N}[f(x^{(i,j)})-\hat{f}^{(j)}]^2 \tag{2.51}$$

从而序列内方差的平均为 $W=1/m\sum_{j=1}^{m}V_j^2$；类似地，可以得到序列间方差为

$$B=\frac{N-S}{m-1}\sum_{j-1}^{m}(\hat{f}^{(j)}-\tilde{f})^2 \tag{2.52}$$

此处 $\hat{f}=1/m\sum_{j=1}^{m}\hat{f}^{(j)}$。很明显，$W$ 是 $\text{var}(f(x) \mid \text{Data})$ 的一个估计；此外，$\overline{\text{var}(f(x) \mid \text{Data})}=\frac{N-S-1}{N-S}W+\frac{1}{N-S}B$ 显然也是 $\text{var}(f(x) \mid \text{Data})$ 的一个估计，记

$$\hat{R}=\overline{\text{var}(f(x) \mid \text{Data})}/W \tag{2.53}$$

这是常用的一种 MCMC 收敛诊断——G-R 收敛诊断统计量。一般来说，$\hat{R}>1$，当 MCMC 抽样收敛时，$\hat{R}$ 应接近于 1；同时，“Markov Chain Monte

Carlo in Practice"第 8 章中的观点认为，如果 $\hat{R} > 1.2$ 则说明 MCMC 抽样收敛效果很差。

2.4 本章小结

本章主要研究了面板协整的涵义和模型形式、贝叶斯分位面板协整建模的基本方法和过程。首先，讨论了协整的含义、面板协整的内涵，以及面板协整模型的几种主要表示形式。其次，讨论了贝叶斯分位回归理论的提出背景、估计及其性质。最后，讨论了基于非对称 Laplace 分布似然函数的构建、面板协整模型的贝叶斯分位推断过程；同时，介绍了后验概率比和贝叶斯因子的各种计算方法，并通过 MCMC 抽样算法的设计，进行贝叶斯分位协整检验。借助贝叶斯分位回归方法在经济管理及金融问题研究中能够考虑参数的不确定性风险的优势，贝叶斯分位面板协整的研究为贝叶斯分位计量经济模型的进一步发展提供了坚实的基础。

第 3 章 基于动态公共因子的贝叶斯分位面板协整

本章主要研究截面相依条件下的面板数据贝叶斯分位协整模型，利用动态公共因子结构来刻画面板数据内部的截面相依特征，同时结合贝叶斯分位回归方法和 MCMC 抽样算法，对面板协整模型进行估计和协整检验，以考察在多个分位水平下面板数据序列之间的协整关系。

3.1 基于动态公共因子结构的截面相依面板协整问题

3.1.1 截面相依面板协整问题

面板数据协整关系的检验和估计问题近年来引起了大量学者的关注。面板协整最重要的一个优点是它可以有选择地混合关于协整参数的长期信息，却同时允许短期动态和固定效应在各个截面个体间不同。现有的面板协整分析通常假设截面个体之间是独立的，这种假设主要是便于利用中心极限定理得到相关统计量的极限分布为标准正态分布。但是，在实际应用，尤其是在宏观经济中，截面独立的假设通常很难与实际相符。特别是在全球化经济背景下，国际市场进一步整合，全球之间的联系更加紧密，某个经济体的震荡往往会传染给周边国家或地区，此时，经济变量呈现出截面的共同驱动(cross-section comovements)和截面的共同随机趋势(cross-section common stochastic trends)，这样的情形不可能满足截面独立的假设。因此，截面独立无法刻画截面的共同随机趋势，考虑了截面相依可能性的面板协整检验才更符合实际背景，相应地，确定截面相依特征成为首要问题。

3.1.2 基于动态公共因子的截面相依面板协整

Quah[195]指出，由于个体观察值之间不存在自然顺序，截面相依特征的刻画是个很难的问题。最简单的公共时间效应(common time effect)方法是利用时间效应变量来刻画截面相依，从而可以通过减去截面均值来消除截面相依。这种方法虽然简单，但是，它隐含的假设是各个个体的相依性是同样的，并且具有相同的相依程度。所以，这种截面相依的修正方法很严格，它不能解释所有的相依性，并且它在经济实际应用中的有效性也遭到质疑。为了处理违背截面独立假设所造成的影响，本章类似于 Bai 和 Ng[196]，利用估计公共因子模型来刻画共同驱动和共同随机趋势，从而用少量不可观测的动态公共因子来刻画截面相依性，其主要优势在于减少了截面相依的维数。同时，要进行截面相依条件下的面板协整检验，只有当动态公共因子和面板协整回归残差都平稳时，才表明变量间具有协整关系。

3.2 线性面板协整的贝叶斯分位推断

3.2.1 截面相依面板协整模型的基本形式

假设 y_{it} 是一个单整变量，x_{it} 是 m 维单整向量，考虑只包含截距项的协整回归模型为

$$y_{it} = \alpha_i + \beta_i x_{it} + \mu_{it} \tag{3.1}$$

$$x_{it} = x_{i,\ t-1} + \eta_{it} \tag{3.2}$$

其中，$i = 1,\ 2,\ \cdots,\ N$，$t = 1,\ 2,\ \cdots,\ T$，α_i 为不可观测个体异质性，β_i 是 m 维行向量，表示斜率参数，$\eta_{it} \sim N(0,\ a_i^2)$ 。为了考虑截面相依特征，根据 Westerlund 和 Hess [23]，假设误差项 μ_{it} 由如下因子模型生成：

$$\mu_{it} = \lambda'_i f_t + e_{it} \tag{3.3}$$

此处，$f_t = (f_{1t}, f_{2t}, \cdots, f_{kt})'$ 是 k 维不可观测公共因子，λ_i 是 $k \times 1$ 因子载荷向量，e_{it} 是异质项，特别地，f_t 是动态因子向量，满足，$f_t = \phi f_{t-1} + w_t$，$w_t \sim N(0, \Sigma^f)$。因此，考虑了截面相依特征的面板协整模型可以表示如下：

$$y_{it} = \alpha_i + \beta_i x_{it} + \lambda'_i f_t + e_{it} \tag{3.4}$$

$$e_{it} = \varphi_i e_{i,\ t-1} + \varepsilon_{it} \tag{3.5}$$

$$x_{it} = x_{i,\ t-1} + \eta_{it} \tag{3.6}$$

$$f_t = \phi f_{t-1} + w_t \tag{3.7}$$

此处，假设误差项 ε_{it} 的 τ 分位数为0，其他参数定义与前面一致。令上述模型的参数集为 Ω，根据分位回归的思想，可以通过最小化非对称加权绝对离差得到分位协整模型的参数估计，即

$$\hat{\Omega}(\tau) = \arg\min_{\Omega} \sum_{i=1}^{N} \sum_{t=1}^{T} \rho_\tau\{e_{it} - \varphi_i e_{i,\ t-1}\} \tag{3.8}$$

此处，$e_{it} = y_{it} - \alpha_i - \beta_i x_{it} - \lambda'_i f_t$，$\rho_\tau(\cdot)$ 为检查函数，满足 $\rho_\tau(x) = x\{\tau - I(x < 0)\}$，$0 < \tau < 1$，$I(\cdot)$ 为示性函数。特别地，根据 Yu 和 Moyeed[145] 的观点，为了进行贝叶斯推断，一般假设 ε_{it} 具有非对称 Laplace 分布，使得

$$P_{AL}(\varepsilon_{it}) = \tau(1 - \tau)\exp\{-\rho_\tau(\varepsilon_{it})\} \tag{3.9}$$

其中，$\rho_\tau(\cdot)$ 的定义与前面一致。从而，很容易证明 ε_{it} 的 τ 分位数为0，均值为 $E(\varepsilon_{it}) = \dfrac{1 - 2\tau}{\tau(1 - \tau)}$，方差为 $\mathrm{Var}(\varepsilon_{it}) = \dfrac{1 - 2\tau + 2\tau^2}{\tau^2(1 - \tau)^2}$。

3.2.2 截面相依面板协整模型的贝叶斯分析

依据 Kobayashi 和 Kozumi[197] 的观点，为了提出分位回归模型的 MCMC 算法，利用非对称 Laplace 分布的如下位置-尺度混合形式：

$$\varepsilon_{it} = z v_{it} + \theta\sqrt{v_{it}}\, u_{it} \tag{3.10}$$

此处，$z = \dfrac{1 - 2\tau}{\tau(1 - \tau)}$，$\theta^2 = \dfrac{2}{\tau(1 - \tau)}$，且 $v_{it} \sim \exp(1)$ 与 $u_{it} \sim N(0, 1)$ 相互

独立。因此，面板协整模型相应的分位回归模型为

$$y_{it} = \alpha_i + \beta_i x_{it} + \lambda_i' f_t + e_{it} \tag{3.11}$$

$$e_{it} = \varphi_i e_{i,\ t-1} + z v_{it} + \theta \sqrt{v_{it}}\, u_{it} \tag{3.12}$$

$$x_{it} = x_{i,\ t-1} + \eta_{it} \tag{3.13}$$

$$f_t = \phi f_{t-1} + w_t \tag{3.14}$$

从而，模型的似然函数为

$$\begin{aligned} L(y,\ x \mid \Omega) &= p(y \mid x,\ \Omega) p(x \mid \Omega) \\ &= \prod_{i=1}^{N} \prod_{t=1}^{T} (2\pi\theta \sqrt{v_{it}} \cdot 2\pi a_i^2)^{-1/2} \\ &\quad \exp\left\{ - \sum_{i=1}^{N} \sum_{t=1}^{T} \frac{(e_{it} - \varphi_i e_{1,\ t-1} - z v_{it})^2}{2\theta^2 v_{it}} + \frac{(x_{it} - x_{i,\ t-1})^2}{2a_i^2} \right\} \end{aligned} \tag{3.15}$$

其中，$y = (y_1,\ y_2,\ \cdots,\ y_N)'$，$x = (x_1,\ x_2,\ \cdots,\ x_N)'$ 是观测值数据，$y_i = (y_{i1},\ y_{i2},\ \cdots,\ y_{iT})$，$x_i = (x_{i1}',\ x_{i2}',\ \cdots,\ x_{iT}')'$。对分位回归模型进行整理，则模型可以写成如下形式：

$$y_{it} = \alpha_i + \beta_i x_{it} + \varphi_i y_{i,\ t-1} + z v_{it} - \varphi_i \alpha_i - \varphi_i \beta_i x_{i,\ t-1} + \lambda_i' f_t - \varphi_i \lambda_i' f_{t-1} + \theta \sqrt{v_{it}}\, u_{it} \tag{3.16}$$

$$x_{it} = x_{i,\ t-1} + \eta_{it} \tag{3.17}$$

$$f_t = \phi f_{t-1} + w_t \tag{3.18}$$

此处，因子 f_t 为不可观测潜变量。为了简化计算，不考虑(3.17)式，将上述分位回归模型写成线性状态空间模型形式，以便利用状态空间模型的贝叶斯方法对其进行参数估计。其具体表达式如下：

$$y_{it} = \lambda_{0i} + \lambda_i' f_t - \varphi_i \lambda_i' f_{t-1} + \tilde{u}_{it} \tag{3.19}$$

$$f_t = \phi f_{t-1} + w_t \tag{3.20}$$

其中，式(3.19)表示测量方程，式(3.20)表示状态方程，状态向量为 $F_t = (f_t',\ f_{t-1}')'$，$\lambda_{0i} = \alpha_i + \beta_i x_{it} + \varphi_i y_{i,\ t-1} + z v_{it} - \varphi_i \alpha_i - \varphi_i \beta_i x_{i,\ t-1}$，$\tilde{u}_{it} \sim$ i. i. d. $N(0,\ \theta^2 v_{it})$，$w_t \sim$ i. i. d. $N(0,\ \Sigma^f)$，参数空间为 $\Theta(\tau) = (\alpha_i(\tau),\ \beta_i(\tau),\ \varphi_i(\tau),\ \lambda_i(\tau),\ \phi(\tau),\ v_{it}(\tau),\ \Sigma^f(\tau))$，表明参数的分位估计与分

位数 τ 有关，可以简单记为 $\Theta\tau=(\alpha_i, \beta_i, \varphi_i, \lambda_i, \phi, v_{it}, \Sigma^f)$ 或 Θ。由于该模型是线性高斯状态空间模型，因此，要对其进行参数空间 Θ 和因子 $\{F_t\}_{t=1}^{T}$ 的贝叶斯推断，首先要在给定模型其他参数的条件下利用 Kalman 滤波估计不可观测因子，然后在给定因子的条件下再利用 Gibbs 抽样算法估计模型的其他参数。

3.2.2.1　参数先验选择与灵敏度分析

根据贝叶斯定理，参数的联合后验分布密度函数与似然函数、先验分布密度函数的乘积成正比，而在协整检验中，先验分布的选择对检验结果具有重要的作用。因此，下面具体讨论实证研究中最常用的两种先验，即无信息先验与信息先验。根据 Lubrano[198]、Bauwens 等[106]以及 Uhlig[199]的观点，需要特别关注参数 φ_i 和 ϕ 的先验设置：在此，只研究 φ_i 同质的情形，即 $\varphi_i=\varphi\ \forall i=1, 2, \cdots, N$，第一种先验为 $\varphi \sim U(-\sqrt{1+\gamma}, \sqrt{1+\gamma})$，$\phi \sim U(-\sqrt{1+\gamma}, \sqrt{1+\gamma})$，特别地，取 $\gamma=0.5$，则 $\varphi \sim U(-1.225, 1.225)$，$\phi \sim U(-1.225, 1.225)$，表示有约 2∶1 的区域为非平稳；第二种先验为正态先验，在此分别利用 $\varphi \sim N(1, 10000)$，$\phi \sim N(1, 10000)$ 和 $\varphi \sim N(1, 0.5)$，$\phi \sim N(1, 0.5)$，前者意味着对爆炸区域($|\varphi|>1$，$|\phi|>1$)设置了比平稳区域更大的权重，即表明在不存在协整的区域设置了比协整区域更大的权重，前者的方差相对较大，意味着对于 φ 的信息知道得很少，而后者意味着对于 φ 的信息知道得更多。假设模型(3.4)至(3.7)中 $\alpha_i=0$，$\beta_i=1$，$\varphi=0.9$，公共因子个数为 $k=1$，$\phi=0.9$，并且 $\{\varepsilon_{it}, \eta_{it}, w_t\}\ \forall i, t$ 由独立同分布的标准正态分布生成，λ_i 则由 $\lambda_i \sim N(1, 1)$ 生成，从而得到生成的数据 y_{it} 和 x_{it} 以便进行几种先验的灵敏度分析。

考虑 $N=20$，$T=\{50, 100, 250\}$，时的情形，图 3.1 和图 3.2 分别给出了三个不同先验对应的 φ 在中位数水平下的后验密度 $\varphi(0.5)$ 和 0.9 分位数水平下的后验密度 $\varphi(0.9)$。显然，在中位数水平下，无信息先验 $\varphi \sim U(-1.225, 1.225)$ 和正态先验 $\varphi \sim N(1, 0.5)$ 对应的后验估计很接近，而先验 $\varphi \sim N(1, 10000)$， $\phi \sim N(1, 0.5)$ 对应的后验估计 $\varphi(0.5)$ 与真实值 0.9 更接近；在 0.9 分位数水平下，先验 $\varphi \sim N(1, 10000)$，$\phi \sim N(1, 0.5)$ 对应的后验估计 $\varphi(0.9)$ 基本在真实值 0.9 附近，但不会取 1。因此，取表示先验信息知道很少的正态先验更合适，下面采用 σ_0^2 相对较大的正态先验 $\varphi \sim N(1, \sigma_0^2)$ 作为 φ 的先验分布。

综合 Burgette 和 Reiter[200] 以及 Kobayashi 和 Kozumi[197] 的观点，假设 $\alpha_i \sim N(0, h_0^2)$，$\beta_i \sim N_m(b_0, B_0)$，$\varphi_i \sim N(1, \sigma_0^2)$，$\lambda_i \sim N_k(1, I_k)$；同时，由前面的定义可知 $v_{it} \sim \exp(1)$，而(3.20)则意味着 $f_t | f_{t-1}, \Sigma^f \sim N(\phi f_{t-1}, \Sigma^f)$，从而状态方程意味着状态的先验为 $\pi(f^T | \Sigma^f) = \prod_{t-1}^{T} \pi(f_t | f_{t-1}, \Sigma^f)$，此处 f^T 表示包含所有状态的向量。在利用 Kalman 滤波得到估计的因子后，(3.20)就具有标准 VAR 形式，因此，可以设置 ϕ 和 Σ^f 先验分布为正态-Wishart 先验，即 $\phi \text{ver}(I_k) | \Sigma^f \sim N_{k^2}(1, \Sigma^f \otimes I_k)$，$\Sigma^f \sim IW(k+2, I_k)$，此处，$\Sigma^f$ 的先验分布是中心为 I_k，自由度为 $k+2$ 的逆 Wishart 分布，$\otimes$ 表示 Kronecker 乘积。

3.2.2.2 因子 $\{F_t\}_{t=1}^{T}$ 的条件密度

如果 $Y_t = (y_{it} - \lambda_{0i})'$，则令 $\tilde{Y}_T = (Y_1, Y_2, \cdots, Y_T)$ 和 $\tilde{F}_T = (F_1, F_2, \cdots, F_T)$ 分别为 Y 和 F 的历史。假设给定参数空间 Θ 的超参数，则生成状态向量的条件分布可以表示为每个时刻 t 处的因子的条件分布的乘积：

$$p(\tilde{F}_T | \tilde{Y}_T, \Theta) = p(F_T | \tilde{Y}_T) \prod_{t=1}^{T-1} p(F_t | F_{t+1}, \tilde{Y}_t, \Theta) \tag{3.21}$$

此处，$\tilde{Y}_t = (Y_1, Y_2, \cdots, Y_t)$。上式依赖于 F_t 的马尔可夫性质，即 $p(F_t | F_{t+1}, F_{t+2}, \cdots, F_T, Y_T, \Theta) = p(F_t | F_{t+1}, Y_t, \Theta)$。同时，由于状态空间模型是线性高斯的，所以有

$$F_T | \tilde{Y}_T, \Theta \sim N(F_{T|T}, P_{T|T}) \tag{3.22}$$

$$F_t | F_{t+1}, \tilde{Y}_T, \Theta \sim N(F_{t|t, F_{t+1}}, P_{t|t, F_{t+1}}) \tag{3.23}$$

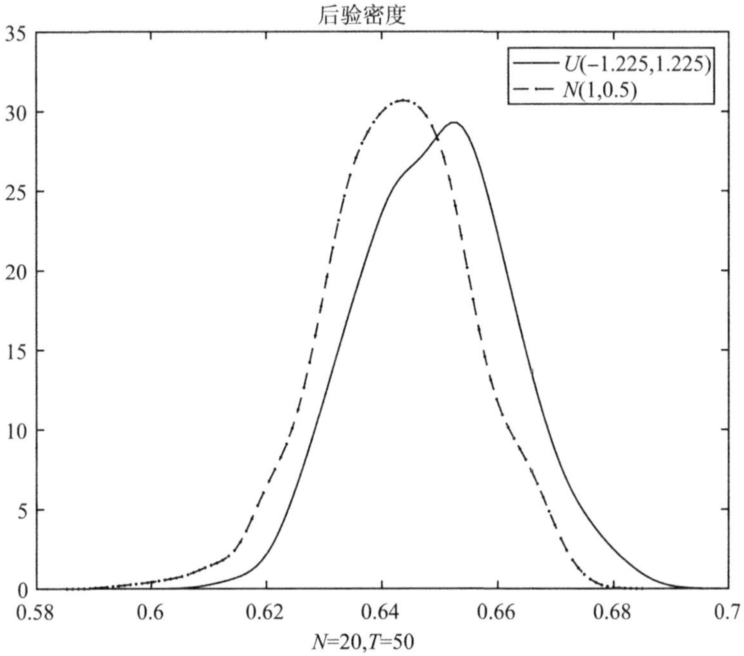
后验密度
U(−1.225,1.225)
N(1,0.5)
35
30
25
20
15
10
5
0
0.58
0.6
0.62
0.64
0.66
0.68
0.7
N=20,T=50

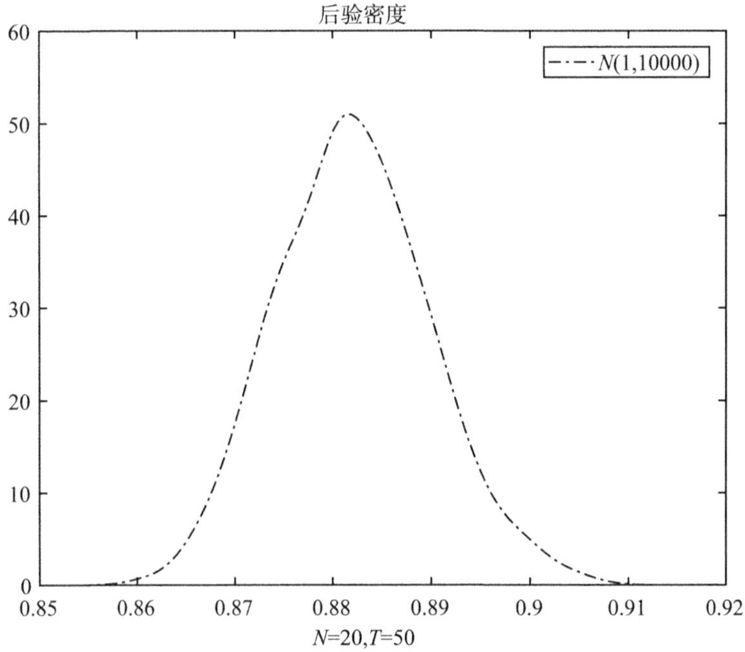
后验密度
N(1,10000)
60
50
40
30
20
10
0
0.85
0.86
0.87
0.88
0.89
0.9
0.91
0.92
N=20,T=50

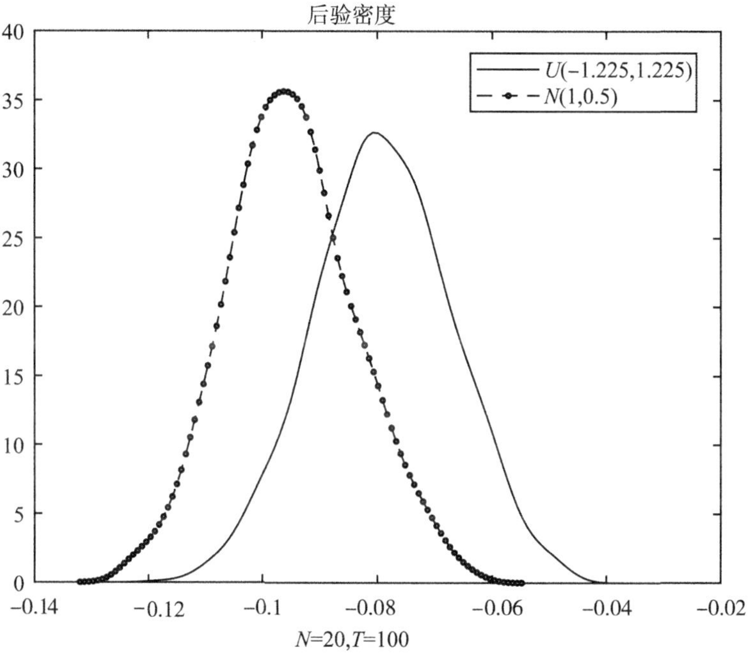
后验密度
U(−1.225,1.225)
N(1,0.5)
40
35
30
25
20
15
10
5
0
−0.14
−0.12
−0.1
−0.08
−0.06
−0.04
−0.02
N=20,T=100

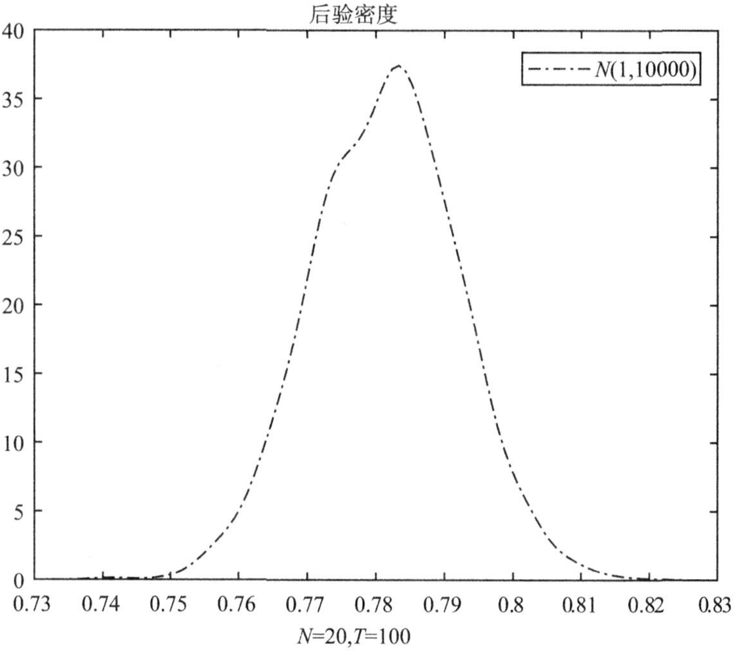
后验密度
N(1,10000)
40
35
30
25
20
15
10
5
0
0.73
0.74
0.75
0.76
0.77
0.78
0.79
0.8
0.81
0.82
0.83
N=20,T=100

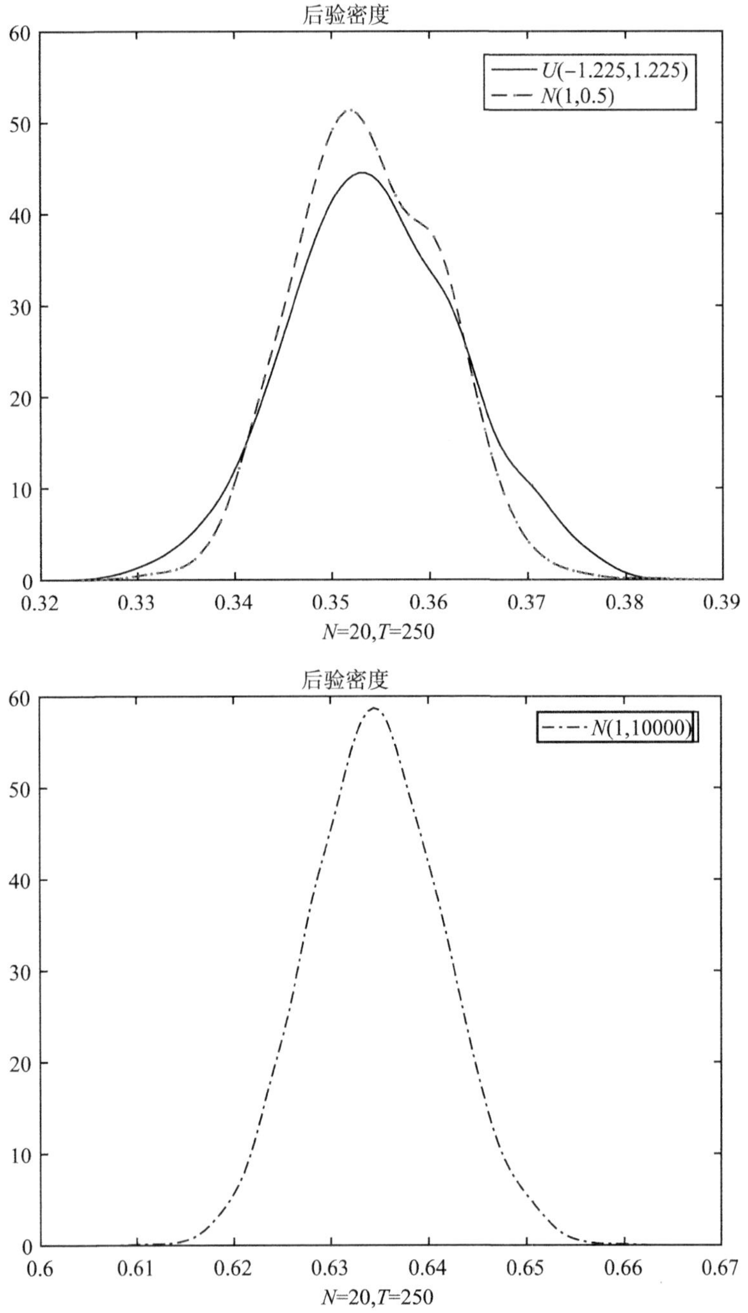

图 3.1　不同先验对应的 $\varphi(0.5)$ 的后验密度图

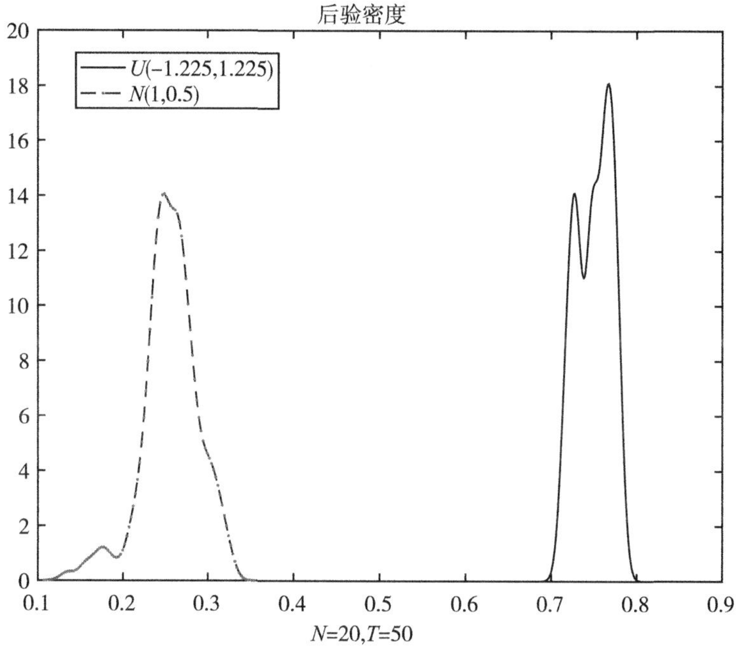
后验密度
U(−1.225,1.225)
N(1,0.5)
20
18
16
14
12
10
8
6
4
2
0
0.1
0.2
0.3
0.4
0.5
0.6
0.7
0.8
0.9
N=20,T=50

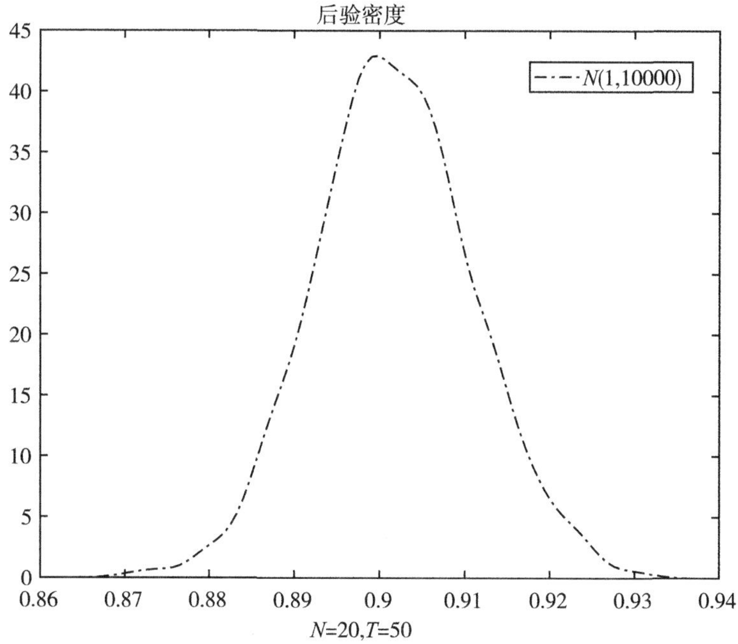
后验密度
N(1,10000)
45
40
35
30
25
20
15
10
5
0
0.86
0.87
0.88
0.89
0.9
0.91
0.92
0.93
0.94
N=20,T=50

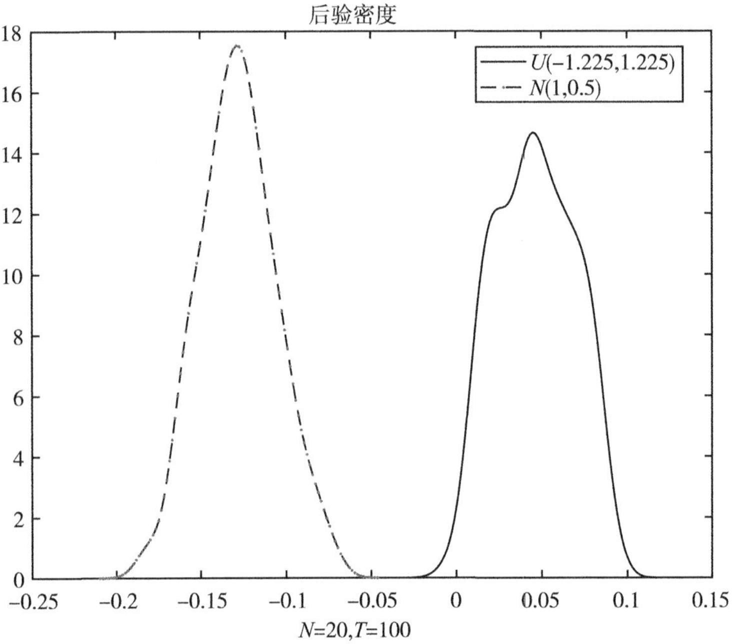
后验密度
U(−1.225,1.225)
N(1,0.5)
18
16
14
12
10
8
6
4
2
0
−0.25
−0.2
−0.15
−0.1
−0.05
0
0.05
0.1
0.15
N=20,T=100

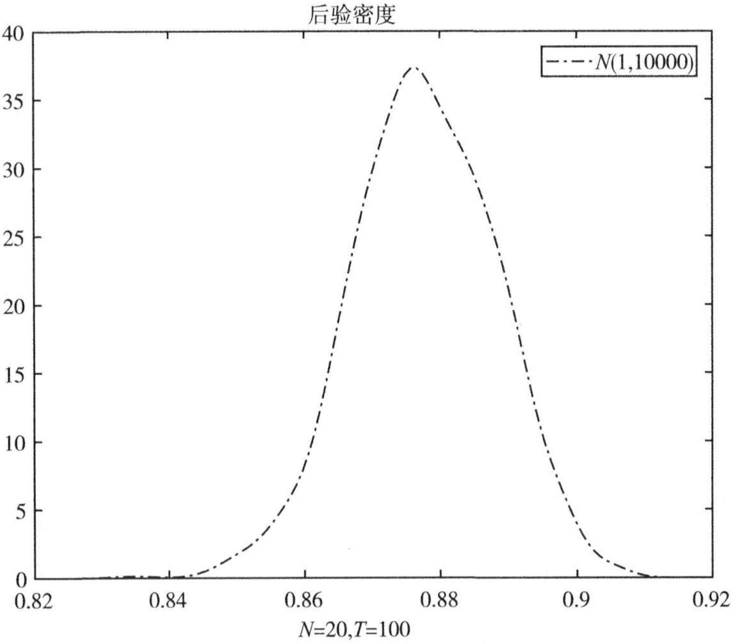
后验密度
N(1,10000)
40
35
30
25
20
15
10
5
0
0.82
0.84
0.86
0.88
0.9
0.92
N=20,T=100

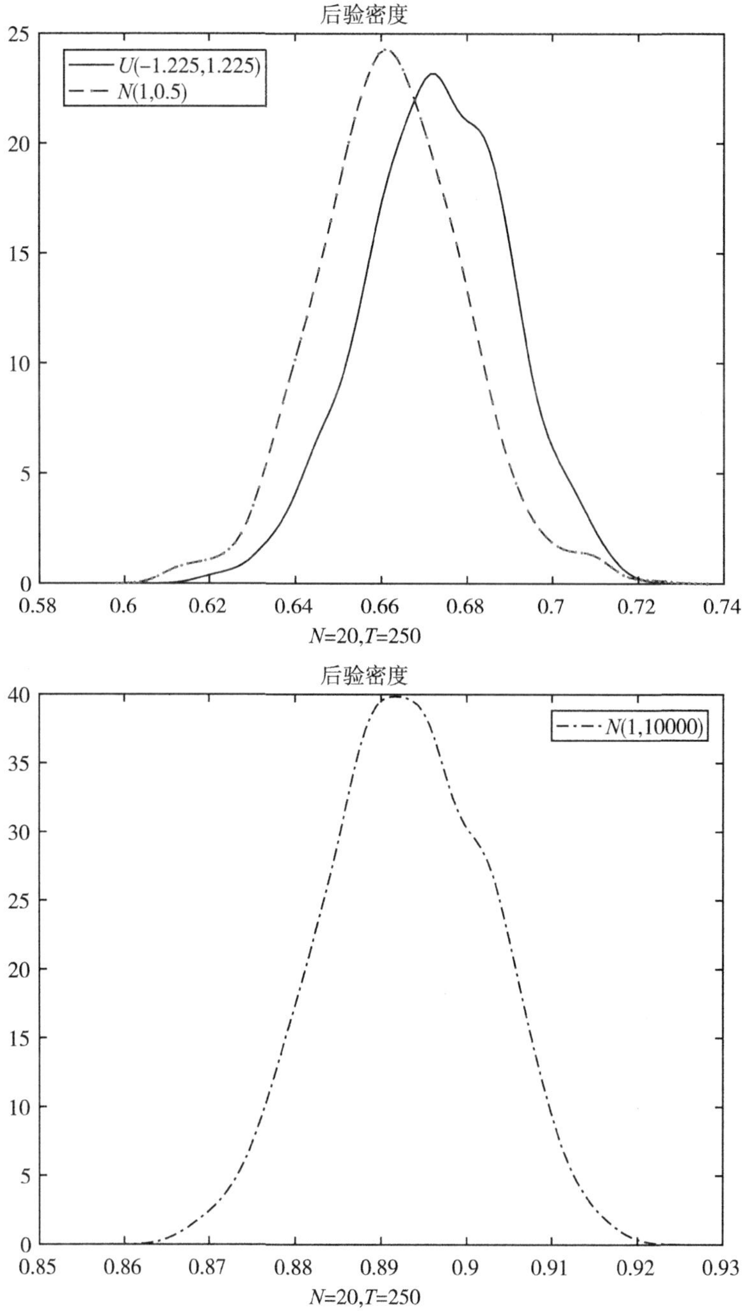

图 3.2 不同先验对应的 $\varphi(0.9)$ 的后验密度图

其中

$$F_{T|T}=E(E_T|\tilde{Y}_T,\ \Theta) \tag{3.24}$$

$$P_{T|T}=\mathrm{cov}(F_T|\tilde{Y}_T,\ \Theta) \tag{3.25}$$

$$F_{t|t,F_{t+1}}=E(F_t|F_{t+1},\ \tilde{Y}_t,\ \Theta)=E(F_t|F_{t+1},\ F_{t|t},\ \Theta) \tag{3.26}$$

$$P_{t|t,F_{t+1}}=\mathrm{cov}(F_t|F_{t+1},\ \tilde{Y}_t,\ \Theta)=\mathrm{cov}(F_t|F_{t+1},\ F_{t|t},\ \Theta) \tag{3.27}$$

此处，$F_{t|t}$表示在时刻t或更早时刻的信息条件下F_t的期望。令因子的初始值为0，协方差矩阵为单位阵，在Θ和数据$\tilde{Y}_t$的条件下，可以利用Kalman滤波计算$F_{t|t}$和$P_{t|t}$，$t=1,\ 2,\ \cdots,\ T$；滤波的最后一次迭代得到$F_{T|T}$和$P_{T|T}$，结合式(3.22)可以抽取F_T的一个值。然后将此抽样值作为额外信息，取后退一个时间点的样本，利用Kalman滤波获得$F_{T-1|T-1,F_T}$和$P_{T-1|T-1,F_T}$；结合式(3.23)抽取F_{T-1}的一个值；用类似方法继续抽取F_t的值，$t=T-2,\ T-3,\ \cdots,\ 1$。

3.2.2.3　参数Θ的条件密度

根据条件概率的定义，在已知观测值和因子(通过前一次迭代得到的估计因子)的条件下，式(3.19)和式(3.20)变成标准回归方程，从而(3.19)确定了$\{\alpha_i,\ \beta_i,\ \varphi_i,\ \lambda_i,\ v_{it}\}$的后验分布，式(3.20)则确定了$\{\phi,\ \Sigma^f\}$的后验分布，参数$\Theta$的完全后验分布具有简单的标准形式。并且，由于误差项不相关，所以可以对(3.19)的方程依次进行参数估计以得到$\{\alpha_i,\ \beta_i,\ \varphi_i,\ \lambda_i,\ v_{it}\}$的估计，则$\alpha_i$的完全条件后验分布为

$$\begin{aligned}\pi(\alpha_i|y,\ \Theta_{-\alpha},\ F_t)&=L(y|\Theta,\ F_t)\pi(\alpha_i)\\&\propto\exp\left\{-\sum_{t=1}^{T}\frac{(e_{it}-\varphi_i e_{i,\ t-1}-zv_{it})^2}{2\theta^2 v_{it}}-\frac{\alpha_i^2}{2h_0^2}\right\}\\&\propto N(\hat{\alpha}_i,\ \hat{A}_i^2)\end{aligned} \tag{3.28}$$

其中

$$\hat{\alpha}_i=\hat{A}_i^2\left\{\sum_{t=1}^{T}\frac{(y_{it}-\varphi_i e_{i,\ t-1}-\beta_i x_{it}-\lambda_i{}'f_t-zv_{it})}{\theta^2 v_{it}}\right\},\ \hat{A}_i^{-2}=\frac{1}{h_0^2}+\sum_{t=1}^{T}\frac{1}{\theta^2 v_{it}}$$

在此，$e_{i,t-1}=y_{i,t-1}-\alpha_i-\beta_i x_{i,t-1}-\lambda_i' f_{t-1}$，$\Theta_{-w}$ 表示 Θ 中除去 w 的其他参数的集合。

类似地，β_i 的完全条件后验分布为

$$\pi(\beta_i \mid y,\ \Theta_{-\beta},\ F_t)=L(y \mid \Theta,\ F_t)\pi(\beta_i)$$
$$\propto N_m(\hat{b}_i,\ \hat{B}_i) \tag{3.29}$$

其中

$$\hat{b}_i=\hat{B}_i\left\{\sum_{t=1}^{T}\frac{x_{it}(y_{it}-\varphi_i e_{i,t-1}-\alpha_i-\lambda_i' f_t-zv_{it})}{\theta^2 v_{it}}\right\}+B_0^{-1}b_0\},$$

$$\hat{B}_i^{-1}=\sum_{t=1}^{T}\frac{x_{it}x_{it}'}{\theta^2 v_{it}}+B_0^{-1}$$

同样地，φ_i 的完全条件后验分布为

$$\pi(\varphi_i \mid y,\ \Theta_{-\varphi},\ F_t)=L(y \mid \Theta,\ F_t)\pi(\varphi_i)$$
$$\propto \exp\left\{-\sum_{t=1}^{T}\frac{(e_{it}-\varphi_i e_{i,t-1}-zv_{it})^2}{2\theta^2 v_{it}}-\frac{(\varphi_i-1)^2}{2\sigma_0^2}\right\}$$
$$\propto N(\hat{\varphi}_i,\ \hat{\sigma}^2) \tag{3.30}$$

其中

$$\hat{\varphi}_i=\hat{\sigma}^2\{\frac{1}{\sigma_0^2}+\sum_{t=1}^{T}\frac{e_{i,t-1}(e_{it}-zv_{it})}{\theta^2 v_{it}}\},\quad \hat{\sigma}^2=\frac{1}{\sigma_0^2}+\sum_{t=1}^{T}\frac{e_{i,t-1}^2}{\theta^2 v_{it}}$$

并且，因子载荷向量 λ_i 的完全条件后验分布为

$$\pi(\lambda_i \mid y,\ \Theta_{-\lambda},\ F_t)=L(y \mid \Theta,\ F_t)\pi(\lambda_i)$$
$$\propto N_k(\hat{\lambda}_i,\ \hat{D}) \tag{3.31}$$

其中

$$\hat{\lambda}_i=\hat{D}\left\{\sum_{t=1}^{T}\frac{f_t(y_{it}-\varphi_i e_{i,t-1}-\alpha_i-\beta_i x_{it}-zv_{it})}{\theta^2 v_{it}}+I_k\right\},\quad \hat{D}^{-1}=\sum_{t=1}^{T}\frac{f_t f_t'}{\theta^2 v_{it}}+I_k$$

特别地，参数 v_{it} 的完全条件后验分布可以看作服从广义逆高斯分布，即

$$v_{it} \mid y,\ \Theta_{-v},\ F_t \sim \mathrm{GIG}\left(\frac{1}{2},\ \hat{g}_{it}^2,\ \hat{\varpi}_{it}^2\right) \tag{3.32}$$

此处，$\hat{g}_{it}^2 = \dfrac{(y_{it} - \varphi_i e_{i,\,t-1} - \alpha_i - \beta_i x_{it} - \lambda'_i f_t)^2}{\theta^2}$，$\hat{\varpi}_{it}^2 = \dfrac{z^2}{\theta^2} + 2$，而 GIG$(q,\ c,\ d)$ 表示广义逆高斯分布，其相应的概率密度函数为

$$p_{\mathrm{GIG}}(x \mid q,\ c,\ d) = \frac{(d/c)^q}{2K_q(cd)} x^{q-1} \exp\left\{-\frac{1}{2}(c^2 x^{-1} + d^2 x)\right\},$$

$$x > 0,\quad -\infty < q < \infty,\ c,\ d \geqslant 0 \tag{3.33}$$

在此，$K_q(\cdot)$ 是第三类修正的 Bessel 函数。

此时，形如(3.20) VAR(1)模型的参数的完全条件后验分布为

$$\phi\mathrm{vec}(I_k) \mid \Sigma^f,\ F_t \sim N_{K^2}(\mathrm{vec}(\overline{\Phi}),\ \Sigma^f \otimes \overline{M}),$$

$$\Sigma^f \mid F_t \sim IW(T + k + 2,\ \overline{Q}) \tag{3.34}$$

其中

$\overline{\Phi} = \overline{M}(\tilde{F}_{T-1}{}'\tilde{F}_{T-1})\hat{\Phi}$，$\overline{M} = (I_k + \tilde{F}_{T-1}{}'\tilde{F}_{T-1})^{-1}$，$\overline{Q} = I_k + \hat{R}'\hat{R} + \hat{\Phi}'[I_k + (\tilde{F}_{T-1}{}'\tilde{F}_{T-1})^{-1}]^{-1}\hat{\Phi}$。

在此，$\mathrm{vec}(\hat{\Phi}) = \hat{\phi}\mathrm{vec}(I_k)$，$\hat{\phi}$ 可以通过对(3.20)的方程依次进行估计得到，$\hat{R}$ 为 OLS 残差阵。

3.3　截面相依面板协整的贝叶斯 MCMC 分析

3.3.1　截面相依面板的协整检验

在进行截面相依条件下的面板协整检验时，如果协整回归残差 e_{it} 和公共因子 f_t 都是 $I(0)$ 过程，则 y_{it} 和 x_{it} 是协整的，即进行假设检验 H_0：$\varphi_i = 1$ 或 $\phi = 1 \leftrightarrow H_1$：$\varphi_i < 1$ 且 $\phi < 1$。$\varphi_i < 1$ 且 $\phi < 1$ 表示 y_{it} 和 x_{it} 存在协整关系。在分位回归模型框架下，利用分位协整检验方法进行协整关系研究具有现实的意义，例如，在中位数水平下的协整关系则意味着大多数个体协整或者较少的个体具有强协整关系，因此，分位数水平下的检验是一个

反应检验目的的更好选择。一般地，第 τ 分位水平下的协整假设为 H_1: $\varphi_i(\tau) < 1$ 且 $\phi(\tau) < 1$，如果 $\varphi_i(\tau) < 1$ 且 $\phi(\tau) < 1$，则说明在第 τ 分位水平下 y_{it} 和 x_{it} 具有协整关系，否则在第 τ 分位水平下 y_{it} 和 x_{it} 没有协整关系。

贝叶斯理论中常用贝叶斯因子进行模型选择和假设检验，贝叶斯因子的计算一般比较复杂，通常需要通过边缘似然函数来计算贝叶斯因子；而对于嵌套模型，应用广义 Savage-Dickey 密度比(SDDR)计算贝叶斯因子使得计算简化，避免了计算每个假设下相应模型的边缘似然函数。在此，令协整检验的贝叶斯因子为 $B_{10} = P(H_1 | \text{Data})/P(H_0 | \text{Data})$，通过 MCMC 算法得到模型参数的后验分布的样本，利用这些样本获得参数的后验密度估计，从而可以计算贝叶斯因子以及各个假设的后验概率。

3.3.2 面板协整模型的 MCMC 算法设计

依据面板分位协整模型中参数的后验条件分布以及遍历性定理，可以得到协整模型参数估计的 MCMC 算法。此算法先用 Kalman 滤波估计不可观测动态因子，然后用 Gibbs 抽样算法依次估计 $\{\alpha_i, \beta_i, \varphi_i, \lambda_i, v_{it}\}$，最后估计 (ϕ, Σ^f)，具体步骤如下：

步骤 1 初始化 $(\alpha_i, \beta_i, \varphi_i, \lambda_i, \phi, v_{it}, \Sigma^f)$，$\{F_t\}$。

步骤 2 计算 $\tilde{y}_{it} = y_{it} - (\alpha_i + \beta_i x_{it} + \varphi_i y_{i,t-1} + z v_{it} - \varphi_i \alpha_i - \varphi_i \beta_i x_{i,t-1})$。

步骤 3 从 $p(\{F_t\} | \{\tilde{y}_{it}\}, \Theta)$ 中抽取潜变量 $\{F_t\}$，先利用 Kalman 滤波计算出 F_t 的条件期望 $E(F_t | \tilde{Y}_{t-1})$ 和条件方差 $\text{Var}(F_t | \tilde{Y}_{t-1})$，$\tilde{Y}_{t-1}$ 表示基于 $\{\tilde{y}_{i1}, \cdots, \tilde{y}_{i,t-1}\}$ 的信息集合，在此基础上，利用高斯模拟平滑估计出 $E(F_t | \tilde{Y}_T)$，作为 F_t 的样本，得到公共因子 f_t 的估计。

步骤 4 从 $\pi(\alpha_i, \beta_i, \varphi_i, \lambda_i, v_{it} | y, F_t)$ 抽取参数 $(\alpha_i, \beta_i, \varphi_i, \lambda_i, v_{it})$：

(i)从 $\pi(\alpha_i | y, F_t, \Theta_{-\alpha})$ 抽取 $\{\alpha_i\}$，$i = 1, 2, \cdots, N$；

(ii)从 $\pi(\beta_i \mid y, F_t, \Theta_{-\beta})$ 抽取 $\{\beta_i\}$，$i=1, 2, \cdots, N$；

(iii)从 $\pi(\varphi_i \mid y, F_t, \Theta_{-\varphi})$ 抽取 $\{\varphi_i\}$，$i=1, 2, \cdots, N$；

(iv)从 $\pi(\lambda_i \mid y, F_t, \Theta_{-\lambda})$ 抽取 $\{\lambda_i\}$，$i=1, 2, \cdots, N$；

(v)从 $\pi(v_{it} \mid y, F_t, \Theta_{-v})$ 抽取 $\{v_{it}\}$，$i=1, 2, \cdots, N$，$t=1, 2, \cdots, T$。

步骤 5　先从 $\pi(\Sigma^f \mid F_t)$ 抽取 Σ^f，然后在抽取的 Σ^f 的条件下，从 $\pi(\phi \mid \Sigma^f, F_t)$ 抽取 ϕ。

重复步骤 1~5，直至迭代依分布收敛到目标分布 π，Markov 链达到平稳状态时则停止，根据遍历性定理，如果 $\{F_t^{(j)}, \alpha_i^{(j)}, \beta_i^{(j)}, \varphi_i^{(j)}, \lambda_i^{(j)}, \phi^{(j)}, v_{it}^{(j)}, \Sigma^{f(j)}\}_{j=1}^{S}$ 为退火后的 Markov 链抽样序列，则可以用该抽样序列得到面板协整模型的参数后验估计。

3.4　Monte Carlo 仿真实验分析

3.4.1　仿真实验设计与数据生成过程(DGP)

为了研究面板协整模型的贝叶斯分位估计的小样本性质，将采用 Monte Carlo 仿真实验来进行分析。首先，利用下列数据生成过程生成两个独立序列 y 和 x：

$$y_{it}=\alpha+\beta x_{it}+\lambda_i' f_t+e_{it},\quad e_{it}=\varphi e_{i,t-1}+\varepsilon_{it},\quad f_t=\phi f_{t-1}+w_t,\quad \Delta x_{it}=\eta_{it} \tag{3.35}$$

其中，$\{\varepsilon_{it}, \eta_{it}, w_t\}$ $\forall i=1, 2, \cdots, N$，$t=1, 2, \cdots, T$ 由独立同分布的标准正态分布生成，λ_i 则由 $\lambda_i \sim N(1, 1)$ 生成，取时期数为 $T=\{50, 100, 250\}$，个体数为 $N=\{20, 40\}$，$\alpha=0$，$\beta=1$，公共因子个数为 $k=1$，$\phi=0.5$，$\varphi=\{0.5, 1\}$；此处，记 $\varphi=0.5$ 时的数据生成过程为第一类 DGP，记 $\varphi=1$ 时的数据生成过程为第二类 DGP。

3.4.2 协整参数估计与协整检验的分析

下面利用生成的面板时间序列数据，对考虑了截面相依特征的面板协整模型进行贝叶斯分位估计，图 3.3 至图 3.6 分别给出了分位数 $\tau=0.1$，0.25，0.5，0.75，0.9 处参数 φ 的后验密度以及公共因子 f 的后验估计。当 φ 的真实值为 1 时，参数的真实值一般能包含在某些分位水平下的后验置信区间中，例如，当 $N=40$，$T=100$ 时，在图 3.5 中，低分位数 0.25 处的参数估计 $\varphi(0.25)$ 的 HPDI 包含真实值 $\varphi=1$。当 φ 的真实值为 0.5 时，对于较大样本 $N=40$，$T=250$，参数 φ 的后验估计 $\varphi(0.25)$ 为 0.4222，接近真实值 0.5，其相应的 HPDI 为(0.4078，0.4363)；而对于其他相对较小的样本，参数 φ 的最大后验密度置信区间(highest posterior density confidence intervals，简称 HPDI)虽然不能包含真实值，但是参数 φ 在中位数水平下的后验估计却均在平稳区域内，因此，这种情况对贝叶斯分位协整检验的判断没有影响。

进一步，在图 3.4 和图 3.6 中，各个分位数水平下的公共因子 f 刻画了面板时间序列在各个分位水平下的截面相依特征。对于 $\varphi=0.5$，$\phi=0.5$ 时的生成数据，在样本容量为 $T=50$ 以及 $N=20$，$T=250$ 时，低分位水平 0.1，0.25 和高分位水平 0.75，0.9 处的公共因子基本一致；在 $N=20$，$T=100$ 时，0.25，0.5，0.75 和 0.9 分位水平下的公共因子基本一致，而在 $N=40$，$T=100$ 和 $N=40$，$T=250$ 时，0.1，0.25，0.5，0.75 分位水平下的公共因子也基本一致。同样地，对于 $\varphi=1$，$\phi=0.5$ 时的生成数据，当 $N=20$、$T=50$，$N=20$、$T=250$ 和 $N=40$、$T=50$ 时，低分位水平 0.1，0.25 和高分位水平 0.75，0.9 处的公共因子基本一样；在 $N=40$，$T=100$ 情形下，低分位水平 0.1，0.25 下的公共因子基本一致，而当 $N=40$，$T=250$ 时，低分位水平 0.1 处和高分位水平 0.75，0.9 处的公共因子也基本一致。

另一方面，对于 $\varphi=0.5$，$\phi=0.5$ 时的生成数据，如果用贝叶斯方法对上述面板协整模型进行参数估计，则当 $N=20$，$T=50$ 时，φ 的后验均值

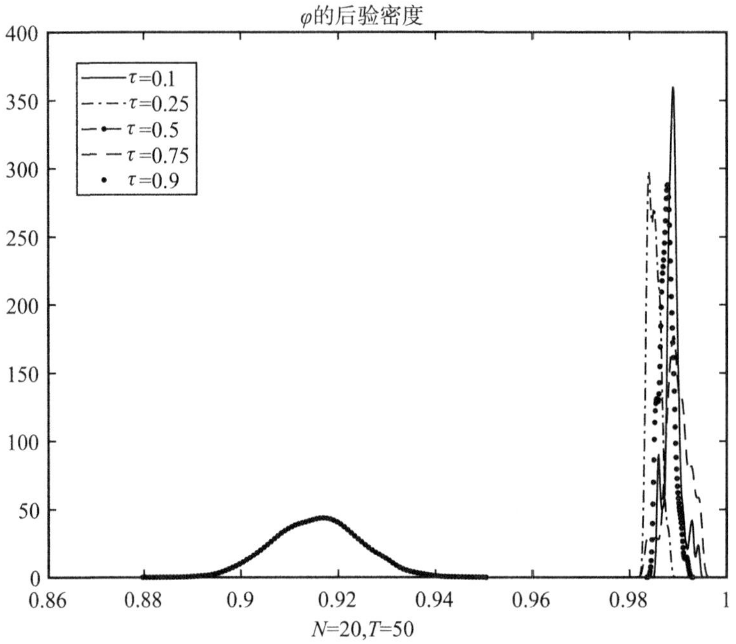
φ的后验密度
τ=0.1
τ=0.25
τ=0.5
τ=0.75
τ=0.9
N=20,T=50

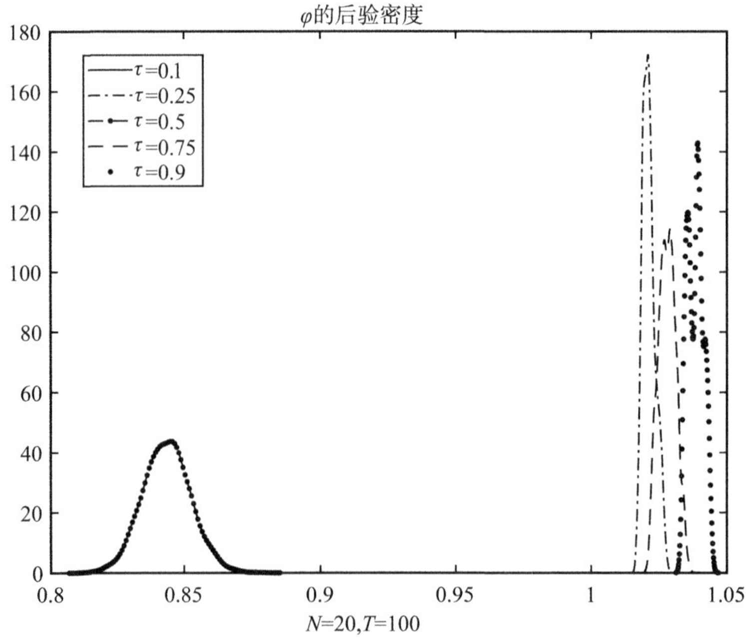
φ的后验密度
τ=0.1
τ=0.25
τ=0.5
τ=0.75
τ=0.9
N=20,T=100

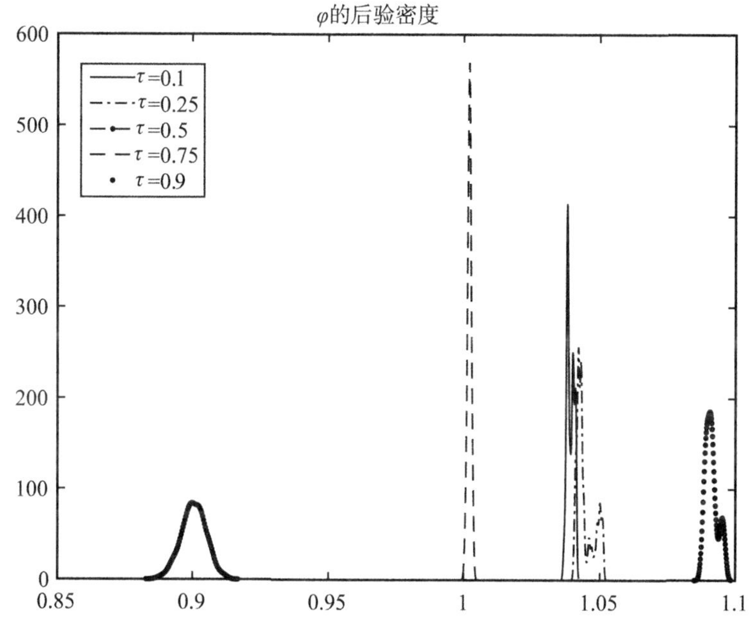

N=20,T=250

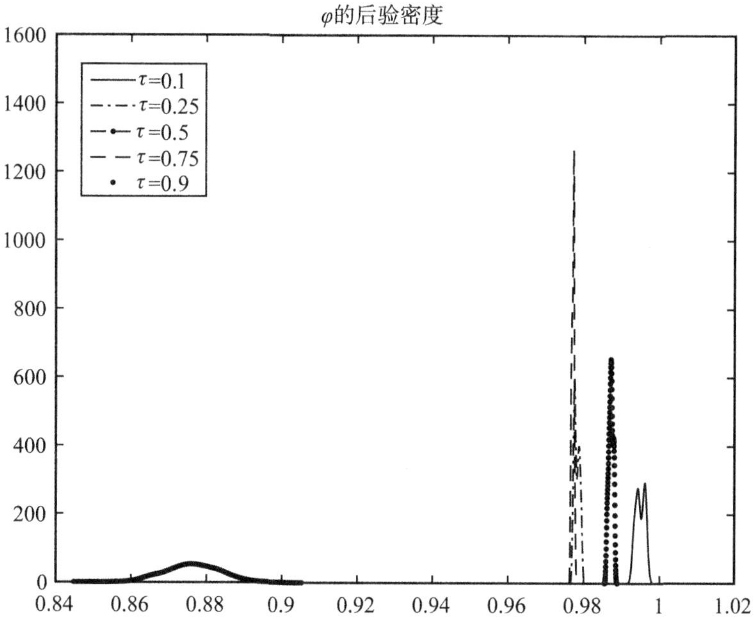

N=40,T=50

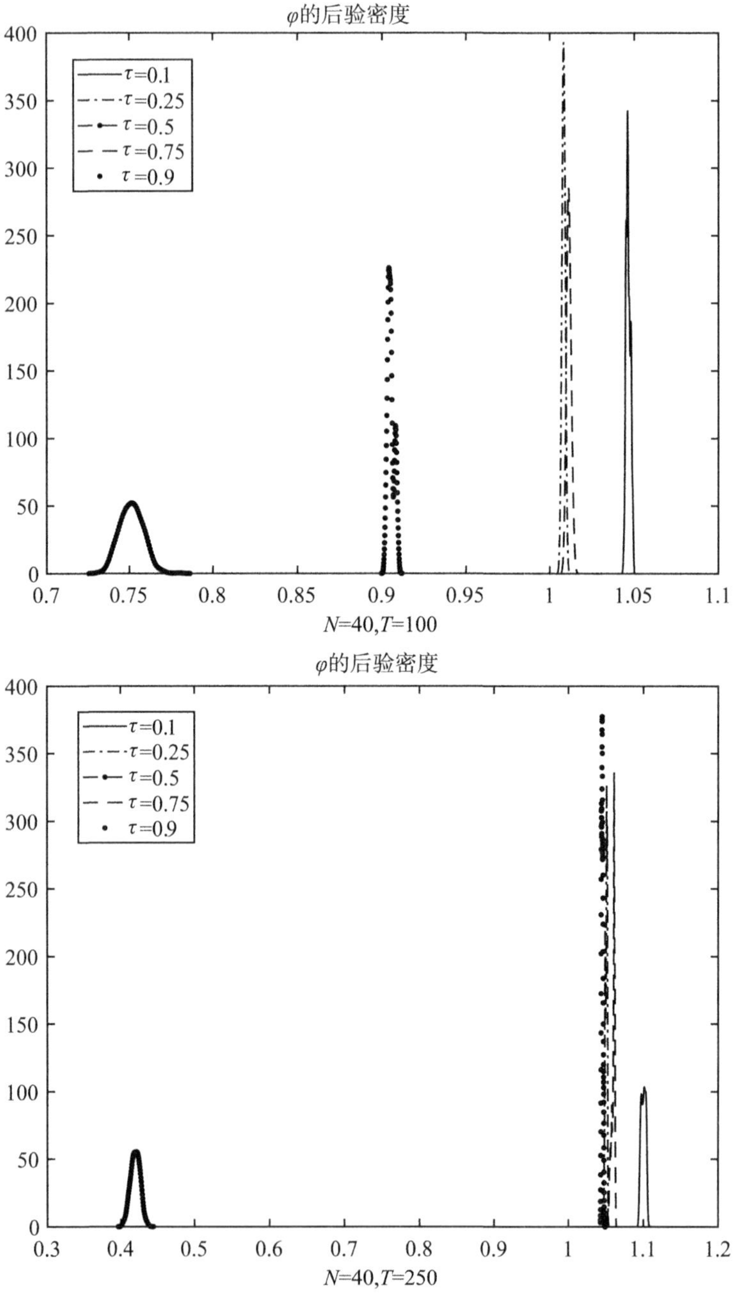

图 3.3　第一类 DGP 情形下参数 φ 的后验密度

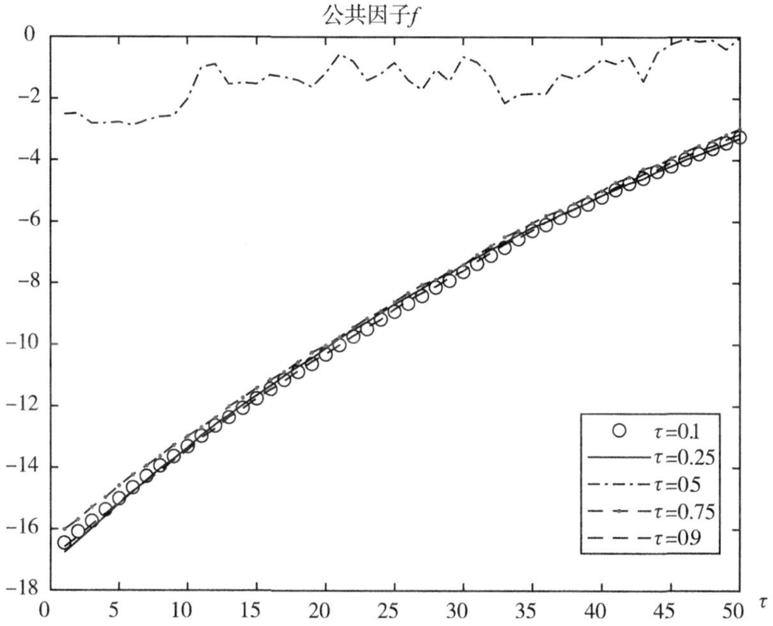

N=20,T=50

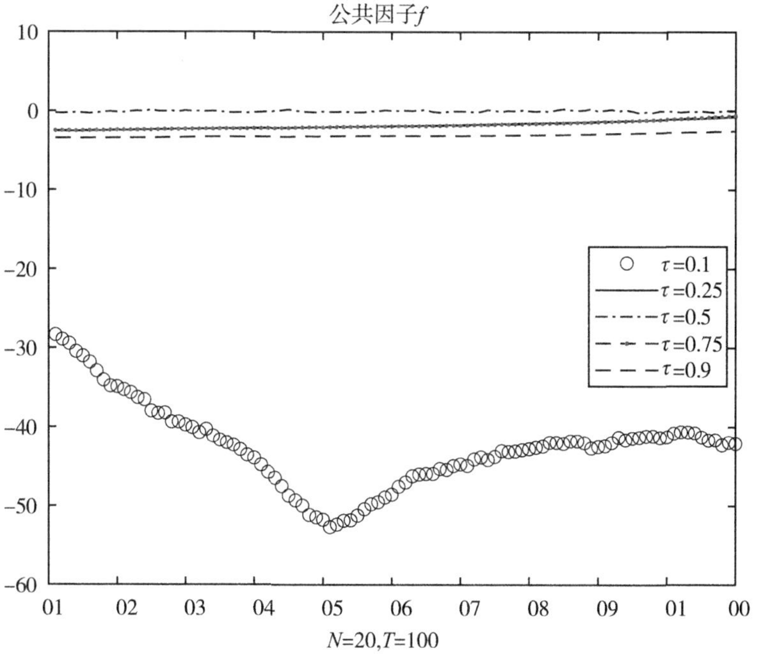

N=20,T=100

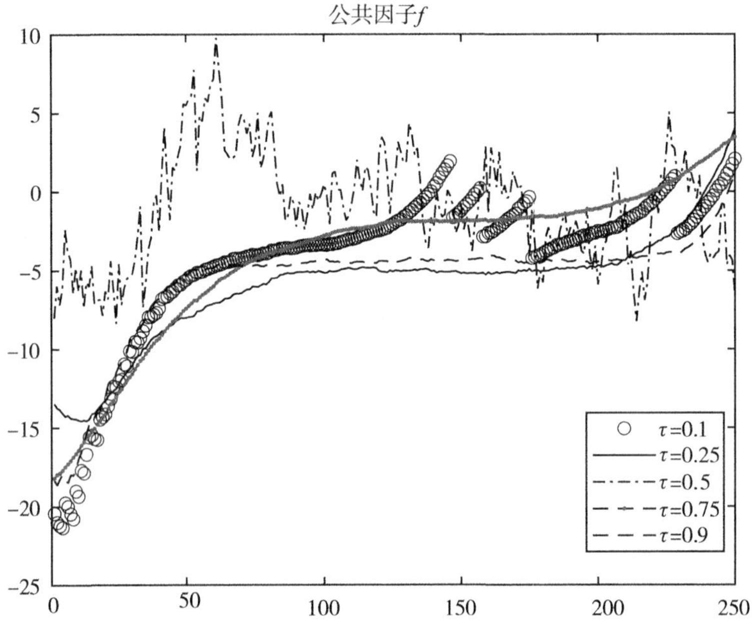

N=20,T=250

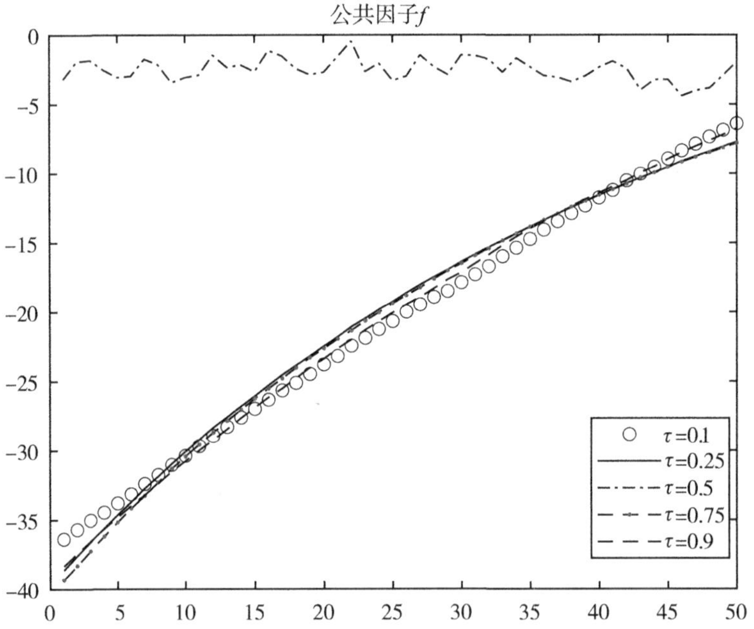

N=40,T=50

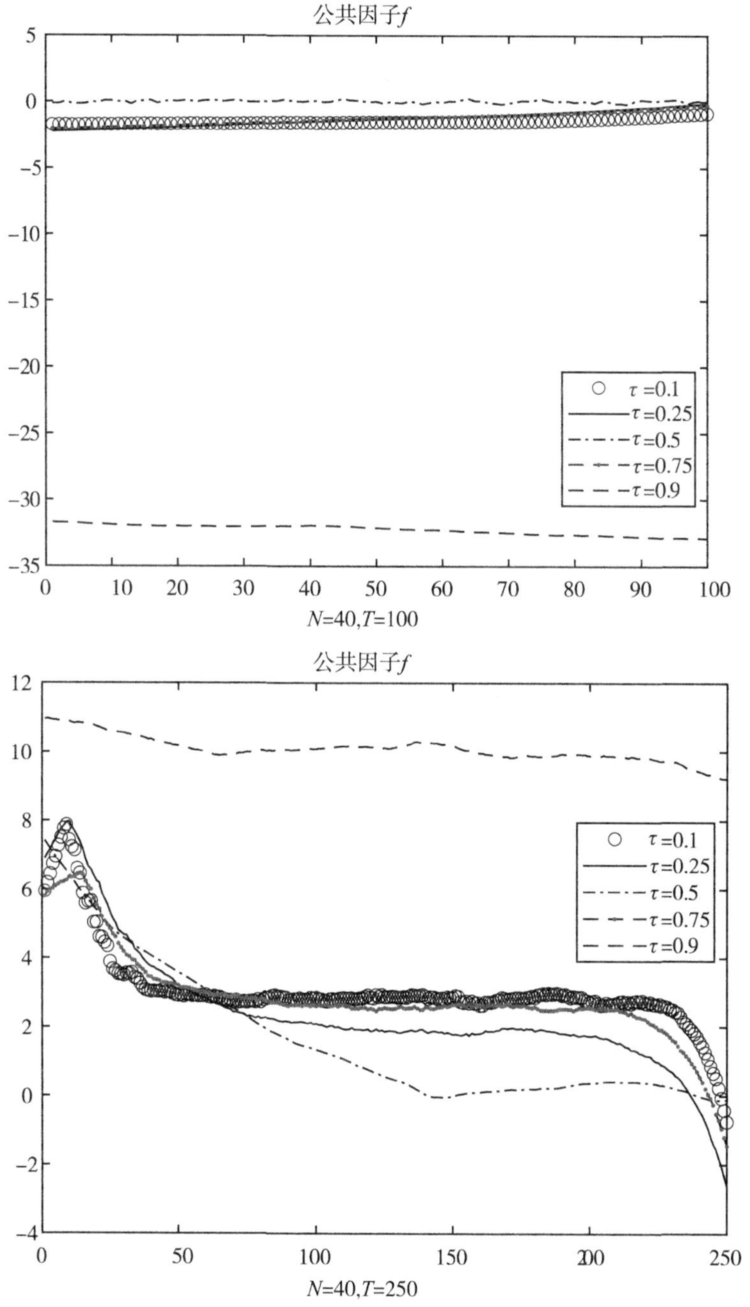

图 3.4　第一类 DGP 情形下公共因子 f 的后验估计

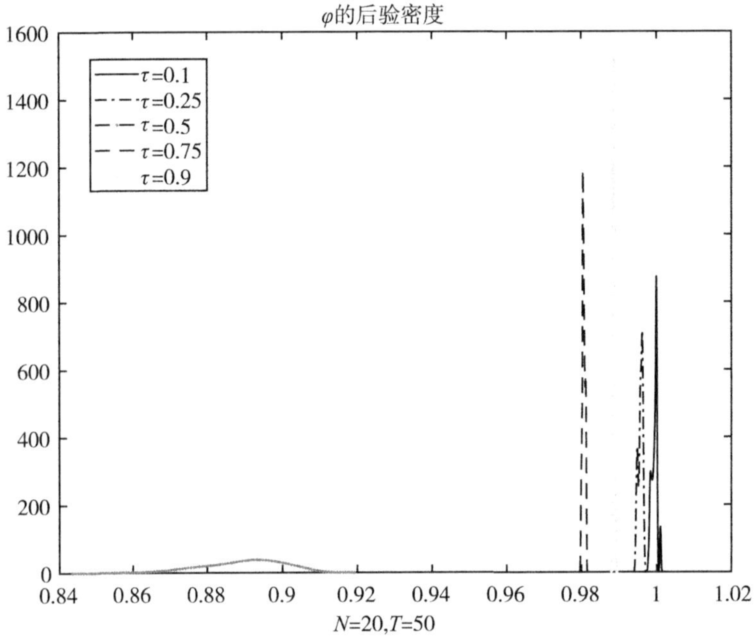
φ的后验密度
τ=0.1
τ=0.25
τ=0.5
τ=0.75
τ=0.9
1600
1400
1200
1000
800
600
400
200
0
0.84
0.86
0.88
0.9
0.92
0.94
0.96
0.98
1
1.02
N=20,T=50

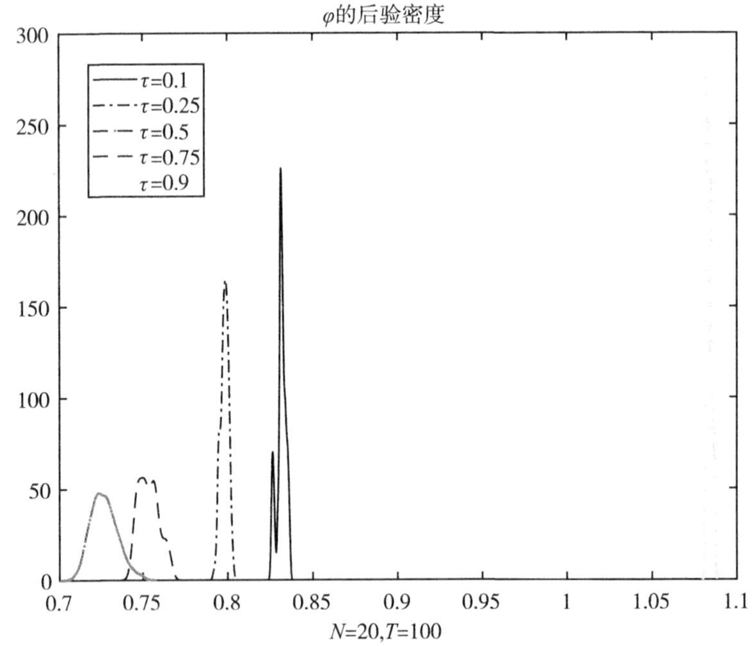
φ的后验密度
τ=0.1
τ=0.25
τ=0.5
τ=0.75
τ=0.9
300
250
200
150
100
50
0
0.7
0.75
0.8
0.85
0.9
0.95
1
1.05
1.1
N=20,T=100

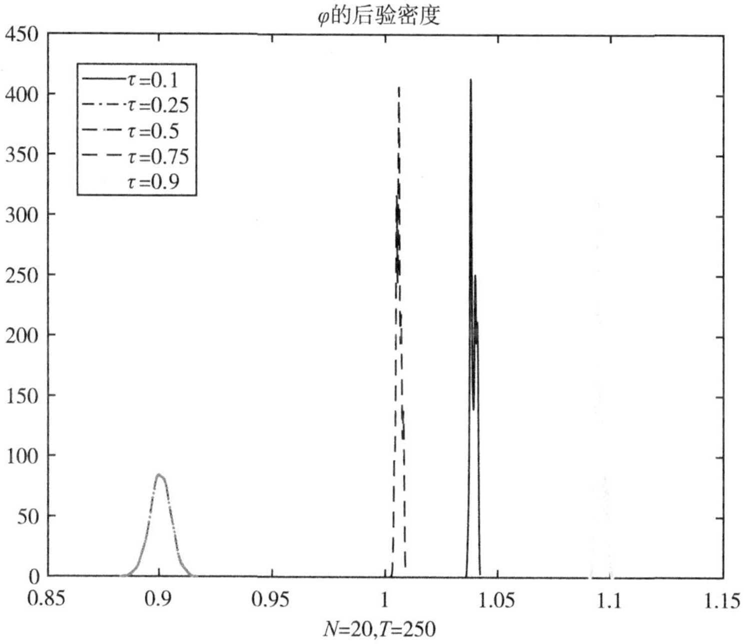
φ的后验密度
τ=0.1
τ=0.25
τ=0.5
τ=0.75
τ=0.9
450
400
350
300
250
200
150
100
50
0
0.85
0.9
0.95
1
1.05
1.1
1.15
N=20,T=250

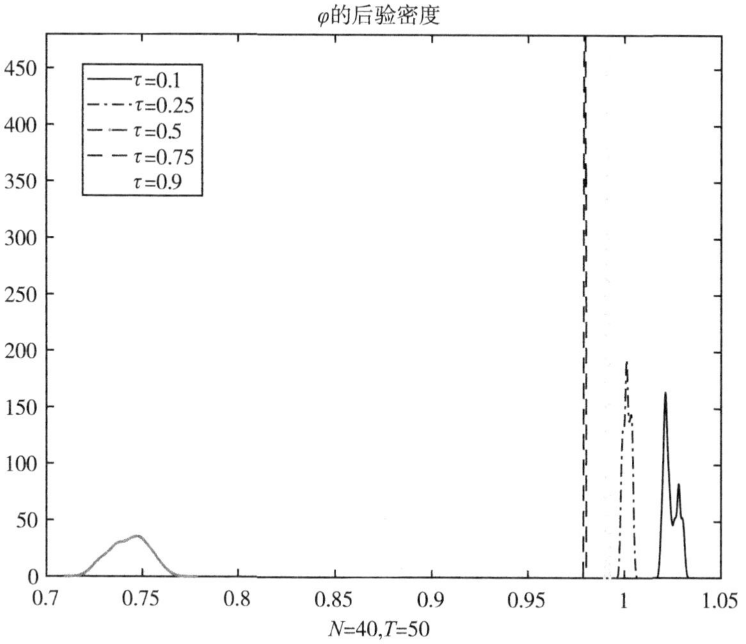
φ的后验密度
τ=0.1
τ=0.25
τ=0.5
τ=0.75
τ=0.9
450
400
350
300
250
200
150
100
50
0
0.7
0.75
0.8
0.85
0.9
0.95
1
1.05
N=40,T=50

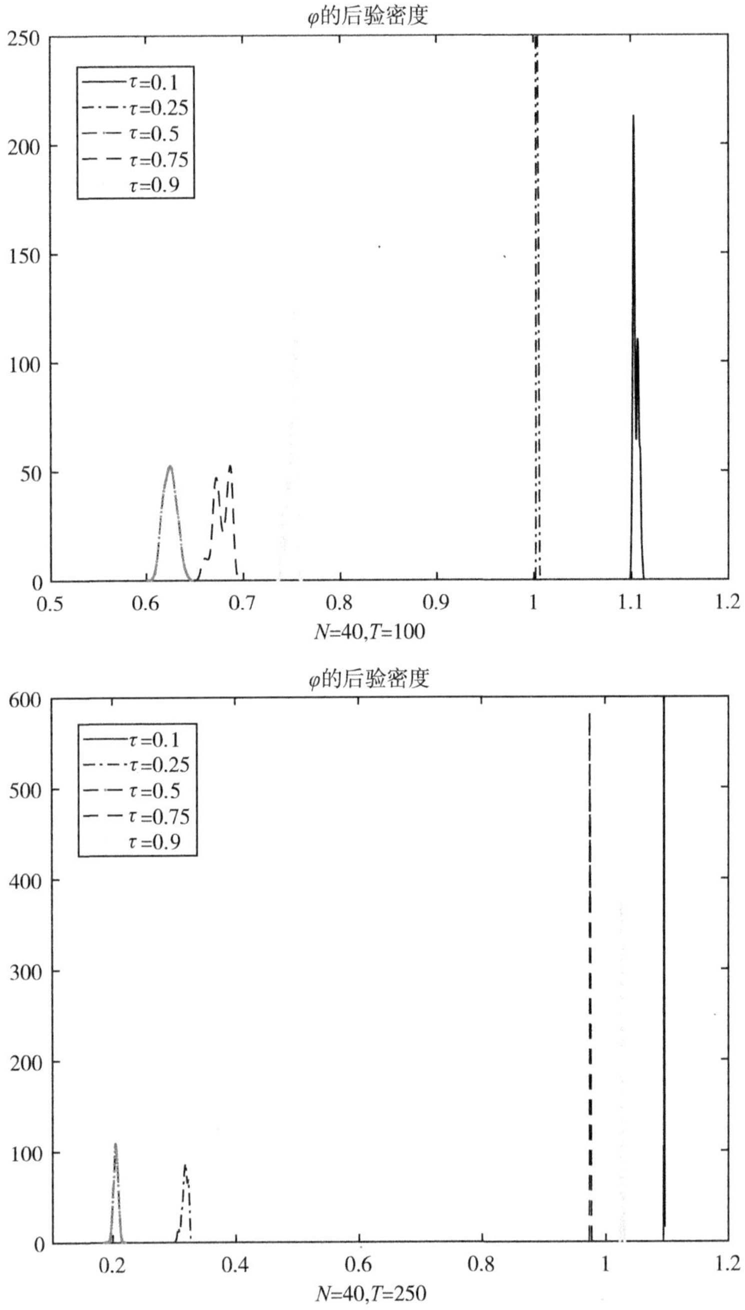

图 3.5　第二类 DGP 情形下参数 φ 的后验密度

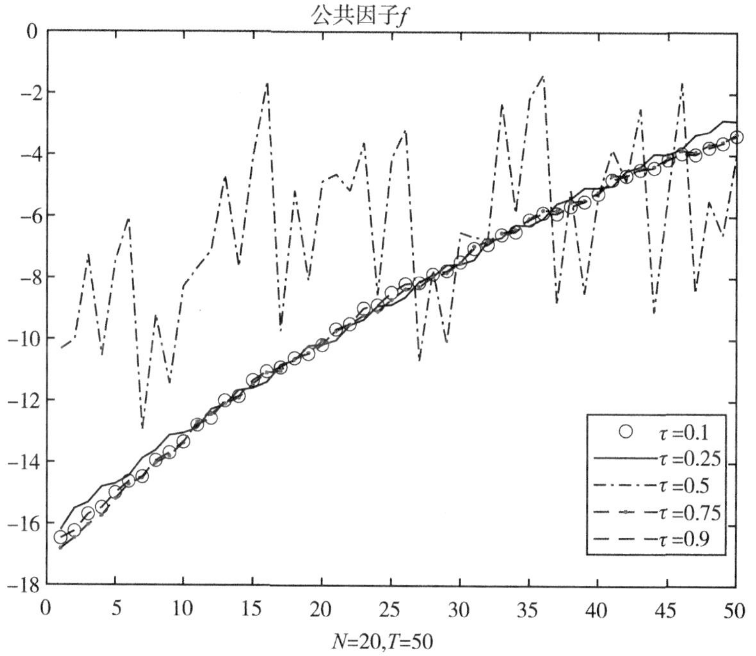
公共因子f
τ=0.1
τ=0.25
τ=0.5
τ=0.75
τ=0.9
N=20,T=50

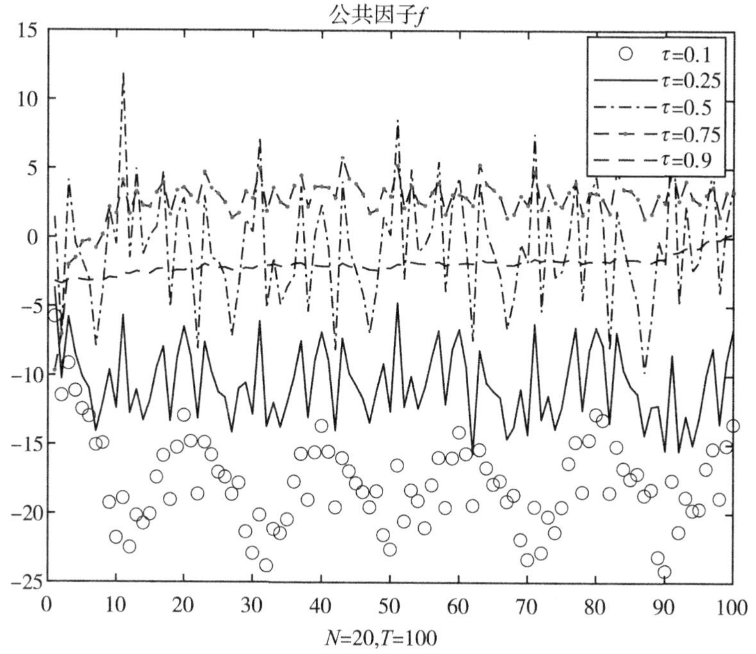
公共因子f
τ=0.1
τ=0.25
τ=0.5
τ=0.75
τ=0.9
N=20,T=100

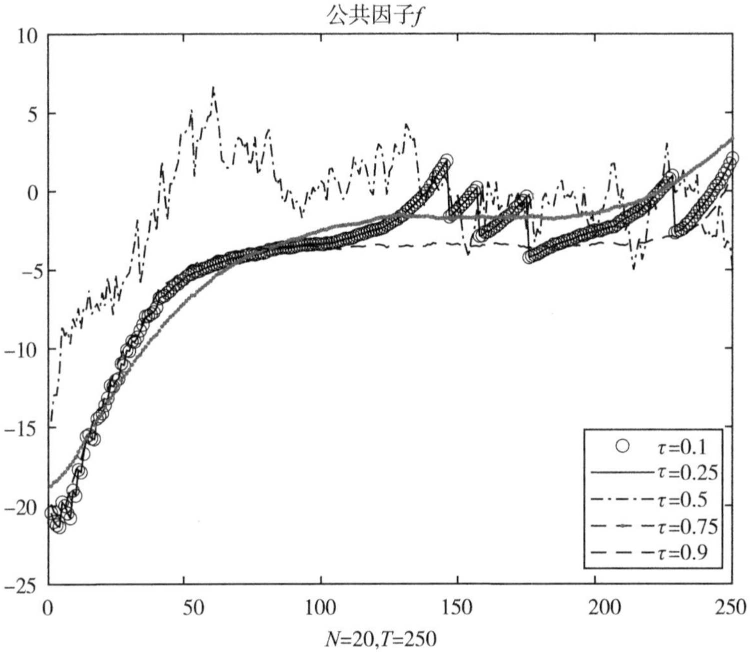
公共因子f
τ=0.1
τ=0.25
τ=0.5
τ=0.75
τ=0.9
N=20,T=250

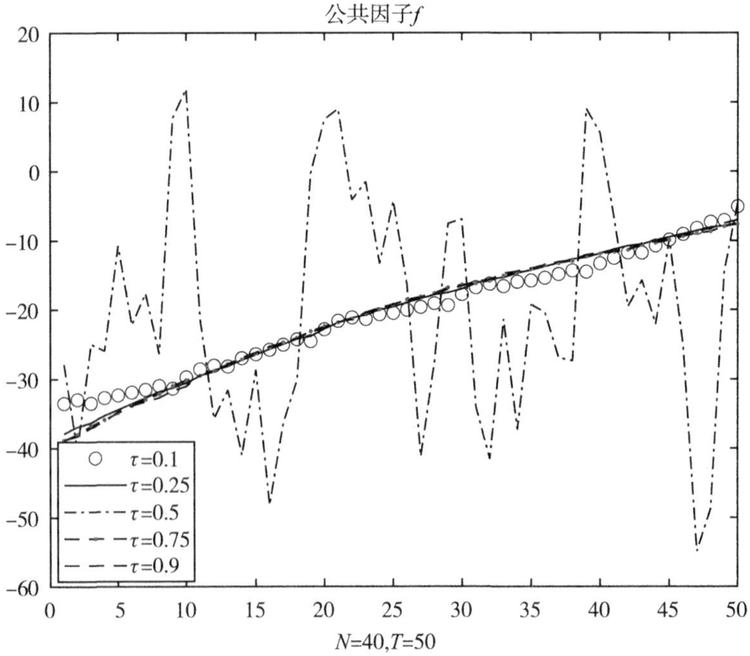
公共因子f
τ=0.1
τ=0.25
τ=0.5
τ=0.75
τ=0.9
N=40,T=50

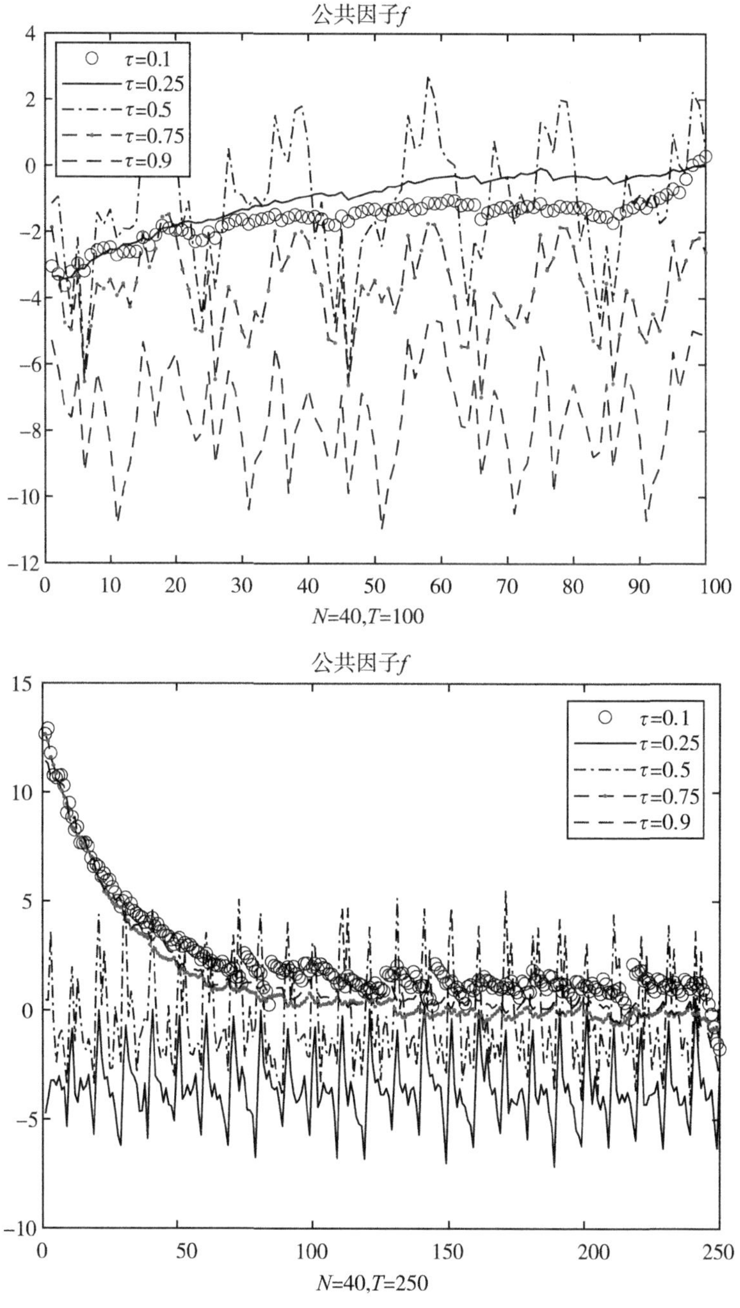

图 3.6 第二类 DGP 情形下公共因子 f 的后验估计

为0.9577，HPDI为(0.9386，0.9772)；当$N=40$，$T=250$时，φ的后验均值为0.5926，HPDI为(0.5766，0.6090)。可以看出，与面板协整模型的贝叶斯估计结果相比，贝叶斯分位估计能够更加全面有效地描述面板时间序列的非对称和局部持续性的特征，同时能够对协整参数进行全方面的估计。

3.4.3　仿真实验的结果分析

同时，为了进行面板时间序列的贝叶斯分位协整检验，表3.1给出了存在协整时的后验概率，即$\varphi<1$且$\phi<1$的后验概率。从表中结果可知，当$\varphi=0.5$，$\phi=0.5$时，即在截面相依假设下变量之间存在协整关系，此时，对于小样本情形，贝叶斯协整检验方法在各个分位水平处的协整后验概率基本为1，例如，$N=20$，$T=50$以及$N=40$，$T=50$时，除了在中位数水平下存在协整的后验概率分别为0.7710和0.6190外，其他分位水平下存在协整的后验概率均为1；对于其他样本，中位数水平下存在协整的后验概率均大于60%，说明大多数个体的变量之间存在协整的后验概率大于60%。

当$\varphi=1$，$\phi=0.5$时，即用平稳的公共因子刻画截面相依且变量之间没有协整关系，此时，除了$N=20$，$T=50$的情形外，对于其他样本，均存在某些分位水平下存在协整的后验概率为0，同时可以看出当T相对N更大时，会存在更多分位水平下的协整后验概率为0，例如，当$N=20$，$T=250$时，在低分位0.1，0.25水平和高分位0.75，0.9水平下，存在协整的后验概率均为0，可以认为在低分位水平和高分位水平下拒绝协整的后验为100%。综合可见，贝叶斯分位协整检验方法能够避免传统假设检验方法中由于原假设设置不同而存在的偏误等问题，能够给出更为具体有效的协整检验判断，避免了异常点的影响。

表 3.1　贝叶斯分位协整检验的后验概率

N	T	DGP: $\varphi = 0.5$, $\phi = 0.5$					DGP: $\varphi = 1$, $\phi = 0.5$				
		$\tau = 0.1$	$\tau = 0.25$	$\tau = 0.5$	$\tau = 0.75$	$\tau = 0.9$	$\tau = 0.1$	$\tau = 0.25$	$\tau = 0.5$	$\tau = 0.75$	$\tau = 0.9$
20	50	1.0000	1.0000	0.7710	1.0000	1.0000	0.9396	1.0000	0.6156	1.0000	1.0000
	100	0.5395	0.0000	0.6936	0.0000	0.0000	0.6730	0.6840	0.6980	0.7400	0.0000
	250	0.0000	0.0000	0.9750	0.0000	0.0000	0.0000	0.0000	0.9750	0.0000	0.0000
40	50	1.0000	1.0000	0.6190	1.0000	1.0000	0.0000	1.0000	0.6110	1.0000	1.0000
	100	0.0000	0.0000	0.6980	0.0000	0.0650	0.0000	0.0000	0.6948	0.6806	0.6884
	250	0.0000	0.0000	1.0000	0.0000	0.0000	0.0000	0.8908	0.8970	1.0000	0.0000

3.5 本章小结

本章在贝叶斯理论框架下，从贝叶斯分位回归的角度出发，利用动态公共因子刻画了面板个体的截面相依特征，进而研究了在截面相依假设条件下基于贝叶斯分位回归理论的面板协整问题。传统面板协整模型往往假设截面个体独立或者采用 bootstrap 方法来刻画截面相依特征，前者的假设难以与实际背景相符合，而后者的方法则会导致计算相对复杂，针对这些问题，提出了基于动态公共因子结构的面板协整模型，结合贝叶斯分位回归方法对其进行参数估计，设计相应的 MCMC 方案，从而得到各个分位水平下模型参数的后验估计，同时，通过计算后验概率进行贝叶斯分位协整检验，得到各个分位水平下的协整检验。最后利用 Monte Carlo 实验数据验证了贝叶斯分位协整方法的可行性与有效性，发现贝叶斯分位协整能够比贝叶斯协整给出更为具体全面的协整参数估计和协整检验判断。

第4章 基于贝叶斯分位回归的变结构面板协整

条件均值中含有潜在变结构的线性回归模型是计量经济学中特别受关注的一类研究，其中，变结构协整则是研究协整回归模型中含有变结构特征时的协整问题。因此，变结构协整能够考察协整向量中有变结构时的协整关系。特别地，虽然变结构协整研究的是变结构协整关系，但是其相应的误差修正项却是线性的，这也意味着偏离向长期均衡的调整仍是线性的。

目前，大多数变结构问题的研究只关注条件均值，而在各种实际应用中，条件分布或条件分位中的变结构问题是非常重要的。本章主要研究平滑突变(smooth breaks)的面板数据贝叶斯分位协整模型，利用去除截面均值的方式消除面板数据间的截面相依性，同时结合贝叶斯分位回归技术和MCMC抽样算法，对平滑突变面板协整模型进行估计和协整检验，以考察在多个分位水平下面板数据变量之间的变结构协整关系。

4.1 截面相依条件下的变结构协整问题

4.1.1 变结构协整问题

目前常用的面板协整模型一般假设变量之间具有线性关系，在理论上，不管是截面个体独立的线性面板协整，还是截面个体相依的线性面板协整检验，都是基于结构稳定的假设，即认为协整方程是稳定的。在面板数据协整理论中，检验统计量极限分布是序贯极限，即 $T \to \infty$，$N \to \infty$，而且时间 T 以比个体数 N 大得多的速度趋于无穷。这种方法的优点在于容易得到协整检验统计量的标准分布，同时也带来一个缺点：随着协整面板时间序列的上升，结构突变的概率也会上升。特别地，当金融、经济、政治、文化、科技等因素发生重大变化时，例如，政治体制的变革、石油危机、1997 年亚洲金融危机以及 2008 年全球金融危机等，经济金融市场中各个因素之间可能会发生结构性的变化。当这种结构性的变化发生时，根据变化之前的数据建立的模型对结构性变化之后的情况进行分析变得不恰当；正如 Hao[52]，Arai 和 Kurozumi[201] 指出的，结构突变发生的可能性会改变检验统计量极限分布，协整方程的确定性成分应该修正以解决结构突变的出现；错误的忽视或者不考虑结构突变的存在，可能带来协整方程的样本偏差和伪回归，从而导致对本来应该是有协整关系的变量，却由于未考虑结构突变而发生误判。

目前，面板协整理论的一个新发展即是放松了线性假设的协整检验：具有变结构的面板协整检验。最初发展的时间序列中的变结构都是假设结构变化突然发生且即刻就表现出来，但是，大量学者发现序列的水平或斜率上的结构变化效应可能是逐渐产生的，例如，平滑转换过程（smooth transition process），这些结构变化一般必须假设突变点的位置和函数形式已知。然而，突变点的位置以及突变点的个数都可能是未知的，因此，认为序列中只有一个或两个结构变化的假设是存在缺陷的；并且，尽管以往的变结构协整模型可能考虑更多的结构变化，但是由于需要估计很多参数，从而导致了这些单位根协整检验并不有效。

4.1.2　截面相依面板的平滑变结构协整

与以前的变结构协整研究不同的是，在变结构面板协整背景下，本章主要研究具有平滑突变的面板变结构协整问题。特别地，在此将利用 Gallant[202] 的灵活傅立叶形式的一种变形来考虑突变的未知特性。利用傅立叶估计来刻画变结构的一个显著特点在于不需要预先假设突变点位置，突变点个数或者突变的确切形式是已知的，而且傅立叶估计可以避免对大量参数进行估计，从而保证了单位根协整检验具有好的检验水平和检验势。

同时，当模型的协整向量中含有结构突变时，协整回归模型不再具有标准误差修正框架，导致基于似然的协整方法具有局限性。因此，我们不采用基于似然的系统方法，而采用残差方法，应用单方程模型进行基于残差的变结构面板协整研究。

4.2 变结构面板协整的贝叶斯分位推断

4.2.1 考虑截面相依的面板变结构协整模型的基本形式

假设 y_{it} 是一个单整变量，x_{it} 是 m 维单整向量，由于包含时间趋势的模型设定可能会掩盖变结构特征，所以，要考察协整关系在某些时刻发生平滑突变的情况，则假设模型为只包含截距项的变结构形式，相应的具有平滑突变的变结构协整回归模型为：

$$y_{it} = d_i(t) + \beta_i x_{it} + e_{it} \tag{4.1}$$

$$x_{it} = x_{i,\ t-1} + \eta_{it} \tag{4.2}$$

其中，$i = 1,\ 2,\ \cdots,\ N$，$t = 1,\ 2,\ \cdots,\ T$，$d_i(t)$ 为关于时间 t 的确定项函数，β_i 是 m 维行向量，表示斜率参数，$\eta_{it} \sim N(0,\ a_i^2)$。如果 $d_i(t)$ 的函数形式是已知的，则可以直接估计(4.1)以进行基于残差的协整检验；而当 $d_i(t)$ 的函数形式未知时，可以利用傅立叶展开来估计 $d_i(t)$：

$$d_i(t) = \alpha_{i0} + \sum_{k=1}^{p} \alpha_{ik} \sin(2\pi k_i t/T) + \sum_{k=1}^{p} \gamma_{ik} \cos(2\pi k_i t/T)\ ,\ p \leqslant T/2 \tag{4.3}$$

此处，k_i 表示某个频率，$k = \{k_1,\ k_2,\ \cdots,\ k_N\}$，$p$ 为估计中包含的累积频率数，在实际经济研究中，通常只要求 p 很小就足够了。α_{ik}，γ_{ik} 代表个体结构变化效应，当 $\alpha_{ik} = \gamma_{ik} = 0$ 时，包含截距项的线性面板协整模型成为具有平滑变结构特征的协整回归模型的特殊情况。方程(4.3)尤其适合刻画平滑的结构变化，同时它也能刻画各种突发的以及平滑的结构变化，例如，图 4.1(a) 至图 4.1(c) 中所示的突发的结构变化(sharp structural breaks) 以及图 4.1(d) 至图 4.1(f) 所示的平滑的结构变化(smooth structural breaks)，其中，图 4.1(a) 所示的是瞬时结构变化(temporary breaks)，这种结构变化在宏观变量中经常会发生，而图 4.1(b)、图 4.1(c) 所示的是趋势序列截距和斜率中的结构变化，图 4.1(d)、图 4.1(e) 分别为只含有一个突变的 LSTAR 和 ESTAR 平滑变结构，图 4.1(f) 则为含有两个突变的平滑变结构的示例。Prodan[203] 指出，应用标准变结构检验方法很难区分诸如图 4.1 中的突发结构变化的类型，因此，与利用哑变量来刻画结构突变的方式相比，利用含有傅立叶估计的平滑结构变化来刻画结构突变的方法更好。

由于少量的频率数就能模拟经济数据中常见的各种突变，包括突发的结构变化和平滑结构变化等，所以，为了便于更容易地解决问题，主要研究只包含一个频率，即 $p = 1$ 时的情形，使得

$$d_i(t) \cong \alpha_{i0} + \alpha_{ik}\sin(2\pi k_i t/T) + \gamma_{ik}\cos(2\pi k_i t/T) \tag{4.4}$$

其中，k_i 表示为了估计 $d_i(t)$ 而选择的单个频率，单个频率 k_i 为常数，取正整数 1，2，…，k_0 中的某个值，k_i 通常按照研究对象不同而设定不同的值。尽管上述方程特别适合模拟平滑突变，但是它对各种突变和平滑结构变化都是适用的。

如果假设截面相依是由平稳公共因子造成的，且平稳公共因子影响所有个体的程度一样，则可以采用减去截面均值的方法解释截面相依[204]；同时，考虑变结构问题也会导致模型参数增多，因此，为了避免这种维数灾难问题，下文采用减去截面均值的方式消除数据间的截面相依性。假设去除截面相依后的数据为 $\tilde{y}_{it}$ 和 $\tilde{x}_{it}$，则相应的平滑变结构面板协整模型可以表示为

$$\tilde{y}_{it} = \alpha_{i0} + \alpha_{ik}\sin(2\pi k_i t/T) + \gamma_{ik}\cos(2\pi k_i t/T) + \beta_i \tilde{x}_{it} + e_{it} \tag{4.5}$$

$$e_{it} = \varphi_i e_{i,\ t-1} + \varepsilon_{it} \tag{4.6}$$

$$\tilde{x}_{it} = \tilde{x}_{i,\ t-1} + \eta_{it} \tag{4.7}$$

其中，假设误差项 ε_{it} 的 τ 分位数为 0，$\varphi_i = 1$ 表明 y_{it} 与 x_{it} 不存在协整关系，

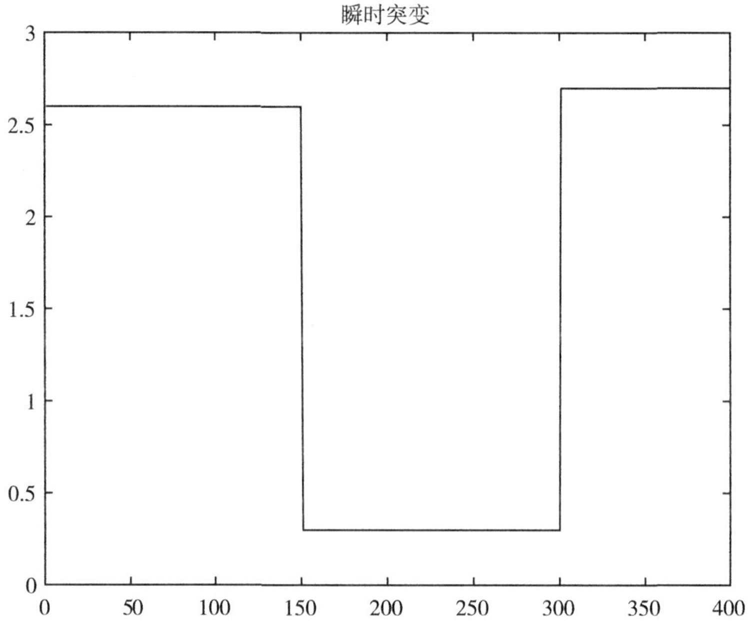

（a）突发变结构类型 Ⅰ

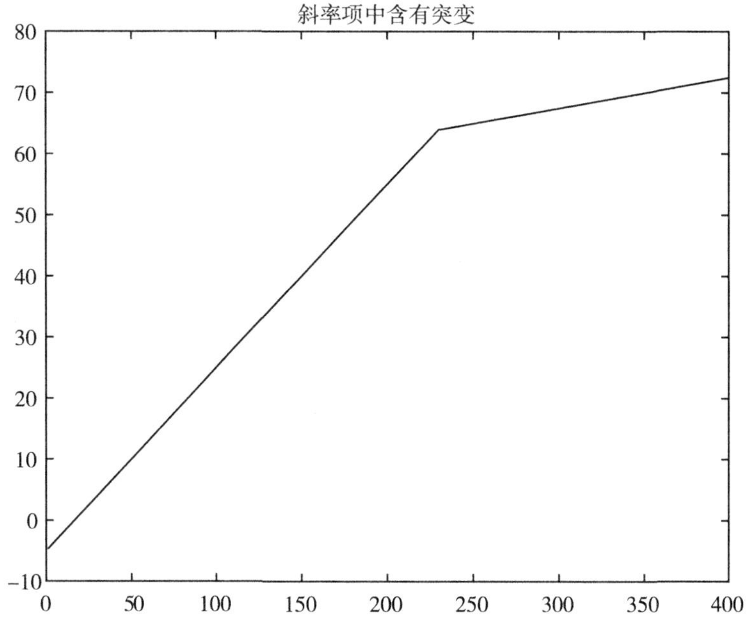

（b）突发变结构类型 Ⅱ

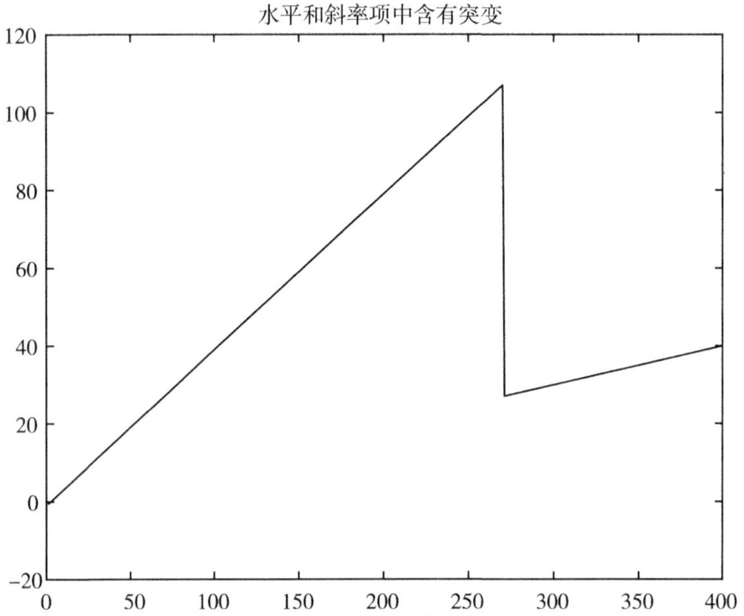

（c）突发变结构类型Ⅲ

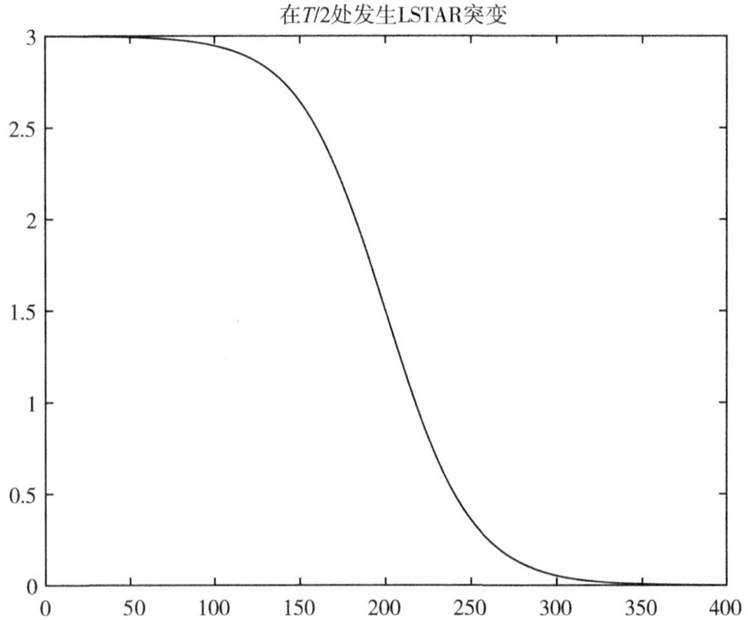

（d）含一个突变的LSTAR平滑变结构

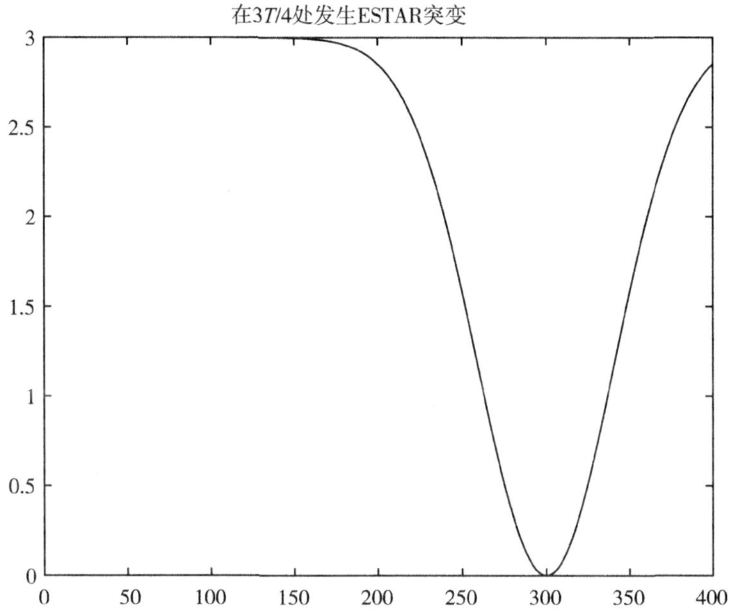

（e）含一个突变ESTAR平滑变结构

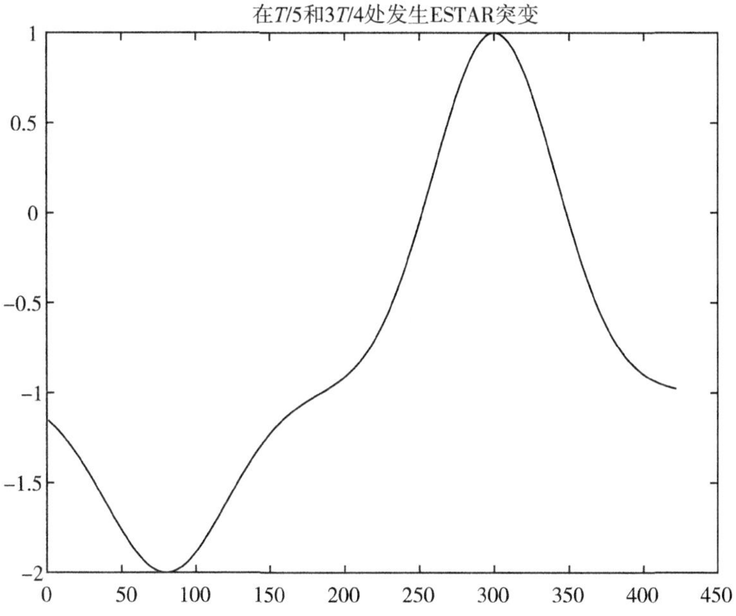

（f）含两个突变的ESTAR平滑变结构

图 4.1 各种结构突变的示意图

而 $\varphi_i < 1$ 则表示 y_{it} 与 x_{it} 之间存在变结构协整关系。在贝叶斯框架中，如果要对上述协整模型参数进行分位回归估计，则一般假设 ε_{it} 具有非对称 Laplace 分布，使得协整模型的参数估计满足

$$\min \sum_{i=1}^{N} \sum_{t=1}^{T} \rho_{\tau}\{e_{it} - \varphi_i e_{i,\ t-1}\} \tag{4.8}$$

此处，$e_{it} = \tilde{y}_{it} - \alpha_{i0} - \alpha_{ik}\sin(2\pi k_i t/T) - \gamma_{ik}\cos(2\pi k_i t/T) - \beta_i \tilde{x}_{it}$，$\rho_{\tau}(\cdot)$ 为检查函数，满足 $\rho_{\tau}(x) = x\{\tau - I(x < 0)\}$，$0 < \tau < 1$，$I(\cdot)$ 为示性函数。

4.2.2　截面相依面板变结构协整模型的贝叶斯分析

在对平滑变结构面板协整模型进行参数分位估计的贝叶斯推断过程中，为了利用 Gibbs 抽样算法进行模型估计，将假设误差项 ε_{it} 服从非对称 Laplace 分布的如下位置-尺度混合形式：

$$\varepsilon_{it} = zv_{it} + \theta\sqrt{v_{it}}\,u_{it} \tag{4.9}$$

其中，$z = \dfrac{1-2\tau}{\tau(1-\tau)}$，$\theta^2 = \dfrac{2}{\tau(1-\tau)}$，且 $v_{it} \sim \exp(1)$ 与 $u_{it} \sim N(0,\ 1)$ 相互独立。从而，面板平滑变结构协整模型对应的分位回归模型为

$$\tilde{y}_{it} = \alpha_{i0} + \alpha_{ik}\sin(2\pi k_i t/T) + \gamma_{ik}\cos(2\pi k_i t/T) + \beta_i \tilde{x}_{it} + e_{it} \tag{4.10}$$

$$e_{it} = \varphi_i e_{i,\ t-1} + zv_{it} + \theta\sqrt{v_{it}}\,u_{it} \tag{4.11}$$

$$\tilde{x}_{it} = \tilde{x}_{i,\ t-1} + \eta_{it} \tag{4.12}$$

相应地，分位回归模型的参数估计与分位数 τ 有关，如果设分位回归模型中参数空间简单记为 $\Omega(\tau) = (\alpha_{i0},\ \alpha_{ik},\ \gamma_{ik},\ \beta_i,\ \varphi_i,\ v_{it})$ 或 Ω，则模型的似然函数为

$$\begin{aligned} L(\tilde{y}, \tilde{x} \mid \Omega, a_i, k) &= p(\tilde{y} \mid \tilde{x}, \Omega, a_i, k)\, p(\tilde{x} \mid \Omega, a_i, k) \\ &= \prod_{i=1}^{N}\prod_{t=1}^{T} \left(2\pi\theta\sqrt{v_{it}} \cdot 2\pi a_i^2\right)^{-1/2} \\ &\quad \exp\left\{-\sum_{i=1}^{N}\sum_{t=1}^{T} \frac{(e_{it} - \varphi_i e_{i,t-1} - zv_{it})^2}{2\theta^2 v_{it}} + \frac{(\tilde{x}_{it} - \tilde{x}_{i,t-1})^2}{2a_i^2}\right\} \end{aligned} \tag{4.13}$$

其中，$\tilde{y}=(\tilde{y}_1,\tilde{y}_2,\cdots,\tilde{y}_N)'$，$\tilde{x}=(\tilde{x}_1,\tilde{x}_2,\cdots,\tilde{x}_N)'$ 是去掉截面均值后的数据，并且，对于 $i=1,2,\cdots,N$，有 $\tilde{y}_i=(\tilde{y}_{i1},\tilde{y}_{i2},\cdots,\tilde{y}_{iT})$，$\tilde{x}_i=(\tilde{x}_{i1'},\tilde{x}_{i2'},\cdots,\tilde{x}_{iT'})'$。

4.2.2.1 参数先验选择与灵敏度分析

由于参数的联合后验分布密度函数与似然函数、先验分布密度函数的乘积成正比，所以，为了对分位回归模型进行贝叶斯分析，我们需要设定未知参数的先验分布以进行后验估计。在协整检验中，先验分布的选择对检验结果具有重要的作用。因此，下面具体讨论实证研究中最常用的两种先验，即无信息先验与信息先验。根据 Lubrano[198]，Bauwens 等[106]以及 Uhlig[199]的观点，需要特别关注参数 φ_i 的先验设置：在此，只研究 φ_i 同质的情形，即 $\varphi_i=\varphi\ \forall i=1,2,\cdots,N$，第一种先验为 $\varphi\sim U(-\sqrt{1+l},\sqrt{1+l})$，特别地，取 $l=0.5$，则 $\varphi\sim U(-1.225,1,225)$，表示有约 2∶1 的区域为非平稳；第二种先验为正态先验，在此分别利用 $\varphi\sim N(1,10000)$ 和 $\varphi\sim N(1,0.5)$，前者的方差相对较大，意味着对于 φ 的信息知道得很少，而后者意味着对于 φ 的信息知道得更多。假设 $\alpha_{i0}=0$，$\beta_i=1$，$\alpha_{ik}=\gamma_{ik}=1$，$k_i=1$，$\varphi=0.9$，并且 $\{\varepsilon_{it},\eta_{it}\}\ \forall i,t$ 由独立同分布的标准正态分布生成，从而得到生成的数据 y_{it} 和 x_{it} 以便进行几种先验的灵敏度分析。考虑 $N=20$，$T=\{50,100,250\}$ 时的情形，图 4.2 给出了三个不同先验对应的 φ 在中位数水平下的后验密度 $\varphi(0.5)$。

显然，无信息先验 $\varphi\sim U(-1.225,1,225)$ 和正态先验 $\varphi\sim N(1,0.5)$ 对应的后验估计很接近，φ 在中位数水平下的后验估计 $\varphi(0.5)$ 总在 0.4 左右，与 φ 的真实值 0.9 相差较大，而先验 $\varphi\sim N(1,10000)$ 对应的后验估计 $\varphi(0.5)$ 与真实值最接近，一般在 0.9 附近，但不会取 1；并且，在其他分位水平下的结果也表明先验 $\varphi\sim N(1,10000)$ 对应的后验估计与真实值很接近。

因此，基于平滑变结构模型进行变结构协整检验时，取表示先验信息知

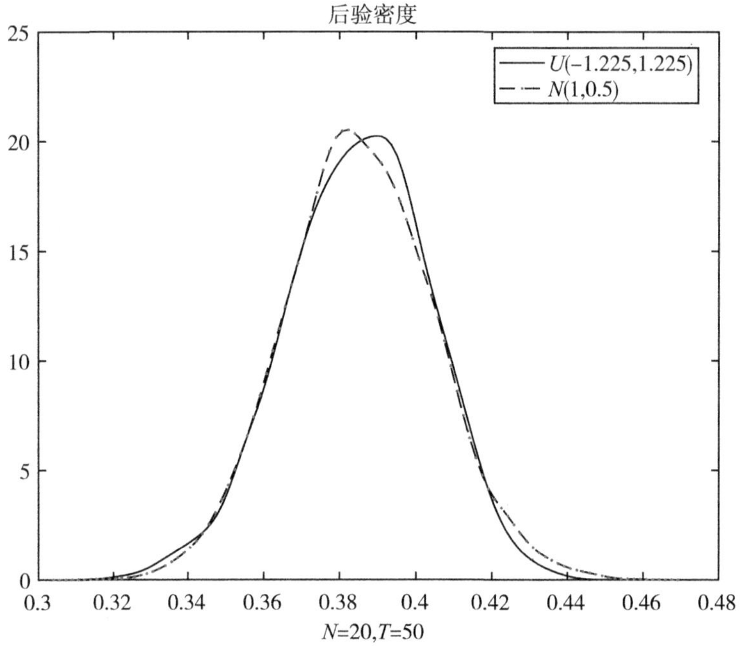
后验密度
U(−1.225,1.225)
N(1,0.5)
25
20
15
10
5
0
0.3
0.32
0.34
0.36
0.38
0.4
0.42
0.44
0.46
0.48
N=20,T=50

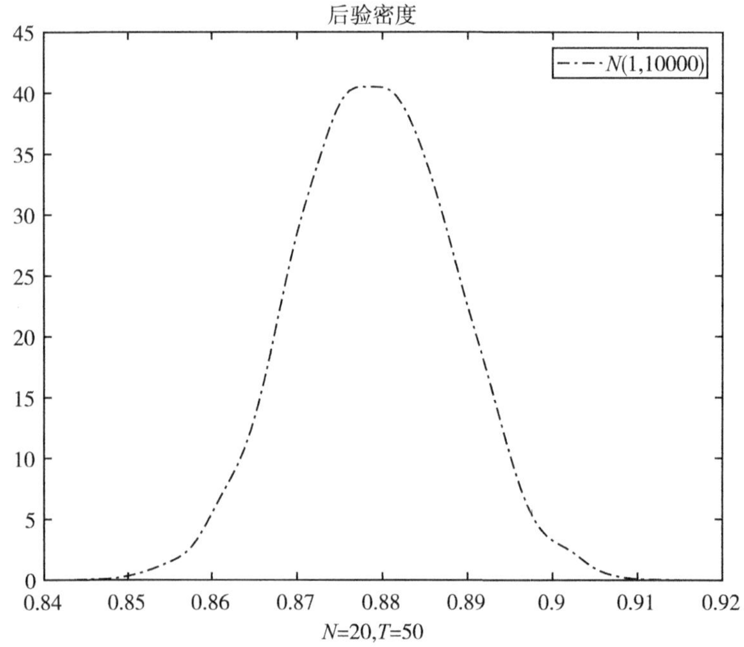
后验密度
N(1,10000)
45
40
35
30
25
20
15
10
5
0
0.84
0.85
0.86
0.87
0.88
0.89
0.9
0.91
0.92
N=20,T=50

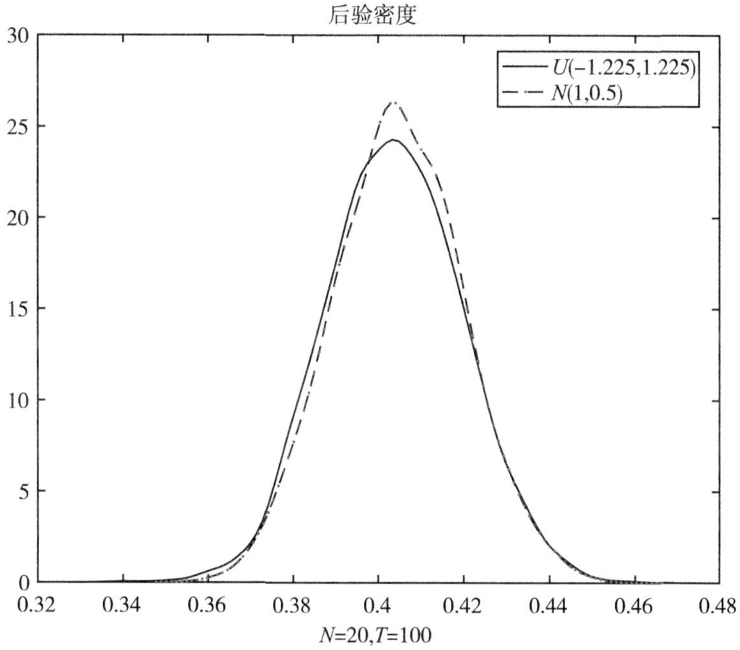
后验密度
U(−1.225,1.225)
N(1,0.5)
30
25
20
15
10
5
0
0.32 0.34 0.36 0.38 0.4 0.42 0.44 0.46 0.48
N=20,T=100

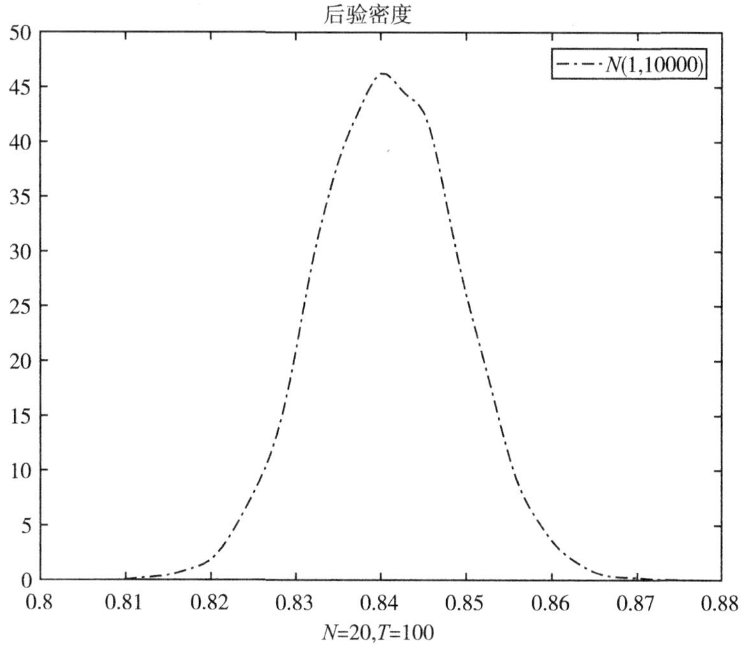
后验密度
N(1,10000)
50
45
40
35
30
25
20
15
10
5
0
0.8 0.81 0.82 0.83 0.84 0.85 0.86 0.87 0.88
N=20,T=100

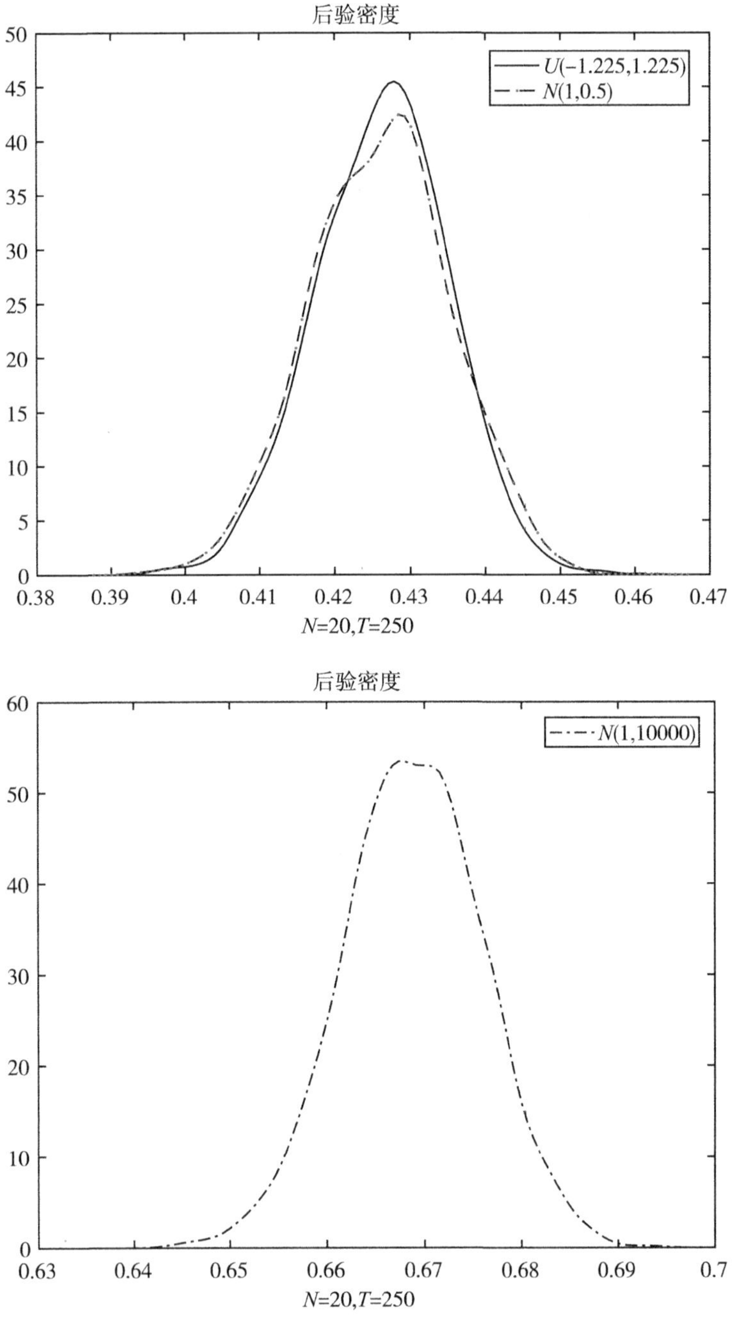

图 4.2　不同先验对应的 $\varphi(0.5)$ 的后验密度图

道很少的正态先验更合适，下面将采用 σ_0^2 相对较大的正态先验 $\varphi \sim N(1, \sigma_0^2)$ 作为 φ 的先验分布。根据 Juárez 和 Steel[205] 的观点，对回归系数设置分层先验 $\beta_i \sim N_m(b_0, B_0)$，同时综合 Kobayashi 和 Kozumi[197] 的观点，假设 $\alpha_{i0} \sim N(0, h_0^2)$，$\alpha_{ik} \sim N(0.5, \lambda_0^2)$，$\gamma_{ik} \sim N(0.5, \phi_0^2)$，$\phi_i \sim N(1, \sigma_0^2)$，在此，方差 σ_0^2 取大于 100 的数，表示关于 φ_i 的先验信息知道得很少，而由前面的定义可知 $v_{it} \sim \exp(1)$。单个频率 k_i 则分别取正整数 $1, 2, \cdots, k_0$ 上的离散均匀分布，k_0 为可能的最大正整数，该先验意味着各个个体潜在的结构突变点可能不一样，且结构突变的次数也可能不一样，而这种假设也会更加符合实际应用背景。在此，取 $k_0 = 5$。

根据贝叶斯定理，通过参数的先验分布与似然函数乘积获得平滑突变协整模型参数的联合后验分布，从而可以得到参数的条件后验密度。下面讨论模型参数的后验条件分布。

4.2.2.2 参数 Ω 和频率 k 的后验条件密度

(1) α_{i0} 的完全条件后验分布。由条件概率的定义，$\forall i = 1, 2, \cdots, N$，参数 α_{i0} 的条件后验分布之间相互独立，则 α_{i0} 关于参数 $\alpha_{ik}, \gamma_{ik}, \beta_i, \varphi_i, v_{it}$ 和 k 的完全条件后验密度函数为

$$\begin{aligned}\pi(\alpha_{i0} \mid \tilde{y}, \alpha_{ik}, \gamma_{ik}, \beta_i, \varphi_i, k) &= L(\tilde{y} \mid \Omega, k)\pi(\alpha_{i0}) \\ &\propto \exp\left\{-\sum_{t=1}^{T} \frac{(e_{it} - \varphi_i e_{i,t-1} - z v_{it})^2}{2\theta^2 v_{it}} - \frac{\alpha_{i0}^2}{2h_0^2}\right\} \\ &\propto N(\hat{\alpha}_{i0}, \hat{A}_i^2) \end{aligned} \tag{4.14}$$

其中

$$\hat{\alpha}_{i0} = \hat{A}_i^2 \left\{ \sum_{t=1}^{T} \frac{\tilde{y}_{it} - \varphi_i e_{i,t-1} - \alpha_{ik}\sin(2\pi k_i t/T) - \gamma_{ik}\cos(2\pi k_i t/T) - \beta_i \tilde{x}_{it} - z v_{it}}{\theta^2 v_{it}} \right\}$$

$$\hat{A}_i^{-2} = \frac{1}{h_0^2} + \sum_{t=1}^{T} \frac{1}{\theta^2 v_{it}}$$

在此，$e_{it}=\tilde{y}_{it}-\alpha_{i0}-\alpha_{ik}\sin(2\pi k_i t/T)-\gamma_{ik}\cos(2\pi k_i t/T)-\beta_i\tilde{x}_{it}$，$\tilde{y}_{it}$ 和 $\tilde{x}_{it}$ 为去除截面相依后的数据。

（2）α_{ik} 的完全条件后验分布。同样地，由条件概率的定义，$\forall i=1$，2，…，N，参数 α_{ik} 的条件后验分布之间相互独立，且 α_{ik} 关于参数 α_{i0}，γ_{ik}，β_i，φ_i，v_{it} 和 k 的完全条件后验分布为

$$\pi(\alpha_{ik}\mid\tilde{y},\alpha_{i0},\gamma_{ik},\beta_i,\varphi_i,k)=L(\tilde{y}\mid\Omega,k)\pi(\alpha_{ik})$$
$$\propto N(\hat{\alpha}_{ik},\hat{\delta}_i^2)\qquad(4.15)$$

其中

$$\hat{\alpha}_{ik}=\hat{d}_i^2\left\{\sum_{t=1}^{T}\frac{\sin(2\pi k_i,t/T)[\tilde{y}_{it}-\varphi_i e_{i,t-1}-\alpha_{i0}-\beta_i\tilde{x}_{it}-\gamma_{ik}\cos(2\pi k_i t/T)-zv_{it}]}{\theta^2 v_{it}}+\frac{0.5}{\lambda_0^2}\right\}$$

$$\hat{\delta}_i^{-2}=\sum_{t=1}^{T}\frac{\sin^2(2\pi k_i t/T)}{\theta^2 v_{it}}+\frac{1}{\lambda_0^2}$$

（3）γ_{ik} 的完全条件后验分布。类似地，$\forall i=1,2,\cdots,N$，γ_{i0} 关于 α_{i0}，α_{ik}，β_i，φ_i，v_{it} 和 k 的完全条件后验分布为

$$\pi(\gamma_{ik}\mid\tilde{y},\alpha_{i0},\alpha_{ik},\beta_i,\varphi_i,k)=L(\tilde{y}\mid\Omega,k)\pi(\gamma_{ik})$$
$$\propto N(\hat{\gamma}_{ik},\hat{w}_i^2)\qquad(4.16)$$

其中

$$\hat{\gamma}_{ik}=\hat{w}_i^2\left\{\sum_{t=1}^{T}\frac{\cos(2\pi k_i t/T)[\tilde{y}_{it}-\varphi_i e_{i,t-1}-\alpha_{i0}-\beta_i\tilde{x}_{it}-\alpha_{ik}\sin(2\pi k_i t/T)-zv_{it}]}{\theta^2 v_{it}}+\frac{0.5}{\lambda_0^2}\right\}$$

$$\hat{w}_i^{-2}=\sum_{t=1}^{T}\frac{\cos^2(2\pi k_i t/T)}{\theta^2 v_{it}}+\frac{1}{\phi_0^2}$$

（4）β_i 的完全条件后验分布。同理，β_i 关于 α_{i0}，α_{ik}，γ_{ik}，φ_i，v_{it} 和 k 的完全条件后验分布为

$$\pi(\beta_i\mid\tilde{y},\Omega,k)=L(\tilde{y}\mid\Omega,k)\pi(\beta_i)$$
$$\propto N_m(\hat{b}_i,\hat{B}_i)\qquad(4.17)$$

其中

$$\hat{b}_i = \hat{B}_i\left\{\sum_{t=1}^{T}\frac{\tilde{x}_{it}[\tilde{y}_{it}-\varphi_i e_{i,t-1}-\alpha_{i0}-\alpha_{ik}\sin(2\pi k_i t/T)-\gamma_{ik}\cos(2\pi k_i t/T)-zv_{it}]}{\theta^2 v_{it}}+B_0^{-1}b_0\right\}$$

$$\hat{B}_i^{-1}=\sum_{t=1}^{T}\frac{\tilde{x}_{it}\tilde{x}'_{it}}{\theta^2 v_{it}}+B_0^{-1}$$

(5)同样地，φ_i 的完全条件后验分布为

$$\begin{aligned}\pi(\varphi_i \mid \tilde{y},\Omega,k) &= L(\tilde{y}\mid\Omega,k)\pi(\varphi_i)\\ &\propto \exp\left\{-\sum_{t=1}^{T}\frac{(e_{it}-\varphi_i e_{i,t-1}-zv_{it})^2}{2\theta^2 v_{it}}-\frac{(\varphi_i-1)^2}{2\sigma_0^2}\right\}\\ &\propto N(\hat{\varphi}_i,\hat{\sigma}^2)\end{aligned} \tag{4.18}$$

其中

$$\hat{\varphi}_i=\hat{\sigma}^2\left\{\frac{1}{\sigma_0^2}+\sum_{t=1}^{T}\frac{e_{i,t-1}(e_{it}-zv_{it})}{\theta^2 v_{it}}\right\},\quad \hat{\sigma}^{-2}=\frac{1}{\sigma_0^2}+\sum_{t=1}^{T}\frac{e_{i,t-1}^2}{\theta^2 v_{it}}$$

(6)特别地，参数 v_{it} 的完全条件后验分布可以看作服从广义逆高斯分布：

$$v_{it}\mid\alpha_{i0},\alpha_{ik},\gamma_{ik},\beta_i,\varphi_i,k\sim GIG\left(\frac{1}{2},\hat{g}_{it}^2,\hat{\varpi}_{it}^2\right) \tag{4.19}$$

其中：$\hat{g}_{it}^2=[\tilde{y}_{it}-\varphi_i e_{i,t-1}-\alpha_{i0}-\beta_i\tilde{x}_{it}-\alpha_{ik}\sin(2\pi\dot{k}_i t/T)-\gamma_{ik}\cos(2\pi k_i t/T)]^2/\theta^2$，$\hat{\varpi}_{it}^2=\frac{z^2}{\theta^2}+2$，而 $GIG(q,c,d)$ 为广义逆高斯分布。

(7) k_i 的完全条件后验分布。由条件概率的定义，频率 k_i 关于参数 Ω 的条件后验密度函数为多项式分布，其相应的后验概率为

$$P(k_i\mid\Omega,\tilde{y})=\frac{P(k_i=s,\Omega\mid\tilde{y})}{P(\Omega\mid\tilde{y})}=L(\tilde{y}\mid\Omega,k_i)/\sum_{k=1}^{k_0}L(\tilde{y}\mid\Omega,k_i) \tag{4.20}$$

其中

$$L(\tilde{y}\mid\Omega,k_i)=\prod_{t=1}^{T}\left(2\pi\theta\sqrt{v_{it}}\right)^{-1/2}\exp\left\{-\sum_{t=1}^{T}\frac{(e_{it}-\varphi_i e_{i,t-1}-zv_{it})^2}{2\theta^2 v_{it}}\right\}$$

此处，$e_{it}=\tilde{y}_{it}-\alpha_{i0}-\alpha_{ik}\sin(2\pi k_i t/T)-\gamma_{ik}\cos(2\pi k_i t/T)-\beta_i\tilde{x}_{it}$，个体 i 的频率 k_i 取正整数 1，2，…，k_0。

4.3　截面相依条件下变结构协整的贝叶斯 MCMC 分析

4.3.1　截面相依面板的变结构协整检验

由于协整分析的推断会受结构变化的影响，因此，当有潜在的变结构和截面相依时，结合了变结构和截面相依性这两个特点的面板协整，比线性面板协整检验具有更高的检验势。从传统假设检验的观点来看，如果主要关心的是带结构突变的协整，则自然的选择是把它作为传统面板协整检验的原假设。如果要进行截面相依条件下的变结构协整检验，则需要对原假设 H_0：$\varphi_i=1$ 与备择假设 H_1：$\varphi_i=1$ 进行假设检验，当 H_0：$\varphi_i=1$ 被拒绝时则表明 y_{it} 与 x_{it} 之间存在变结构协整关系，否则认为 y_{it} 与 x_{it} 之间没有协整关系。

在分位回归模型框架下，利用变结构分位协整检验考察协整关系具有现实的意义。如果第 τ 分位水平下的参数 $\varphi_i(\tau)<1$，则说明在第 τ 分位水平下 y_{it} 和 x_{it} 存在变结构协整关系，否则在第 τ 分位水平下 y_{it} 和 x_{it} 没有协整关系。与传统协整检验不同，在贝叶斯框架下，变结构分位协整检验主要是通过分别计算各分位水平下的贝叶斯因子及各个假设的后验概率，以检验模型是不存在协整的线性模型还是变结构协整模型。

4.3.2　变结构协整模型的 MCMC 算法设计

根据平滑突变分位协整模型参数的条件后验分布，下面介绍参数估计的贝叶斯程序。给定了条件后验分布，则可以应用 Gibbs 抽样技术生成抽样样本，从而进行模型参数估计，具体步骤如下：

步骤 1　令 $s=1$，初始化模型参数，$\Omega^{(0)}=(\alpha_{i0}^{(0)},\ \alpha_{ik}^{(0)},\ \gamma_{ik}^{(0)},\ \beta_i^{(0)},$

$\varphi_i^{(0)}$，$v_{it}^{(0)}$）和 $k^{(0)}=(k_i^{(0)})$。

步骤 2 从 Ω 的后验完全条件分布抽取参数 $\Omega^{(1)}=(\alpha_{i0}^{(1)}, \alpha_{ik}^{(1)}, \gamma_{ik}^{(1)}, \beta_i^{(1)}, \varphi_i^{(1)}, v_{it}^{(1)})$：

（i）从后验 $\pi(\alpha_{i0} \mid \tilde{y}, \alpha_{ik}^{(0)}, \gamma_{ik}^{(0)}, \beta_i^{(0)}, \varphi_i^{(0)}, v_{it}^{(0)}, k^{(0)})$ 抽取 $\{\alpha_{i0}^{(1)}\}$，$i=1, 2, \cdots, N$；

（ii）从后验 $\pi(\alpha_{ik} \mid \tilde{y}, \alpha_{i0}^{(1)}, \gamma_{ik}^{(0)}, \beta_i^{(0)}, \varphi_i^{(0)}, v_{it}^{(0)}, k^{(0)})$ 抽取 $\{\alpha_{ik}^{(1)}\}$，$i=1, 2, \cdots, N$；

（iii）从后验 $\pi(\gamma_{ik} \mid \tilde{y}, \alpha_{i0}^{(1)}, \alpha_{ik}^{(1)}, \beta_i^{(0)}, \varphi_i^{(0)}, v_{it}^{(0)}, k^{(0)})$ 抽取 $\{\gamma_{ik}^{(1)}\}$，$i=1, 2, \cdots, N$；

（iv）从后验 $\pi(\beta_i \mid \tilde{y}, \alpha_{i0}^{(1)}, \alpha_{ik}^{(1)}, \gamma_{ik}^{(1)}, \varphi_i^{(0)}, v_{it}^{(0)}, k^{(0)})$ 抽取 $\{\beta_i^{(1)}\}$，$i=1, 2, \cdots, N$；

（v）从后验 $\pi(\varphi_i \mid \tilde{y}, \alpha_{i0}^{(1)}, \alpha_{ik}^{(1)}, \gamma_{ik}^{(1)}, \beta_i^{(1)}, v_{it}^{(0)}, k^{(0)})$ 抽取 $\{\varphi_i^{(1)}\}$，$i=1, 2, \cdots, N$；

（vi）从后验 $\pi(v_{it} \mid \tilde{y}, \alpha_{i0}^{(1)}, \alpha_{ik}^{(1)}, \gamma_{ik}^{(1)}, \beta_i^{(1)}, \varphi_i^{(0)}, k^{(0)})$ 抽取 $\{v_{it}\}$，$i=1, 2, \cdots, N$，$t=1, 2, \cdots, T$。

步骤 3 从后验概率为 $P(k_i \mid \Omega^{(1)}, \tilde{y})$ 的后验完全条件分布依次抽取各个个体的频率 $k_i^{(1)}$，$i=1, 2, \cdots, N$。

步骤 4 令 $s=s+1$，重复步骤 2 至步骤 4。

重复步骤 2 至步骤 4 进行不断迭代，直至迭代依分布收敛到参数的目标分布，此时 Markov 链达到平稳。假设经过 M 次迭代以得到后验密度的估计，同时，为了消除初始值的影响，舍弃掉开始的 L 次迭代，则可以用后面 $M-L$ 次的迭代样本对平滑突变分位协整模型参数进行估计，进而利用抽样样本计算贝叶斯因子和后验概率，以进行变结构分位协整检验。

4.4 Monte Carlo 仿真实验分析

4.4.1 面板变结构协整序列的 DGP 与仿真实验设计

为了研究变结构协整模型的贝叶斯分位估计的小样本性质，下面采用 Monte Carlo 仿真实验来进行分析。首先，利用下列数据生成过程生成两个独立序列 y 和 x：

$$y_{it} = \alpha_k \sin(2\pi t/T) + \gamma_k \cos(2\pi t/T) + \beta x_{it} + e_{it},\ e_{it} = \varphi e_{i,\ t-1} + \varepsilon_{it},\ \Delta x_{it} = \eta_{it} \tag{4.21}$$

此处，$\{\varepsilon_{it},\ \eta_{it}\}\ \forall i = 1,\ 2,\ \cdots,\ N,\ t = 1,\ 2,\ \cdots,\ T$ 由独立同分布的标准正态分布生成，取时期数为 $T = \{50,\ 100,\ 250\}$，个体数为 $N = \{20,\ 40\}$，$\beta = 1$，$\alpha_k = \gamma_k = 1$，$\varphi = \{0.5,\ 1\}$；在此，记 $\varphi = 0.5$，$\beta = 1$ 且 $\alpha_k = \gamma_k = 1$ 时的数据生成过程为第一类 DGP，记 $\varphi = 1$，$\beta = 1$ 且 $\alpha_k = \gamma_k = 1$ 时的数据生成过程为第二类 DGP。

4.4.2 协整参数的后验估计

下面利用生成的两类面板时间序列数据，对平滑突变协整模型进行贝叶斯分位估计，图 4.3 至图 4.6 分别给出了分位数 $\tau = 0.1$，0.25.0.5，0.75，0.9 处参数 β 和 φ 的后验密度。总体看来，参数的真实值一般能包含在某些分位水平下的后验置信区间中，例如，当 $\beta = 1$，$\varphi = 0.5$ 时，高分位数 0.75，0.9 处的参数估计 $\beta(0.75)$，$\beta(0.9)$ 的 HPDI 均包含真实值 $\beta = 1$；同样，分位估计 $\varphi(0.5)$ 或者其他分位估计 $\varphi(\tau)$ 的 HPDI 也包含 φ 的真实值 0.5。

具体地，$N = 20$，$T = 50$ 情形下，高分位数 0.75，0.9 处的参数估计 $\beta(0.75)$，$\beta(0.9)$ 的后验估计分别为 0.9991，1.002，相应的 HPDI 分别为(0.9829，1.017)，(0.9812，1.022)，均包含真实值 $\beta = 1$；而分位估计 $\varphi(0.5)$ 为 0.5742，其相应的 HPDI 为(0.54，0.6086)，与 φ 的真实值

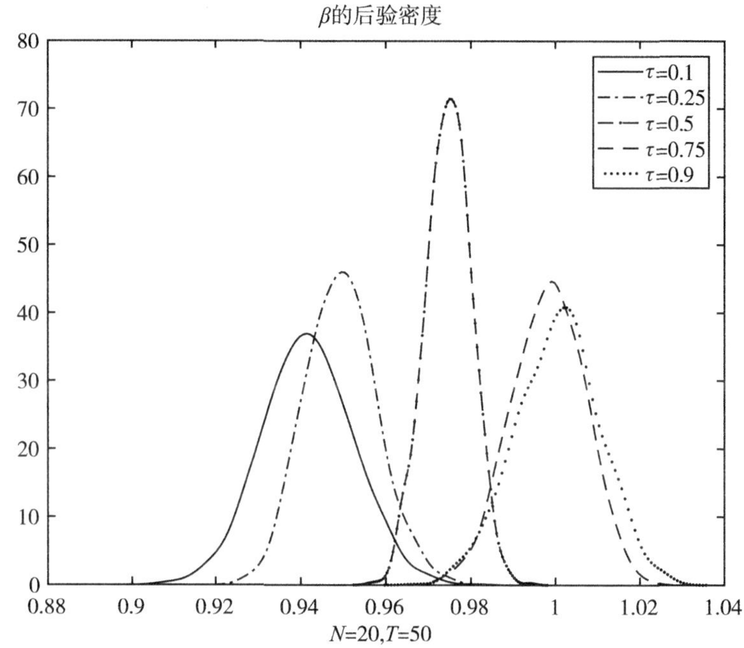

（a）N=20，T=50时β的分位估计

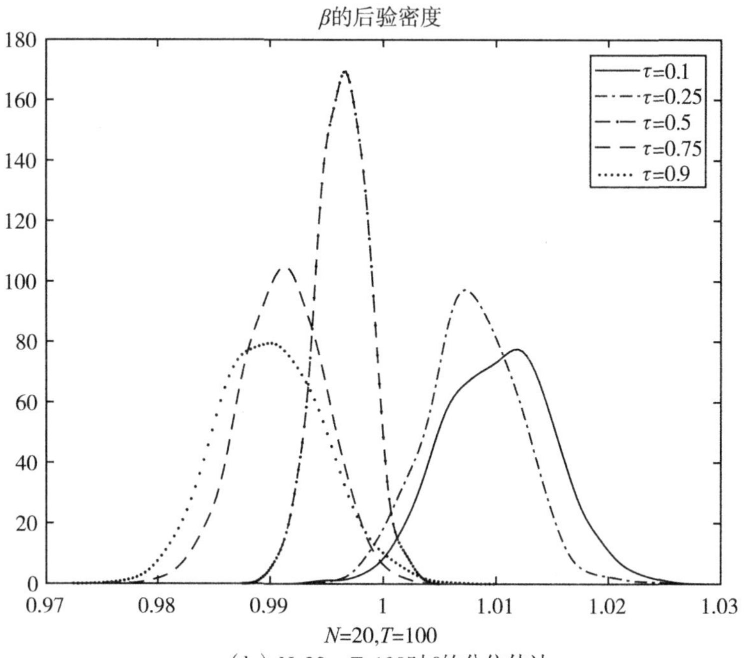

（b）N=20，T=100时β的分位估计

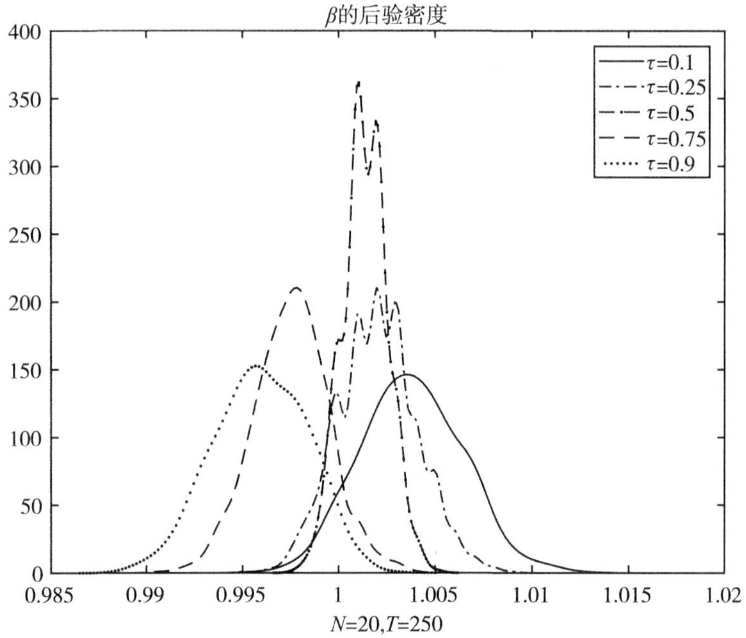

（c）N=20，T=250时β的分位估计

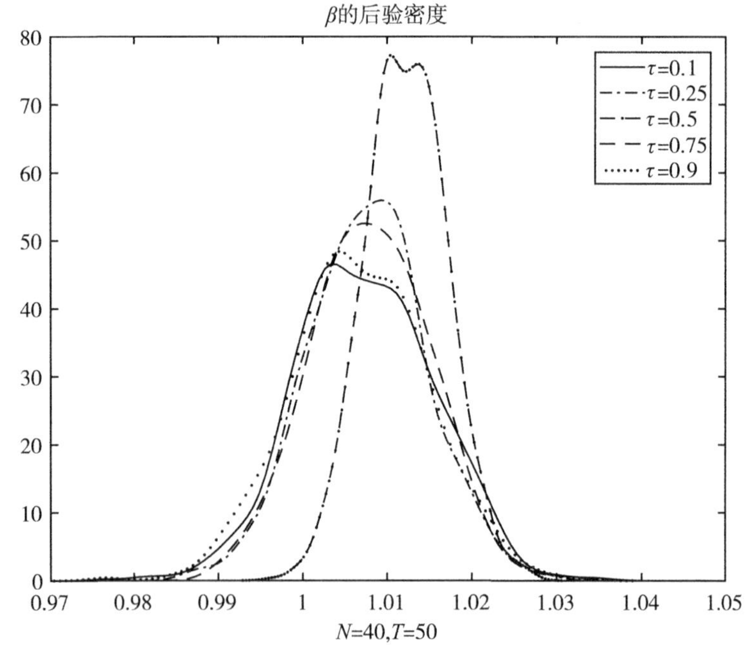

（d）N=40，T=50时β的分位估计

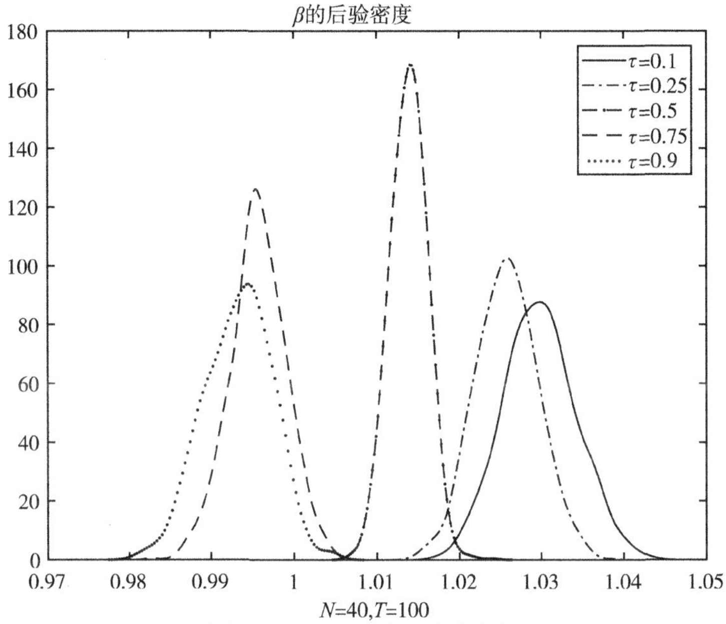

（e）N=40，T=100时β的分位估计

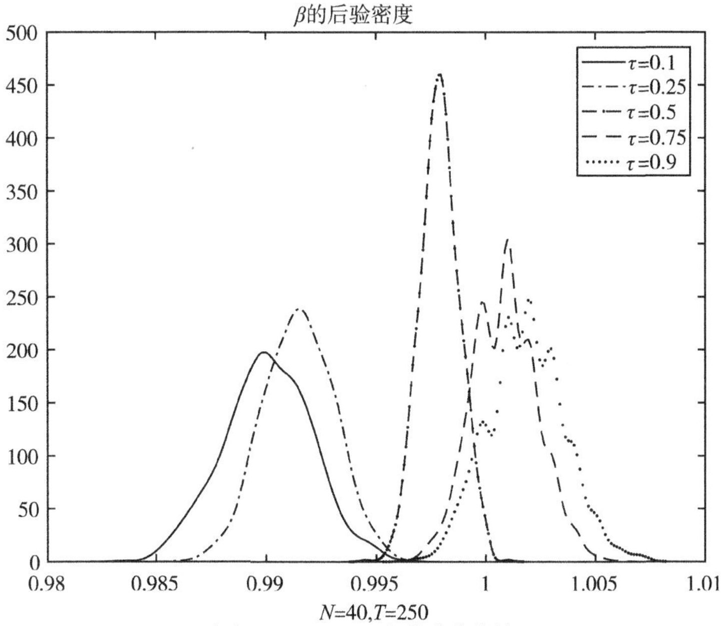

（f）N=40，T=250时β的分位估计

图 4.3　第一类 DGP 情形下参数 β 的后验密度

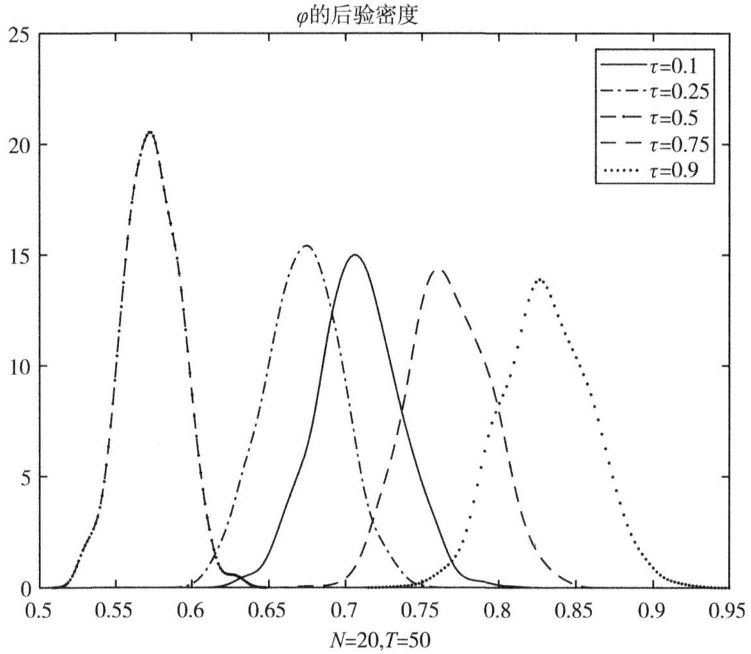

（a）N=20，T=50时φ的分位估计

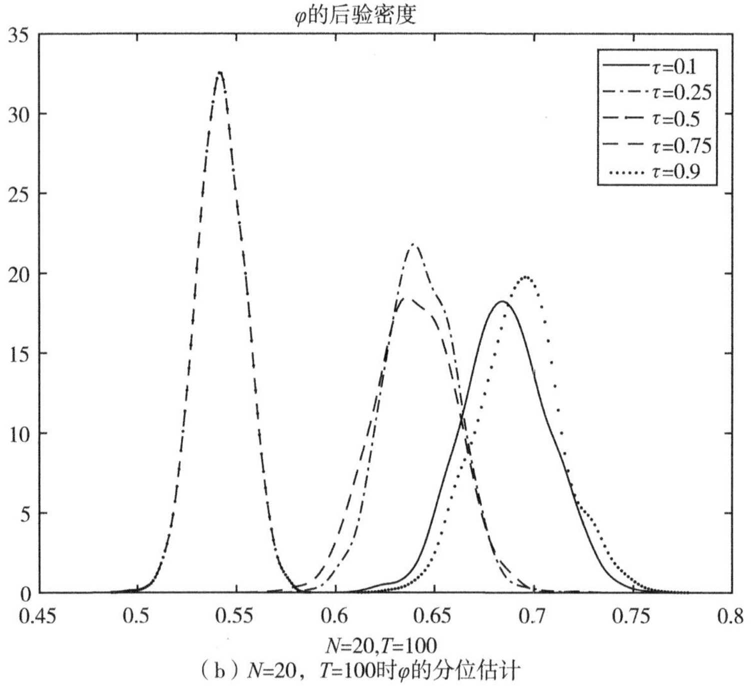

（b）N=20，T=100时φ的分位估计

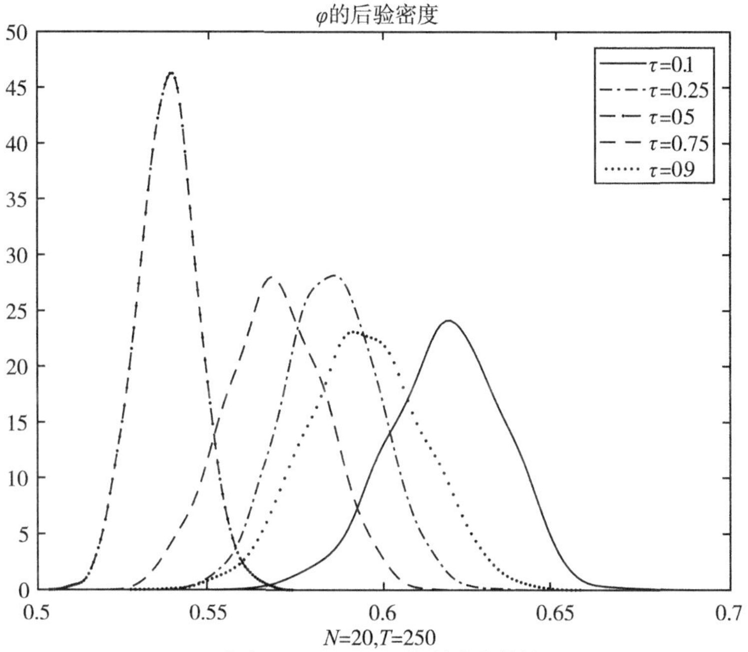

（c）N=20，T=250时φ的分位估计

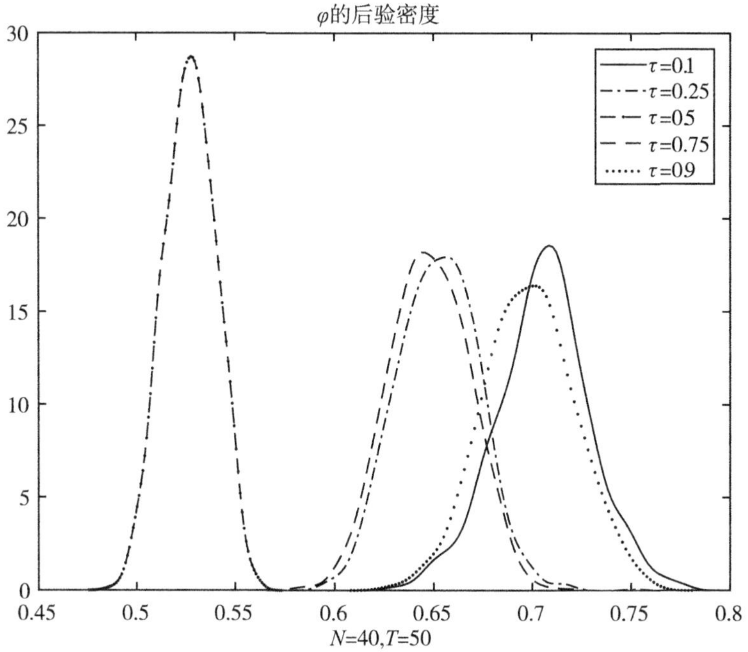

（d）N=40，T=50时φ的分位估计

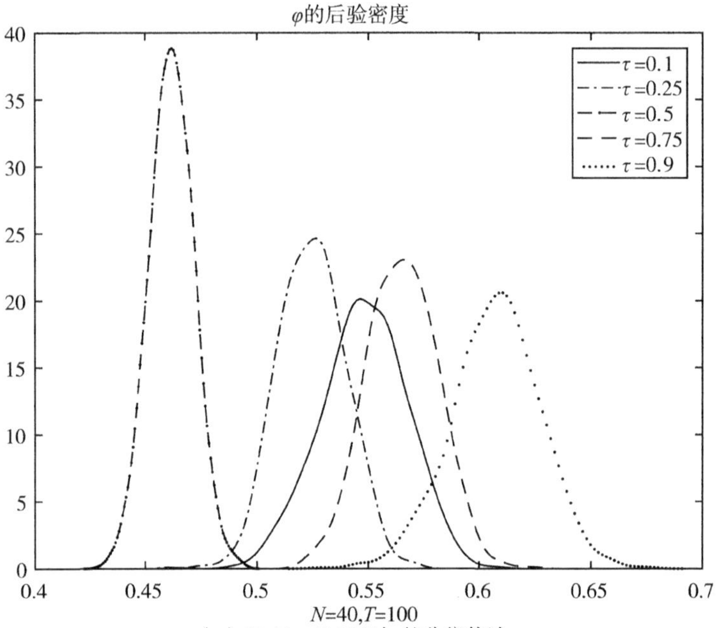

（e）N=40，T=100时φ的分位估计

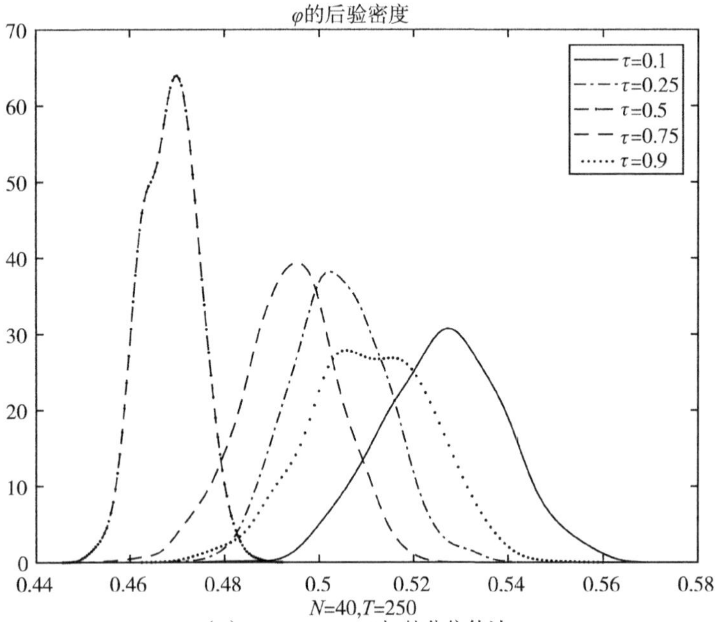

（f）N=40，T=250时φ的分位估计

图 4.4　第一类 DGP 情形下参数 φ 的后验密度

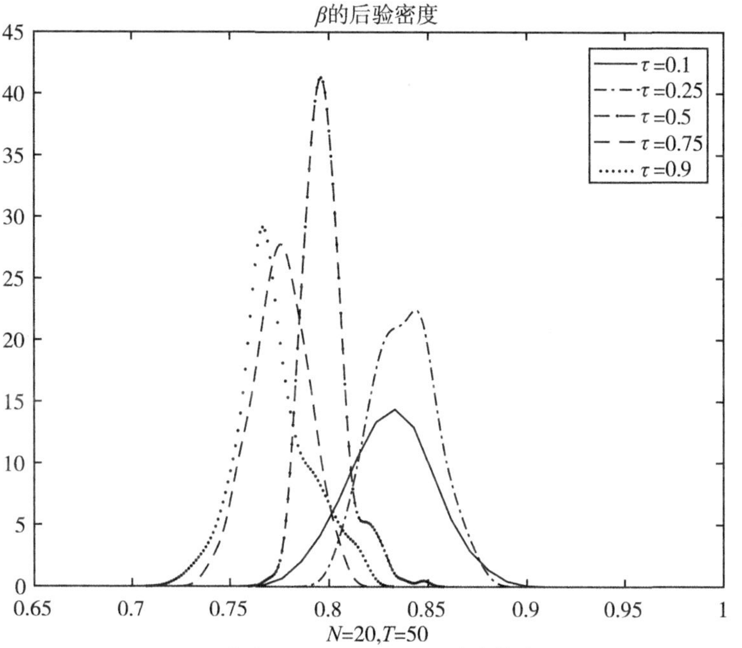

（a）N=20，T=50时β的分位估计

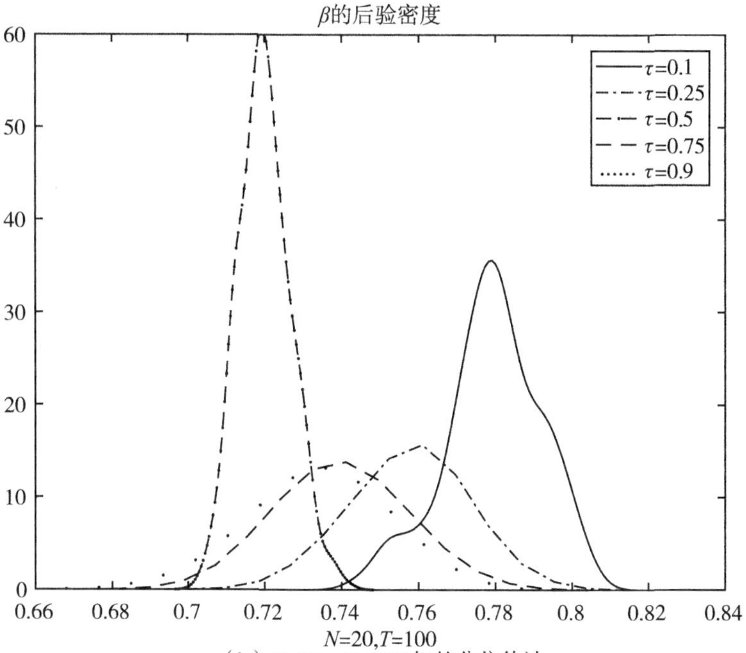

（b）N=20，T=100时β的分位估计

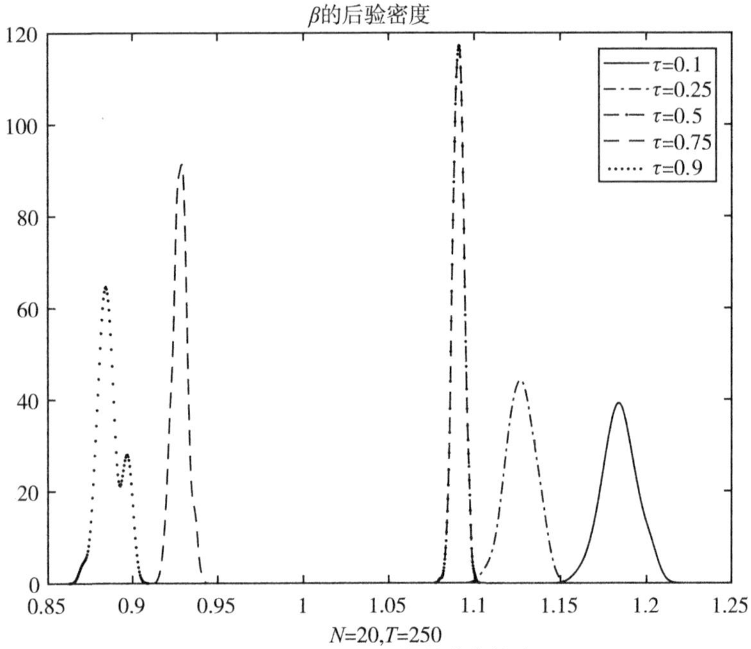

（c）N=20，T=250时β的分位估计

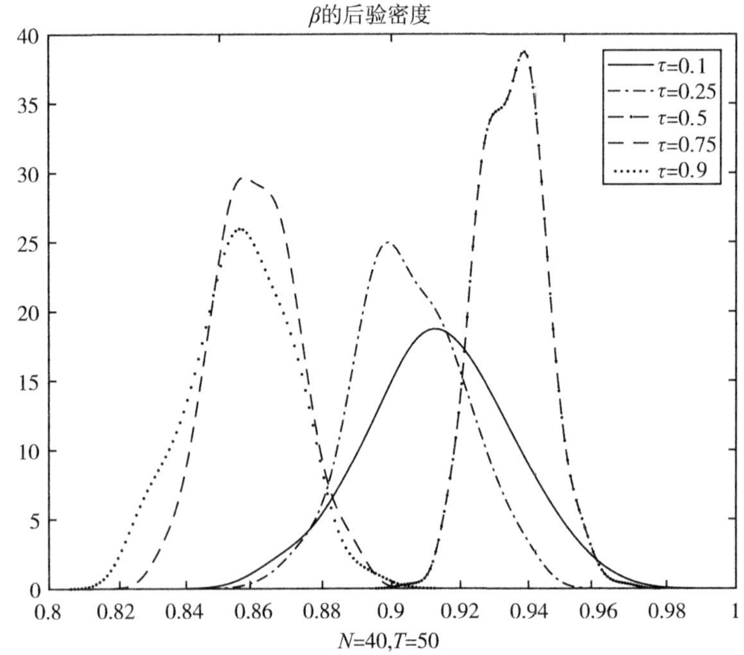

（d）N=40，T=50时β的分位估计

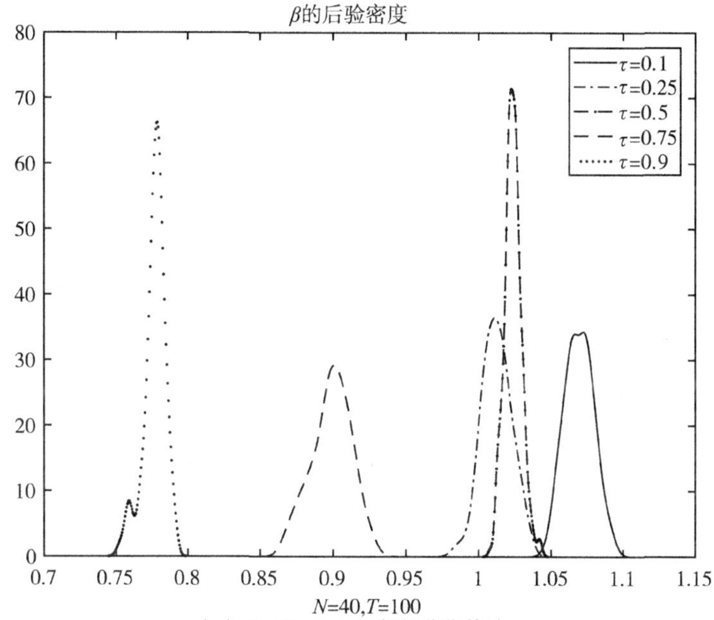

（e）N=40，T=100时β的分位估计

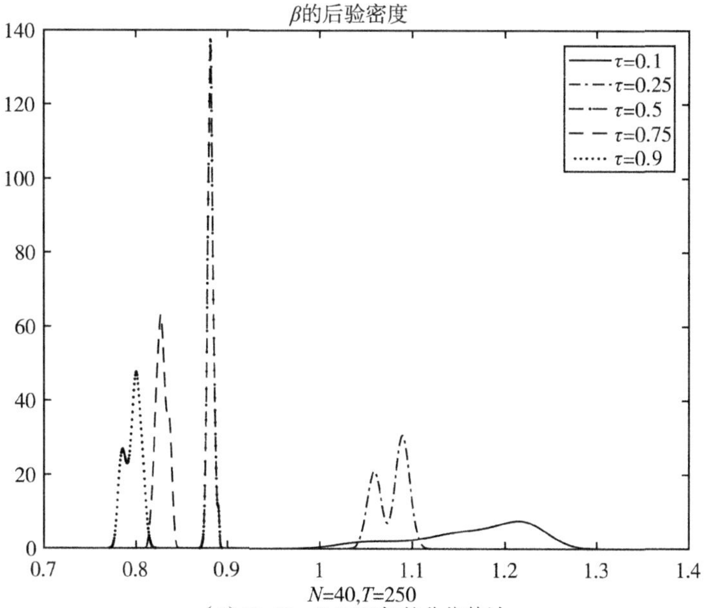

（f）N=40，T=250时β的分位估计

图 4.5 第二类 DGP 情形下参数 β 的后验密度

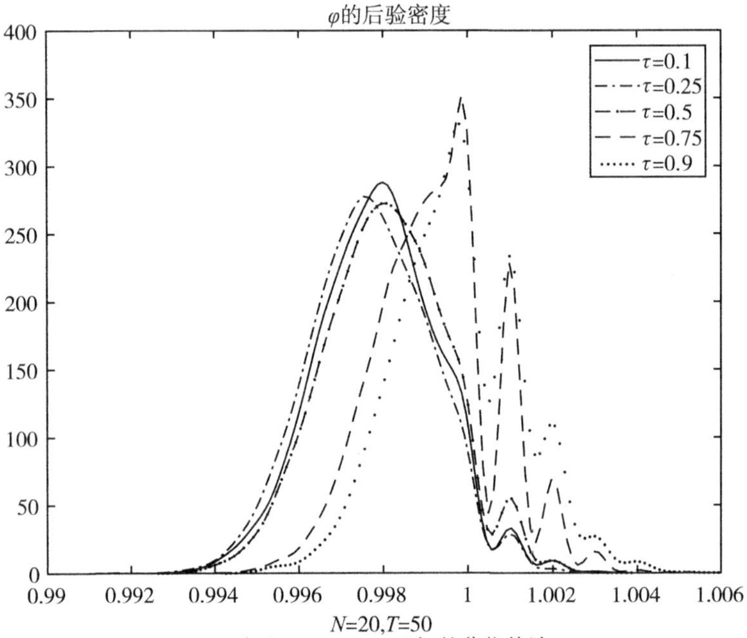

（a）N=20，T=50时φ的分位估计

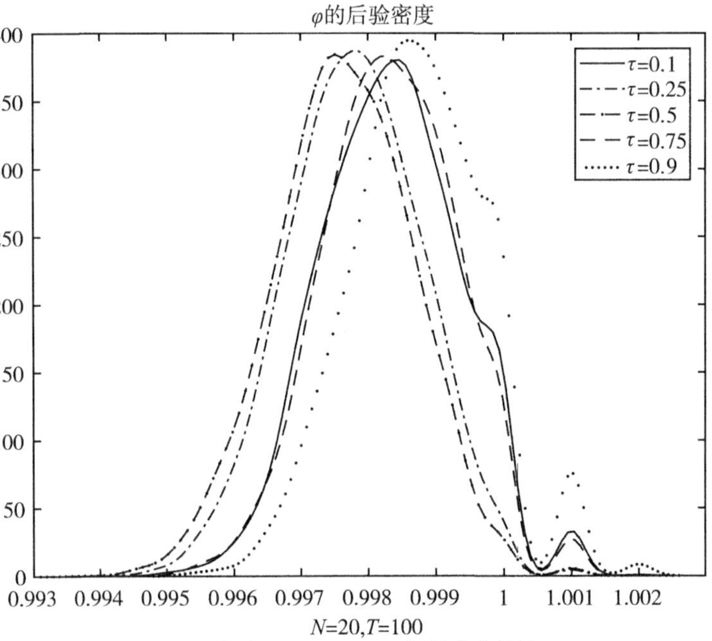

（b）N=20，T=100时φ的分位估计

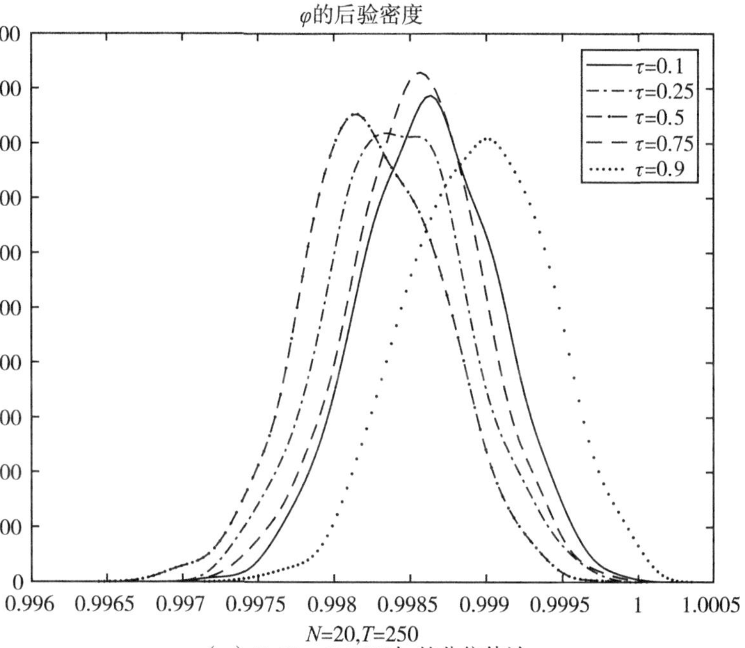

（c）N=20，T=250时φ的分位估计

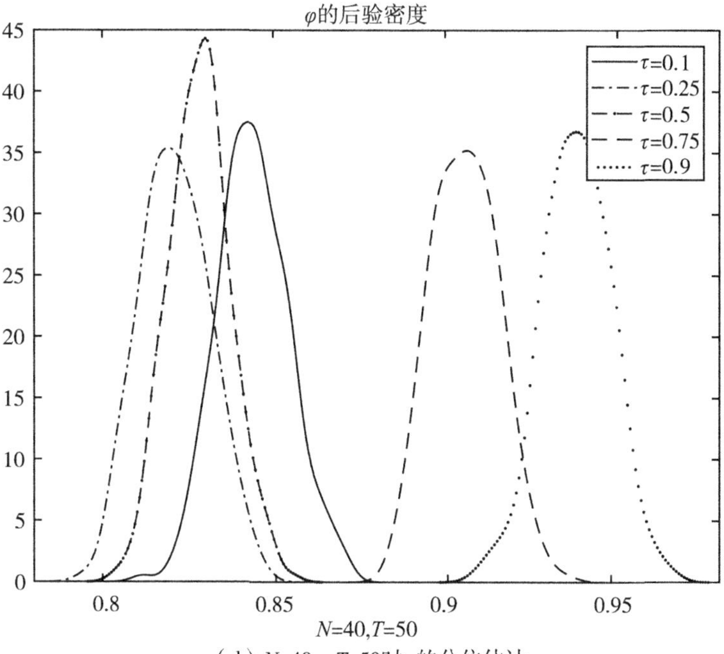

（d）N=40，T=50时φ的分位估计

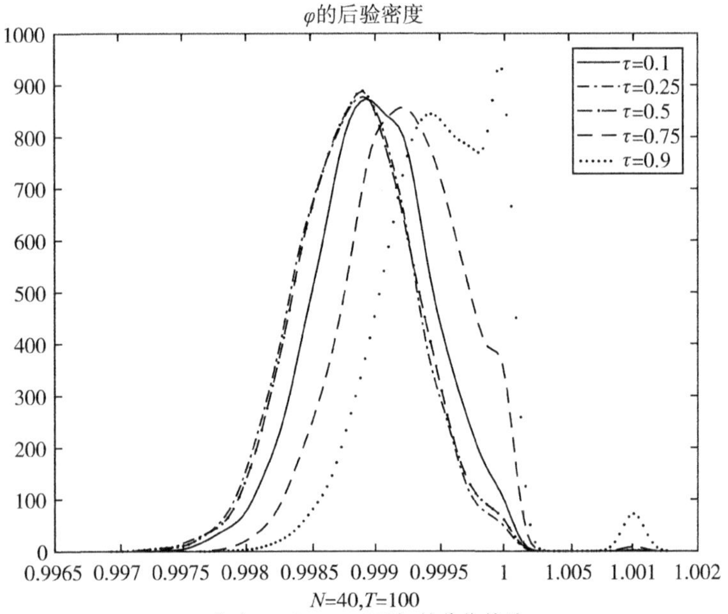

（e）N=40，T=100时φ的分位估计

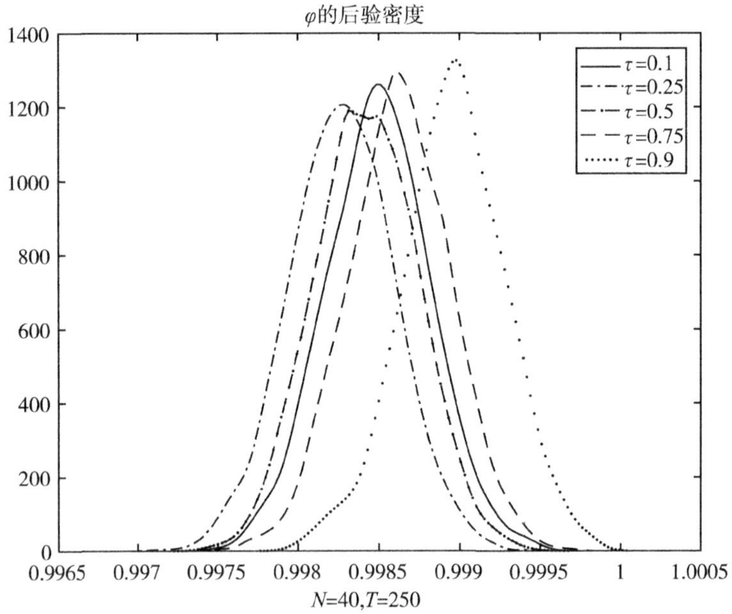

（f）N=40，T=250时φ的分位估计

图 4.6　第二类 DGP 情形下参数 φ 的后验密度

0.5 很接近。

如果用贝叶斯方法对上述平滑突变协整模型进行参数估计，则当 $N=20$，$T=50$ 时，β 的后验均值为 0.9807，HPDI 为(0.9663，0.9949)，φ 的后验均值为 0.6817，HPDI 为(0.6347，0.7293)；当 $N=20$，$T=100$ 时，β 的后验均值为 1.001，HPDI 为(0.9943，1.007)，φ 的后验均值为 0.5983，HPDI 为(0.5633，0.6345)。由此可知，贝叶斯分位估计能够更加全面有效地描述面板时间序列的非对称和局部持续性的特征，能够对协整参数进行更全面的刻画。

4.4.3 变结构协整检验分析

进一步，表 4.1 给出了存在协整时的后验概率，即 $\varphi<1$ 的后验概率。从表中结果可知，当 $\varphi=0.5$，即变量间存在平滑变结构协整时，贝叶斯方法在各个分位水平下的协整后验概率为 1；而当 $\varphi=1$，即变量间不存在平滑变结构协整时，贝叶斯方法在高分位水平下拒绝协整的概率一般大于 5%甚至 10%，特别是在 0.9 分位水平下，我们可以在 11.68%~43.72%和后验概率水平上拒绝变结构协整，从而也说明变量之间在高分位水平下不存在变结构协整。同时，对于 $\varphi=1$ 的情形，我们可以发现，在样本容量较小时，比如 $N=20$，$T=50$ 时，贝叶斯方法在所有分位水平下以大于 5%的后验概率拒绝协整，说明此时各个分位水平下变量之间都没有变结构协整。因此，贝叶斯分位协整可以避免传统假设检验方法中由于原假设设置不同而存在的偏误等问题，能够给出全面准确的协整检验判断。

从上述仿真实验的结果可知，对平滑变结构协整模型进行贝叶斯分位推断可以得到各个分位水平下协整参数的后验估计和协整检验的后验概率，从而能够对面板时间序列的协整参数以及变结构协整关系的非对称性和局部持续性进行全面有效的描述。

表 4.1　　贝叶斯分位变结构协整参数 $\varphi<1$ 的后验概率

N	T	DGP: $\varphi=0.5$,					DGP: $\varphi=1$				
		$\tau=0.1$	$\tau=0.25$	$\tau=0.5$	$\tau=0.75$	$\tau=0.9$	$\tau=0.1$	$\tau=0.25$	$\tau=0.5$	$\tau=0.75$	$\tau=0.9$
20	50	1.0000	1.0000	1.0000	1.0000	1.0000	0.9310	0.9442	0.9070	0.6961	0.5630
	10	1.0000	1.0000	1.0000	1.0000	1.0000	0.9401	0.9863	0.9891	0.9513	0.8830
	25	1.0000	1.0000	1.0000	1.0000	1.0000	0.9990	0.9991	1.0000	0.9980	0.9941
40	50	1.0000	1.0000	1.0000	1.0000	1.0000	1.0000	1.0000	1.0000	1.0000	1.0000
	10	1.0000	1.0000	1.0000	1.0000	1.0000	0.9871	0.9940	0.9920	0.9430	0.8280
	25	1.0000	1.0000	1.0000	1.0000	1.0000	1.0000	1.0000	1.0000	1.0000	0.9991

4.5 本章小结

本章从贝叶斯角度出发，结合分位回归，研究了截面个体相依面板数据的平滑变结构协整问题，针对传统面板变结构协整模型中存在的变结构类型难以确定以及参数过多的问题，提出了基于傅立叶级数展开形式的平滑变结构协整模型，并利用贝叶斯分位回归方法对其进行参数估计，结合相应的 MCMC 算法，得到各个分位水平下模型参数的后验估计；通过计算后验概率进行贝叶斯分位协整检验，得到各个分位水平下的协整检验。最后利用仿真实验验证了贝叶斯分位面板协整方法的可行性与有效性，发现贝叶斯分位协整能够比贝叶斯协整给出更全面的协整参数估计和协整检验判断。同时，由于平滑变结构协整模型能够刻画各种突变以及平滑突变的结构变化，所以解决了变结构类型难以确定的难题。

第 5 章 基于贝叶斯分位回归的面板门限协整

与变结构协整不同，门限协整主要考察协整回归模型是线性的，而其相应的误差修正项是非对称时的情形。这也说明，门限协整刻画的是线性协整、非线性误差修正关系。因此，如果变量之间存在门限协整，则通常意味着变量之间具有非对称性关系或者向长期均衡的调整是非对称的。

现有的门限模型都是以刻画条件均值行为的动态为目的，但是，当均值过程中发生不同的机制(different regimes)时，这些基于条件均值的方法就不能充分刻画数据更广泛的非线性特征。此时，在各个分位水平下的时间序列可能有不同的表现，不同机制的发生也依赖于模型中时间序列的分位。本章利用贝叶斯分位回归估计方法，主要研究面板数据框架下的贝叶斯分位门限协整模型，以考察在多个分位水平下面板数据变量之间的门限协整关系。

5.1 截面相依条件下的门限协整问题

5.1.1 面板门限协整问题

许多经济理论主要关注均衡关系，而均衡关系中的几个序列是互相协整的。但是，由于交易费用、调整费用的存在或者政府政策发生变化，往往不能发现这种协整关系，这是因为这些研究都是在线性协整框架下进行，并且假设变量是具有线性对称调整的。然而，利用线性时间序列模型来刻画宏观经济和金融时间序列动态，其能力是很有限的。现实中这些数据往往都有非对称性等非线性特征，例如，在金融变量中，牛市和熊市的表现不一样而导致投资者对市场反应的非对称特征；尤其值得关注的是，在现实生活中，调整费用问题往往会阻碍经济机构进行连续调整，只有当对均衡的偏离超过某个门限值，调整的收益超过调整的费用时，经济机构才会采取行动使系统回归均衡，因此，调整不是每次都发生，并且一般不会即刻就发生；同样，商品市场的不均衡也通常需要比较长的时间来恢复；这些现象表明，除了结构性的变化外，经济金融变量间的关系还可能呈现出非对称性等非线性特征，而线性结构下的协整模型无法准确描述现实经济金融问题中的非线性、非对称调整等特征。如果经济金融变量呈现出非线性、非对称特征，利用现有线性协整模型进行长期关系分析与协整预测可能会犯错误，从而，大大降低了协整检验的可靠性和预测的准确性。门限面板协整模型却可以刻画这类特征，并且分析响应的滞后特点，特别地，门限协整能够考察对一个长期均衡的不连续调整。因此，利用具有门限转换机制的面板协整模型研究经济金融系统的动态行为具有重要的现实意义。同时，由于现有面板协整和机制转换理论基础与分析工具还不够成熟，具有门限转换机制的面板协整理论的研究还有待深入的实质性突破，其在经济金融中的应用还有待进一步推广。

5.1.2 贝叶斯门限协整

传统门限协整检验方法由于模型似然函数具有多峰、不连续特征，导致冗余参数识别存在困难，最优化计算相对复杂，而采用贝叶斯方法进行门限协整模型的参数估计和协整检验能够解决冗余参数识别的难题，使计算变得相对简单。

此外，除了能够使得非线性模型中参数估计的计算变得相对简化外，将贝叶斯方法应用到非线性协整模型的另一个好处是：利用贝叶斯因子可以检验相应的模型到底是不存在协整的线性模型还是门限协整模型；而如果利用传统方法的话，在原假设下存在冗余参数不可识别以及单位根的存在会导致非标准推断的问题，使得模型检验很难进行。因此，贝叶斯方法能够提高参数估计的精确度和协整检验的准确性。

5.2 面板门限协整的贝叶斯分位推断

5.2.1 截面相依条件下面板门限协整模型的基本形式

假设 y_{it} 是一个单整变量，x_{it} 是 m 维单整向量，若要考察变量 y_{it} 和 x_{it} 之间的门限协整关系，则考虑如下协整回归模型：

$$y_{it} = \alpha_i + \beta_i x_{it} + e_{it} \tag{5.1}$$

$$x_{it} = x_{i,\ t-1} + \eta_{it} \tag{5.2}$$

其中，$i=1,\ 2,\ \cdots,\ N$，$t=1,\ 2,\ \cdots,\ T$，α_i 为不可观测个体异质性，β_i 是 m 维行向量，表示斜率参数，假设 e_{it} 服从双机制 TAR(1) 过程为

$$e_{it} = \varphi_1 e_{i,\ t-1} I_{\{Z_{i,\ t-d}<\lambda\}} + \varphi_2 e_{i,\ t-1} I_{\{Z_{i,\ t-d}\geqslant\lambda\}} + \varepsilon_{it} \tag{5.3}$$

此处，$i=1,\ 2,\ \cdots,\ N$，$t=1,\ 2,\ \cdots,\ T$，$\{\varepsilon_{it}\}$ 是均值为 0 的独立同正态分布误差序列，$I_{\{\cdot\}}$ 是示性函数，$Z_{i,\ t-d}$ 为门限变量，$d\geqslant 0$ 是延迟参数（或称门限滞后），λ 是门限；当 $Z_{i,\ t-d}=e_{i,\ t-d}$ 时，上述残差模型为 TAR 模型，而当 $Z_{i,\ t-d}=\Delta e_{i,\ t-d}$ 时，则残差模型为 TAR 的变形——冲量 TAR 模型（momentum threshold autoregressive model），简记为 MTAR 模型。

显然，门限协整中协整回归残差服从门限自回归模型，这会导致门限协整模型的参数增多，容易产生维数灾难问题；同时，如果假设面板数据内部的截面相依性是由平稳公共因子造成的，且平稳公共因子影响各个个体的程度是一样的，则可以采用减去截面均值的方法解释面板数据的截面相依性；因此，为了简化起见，下文采用减去截面均值的方式消除面板数据间的截面相依性。假设去除截面相依后的面板数据为 $\tilde{y}_{it}$ 和 $\tilde{x}_{it}$，则相应的面板分位门限协整模型可以表示为

$$\tilde{y}_{it} = \alpha_i + \beta_i \tilde{x}_{it} + e_{it} \tag{5.4}$$

$$e_{it} = \varphi_1 e_{i,\ t-1} I_{\{Z_{i,\ t-d}<\lambda\}} + \varphi_2 e_{i,\ t-1} I_{\{Z_{i,\ t-d}\geqslant\lambda\}} + \varepsilon_{it} \tag{5.5}$$

$$\tilde{x}_{it} = \tilde{x}_{i,\,t-1} + \eta_{it} \tag{5.6}$$

其中，假设误差项 ε_{it} 的 τ 分位数为0，$\varphi_1 = 1$ 且 $\varphi_2 = 1$ 表明 y_{it} 与 x_{it} 不存在协整关系。特别地，$\varphi_1 = 1$ 说明 y_{it} 与 x_{it} 之间在第一个机制中没有协整，$\varphi_2 = 1$ 说明 y_{it} 与 x_{it} 之间在第二个机制中没有协整；而 $\varphi_1 < 1$ 或者 $\varphi_2 < 1$ 并且 φ_1 显著不等于 φ_2 则表示 y_{it} 与 x_{it} 之间存在门限协整关系。

如果要对分位门限协整模型进行参数估计，就是要求出残差和最小时的估计，则一般假设 ε_{it} 具有非对称 Laplace 分布，使得协整模型的参数估计相当于求解如下最小化问题：

$$\min \sum_{i=1}^{N} \sum_{t=k+1}^{T} \rho_\tau \{ e_{it} - \varphi_1 e_{i,\,t-1} I_{\{Z_{i,\,t-d} < \lambda\}} - \varphi_2 e_{i,\,t-1} I_{\{Z_{i,\,t-d} \geqslant \lambda\}} \} \tag{5.7}$$

此处，$e_{it} = \tilde{y}_{it} - \alpha_i - \beta_i \tilde{x}_{it}$，$k = \max(1,\ d_{\max})$，$d_{\max}$ 是延迟参数 d 的最大值，$\rho_\tau(\cdot)$ 为检查函数，满足 $\rho_z(x) = x\{\tau - I(x < 0)\}$，$0 < \tau < 1$，$I(\cdot)$ 为示性函数。很容易看出，上述最小化问题等价于最大化似然函数

$$L(\tilde{y},\ \tilde{x} \mid \Omega) = \tau^{N(T-k)} (1 - \tau)^{N(T-k)} \exp\left\{ - \sum_{i=1}^{N} \sum_{t=k+1}^{T} \rho_\tau(\varepsilon_{it}) \right\} \tag{5.8}$$

其中，似然函数为给定数据 $\tilde{y}_{i0}$，$\tilde{y}_{i1}$，…，$\tilde{y}_{ik}$，$\tilde{x}_{i0}$，$\tilde{x}_{i1}$，…，$\tilde{x}_{ik}$ 条件下 $\tilde{y}_{i,\,k+1}$，$\tilde{y}_{i,\,k+2}$，…，$\tilde{y}_{i,\,T}$，$\tilde{x}_{i,\,k+1}$，$\tilde{x}_{i,\,k+2}$，…，$\tilde{x}_{i,\,T}$ 的似然函数；模型各参数的分位估计与分位数 τ 有关，记为 $\Omega(\tau) = (\alpha_i(\tau),\ \beta_i(\tau),\ \varphi_1(\tau),\ \varphi_2(\tau),\ d(\tau),\ \lambda(\tau))$，$d(\tau) = d$，下文将分位门限协整模型的参数空间简记为 $\Omega(\tau) = (\alpha_i,\ \beta_i,\ \varphi_1,\ \varphi_2,\ d,\ \lambda)$ 或者 Ω。

5.2.2 截面相依门限协整模型的贝叶斯分析

在贝叶斯框架中，如果要对门限协整模型参数进行分位回归估计，则可以设置 Ω 的先验为平坦先验(flat prior)分布，使得参数后验分布与似然函数成比例，且似然函数本身与一个恰当的概率密度函数成比例。因此，参数的后验是恰当的(proper)，进而可以设计 MCMC 算法进行参数推断。特别地，为了利用 Gibbs 抽样算法进行模型估计，将假设误差项 ε_{it} 服从非

对称Laplace分布的如下位置-尺度混合形式：

$$\varepsilon_{it} = \xi v_{it} + \theta \sqrt{v_{it}} u_{it} \tag{5.9}$$

此处，$\xi = \dfrac{1-2\tau}{\tau(1-\tau)}$，$\theta^2 = \dfrac{2}{\tau(1-\tau)}$，且 $v_{it} \sim \exp(1)$ 与 $u_{it} \sim N(0,\ 1)$ 相互独立。从而，面板门限协整模型对应的分位回归模型变为

$$\tilde{y}_{it} = \alpha_i + \beta_i \tilde{x}_{it} + e_{it} \tag{5.10}$$

$$e_{it} = \varphi_1 e_{i,\ t-1} I_{\{Z_{i,\ t-d} < \lambda\}} + \varphi_2 e_{i,\ t-1} I_{\{Z_{i,\ t-d} \geqslant \lambda\}} + \xi v_{it} + \theta \sqrt{v_{it}} u_{it} \tag{5.11}$$

$$\tilde{x}_{it} = \tilde{x}_{i,\ t-1} + \eta_{it} \tag{5.12}$$

此时，如果设模型的参数空间为 $\Theta(\tau) = (\alpha_i(\tau),\ \beta_i(\tau),\ \varphi_1(\tau),\ \varphi_2(\tau),\ v_{it}(\tau),\ d,\ \lambda(\tau))$ 或者 Θ，则模型的似然函数为

$$\begin{aligned} L(\tilde{y},\ \tilde{x} \mid \Theta) &= p(\tilde{y} \mid \tilde{x},\ \Theta) p(\tilde{x} \mid \Theta) \\ &= \prod_{i=1}^{N} \prod_{t=k+1}^{T} \left(2\pi\theta\sqrt{v_{it}}\right)^{-1/2} \exp\left\{ - \sum_{i=1}^{N} \sum_{t=k+1}^{T} \frac{\left(e_{it} - \varphi_1 e_{i,\ t-1} I_{\{Z_{i,\ t-d} < \lambda\}} - \varphi_2 e_{i,\ t-1} I_{\{Z_{i,\ t-d} \geqslant \lambda\}} - \xi v_{it}\right)^2}{2\theta^2 v_{it}} \right\} \end{aligned} \tag{5.13}$$

其中，$\tilde{y} = (\tilde{y}_1,\ \tilde{y}_2,\ \cdots,\ \tilde{y}_N)'$，$\tilde{x} = (\tilde{x}_1,\ \tilde{x}_2,\ \cdots,\ \tilde{x}_N)'$ 是去掉截面均值后的数据。

5.2.2.1　参数先验选择与灵敏度分析

根据贝叶斯定理，参数的联合后验分布密度函数与似然函数、先验分布密度函数的乘积成正比，而作为一种假设检验，协整检验中模型参数先验分布的选择对检验结果具有重要的作用。如果关注的只是模型的推断，则可以选择发散先验作为参数的先验分布，但是，若要计算贝叶斯因子的话，则每个先验应该是恰当的。在此，选取自然共轭先验以便于利用贝叶斯因子进行协整检验，并且假定先验分布中的超参数都已知。因此，自回归参数 φ 的先验选择很重要，下面具体讨论实证研究中最常用的无信息先验和一种自然共轭先验——正态先验。假设 $\alpha_i = 0$，$\beta_i = 1$，$k_i = 1$，$\varphi_1 =$

0.5，$\varphi_2=1$，$\lambda=0$，并且 $\{\varepsilon_{it},\ \eta_{it}\}\ \forall i,\ t$ 由独立同分布的标准正态分布生成，从而得到生成的数据 y_{it} 和 x_{it} 以便进行几种先验的灵敏度分析。考虑 $N=20$，$T=\{50,\ 100\}$ 时的情形，φ_1，φ_2 的先验分别取均匀先验 $U(-1.225,\ 1.225)$ 和正态先验分布 $N(1,\ \sigma_0^2)$，σ_0^2 为已知的超参数，正态先验分布的方差 σ_0^2 较大，意味着对于 φ 的信息知道得很少，而方差 σ_0^2 小则意味着对于 φ 有更多的经验信息。图 5.1 给出了不同先验对应的 φ_1，φ_2 在中位数水平下的后验密度 $\varphi_1(0.5)$，$\varphi_2(0.5)$。

显然，无信息先验 φ_1，$\varphi_2\sim U(-1.225,\ 1.225)$ 和正态先验 φ_1，$\varphi_2\sim U(1,\ 0.5)$ 对应的后验估计很接近，但是都不能对参数 φ_1，φ_2 进行较准确的估计，而 φ_1，φ_2 取方差较大的正态先验分布时，φ_1 的后验估计在 0.5 左右，同时 φ_2 的后验估计在 1 附近，并且，在其他分位水平下的结果也表明 φ_1，φ_2 先验为方差较大的正态先验时，对应的后验估计与真实值很接近。因此，对于本章的 TAR 协整模型，参数 φ_1，φ_2 取表示先验信息知道很少的正态先验更合适，下面将采用 σ_0^2 相对较大的正态先验 φ_1，$\varphi_2\sim N(1,\ \sigma_0^2)$ 作为 φ_1，φ_2 的先验分布。

具体地，根据 Chen[206] 和 Jung 等[207] 的研究，并综合 Kobayashi 和 Kozumi[197] 的观点，对回归系数设置分层先验 $\beta_i\sim N_m(b_0,\ B_0)$，同时假设 $\alpha_i\sim N(0,\ h_0^2)$，$\varphi_1\sim N(1,\ \sigma_1^2)$，$\varphi_2\sim N(1,\ \sigma_2^2)$，而由前面的定义可知 $v_{it}\sim\exp(1)$。其次，门限 λ 服从区间 $[a,\ c]$ 上的均匀分布，a，c 分别为门限变量序列的百分位数；而延迟参数 d 则取正整数 $1,\ 2,\ \cdots,\ d_{\max}$ 上的离散均匀分布，$d_{\max}$ 为最大延迟参数，通常依据研究对象不同而可能设定不同的值。

5.2.2.2 参数 Θ 的后验条件密度

由于参数的联合后验分布与似然函数、先验分布的乘积成正比，所以，通过参数的先验分布设置可以得到参数相应的条件后验分布。如果假设协整回归残差项服从 TAR 模型，则令 $I_{it}=\begin{cases}1, & 若\ e_{i,\ t-d}>\lambda\\ 0, & 若\ e_{i,\ t-d}\leqslant\lambda\end{cases}$；如果协

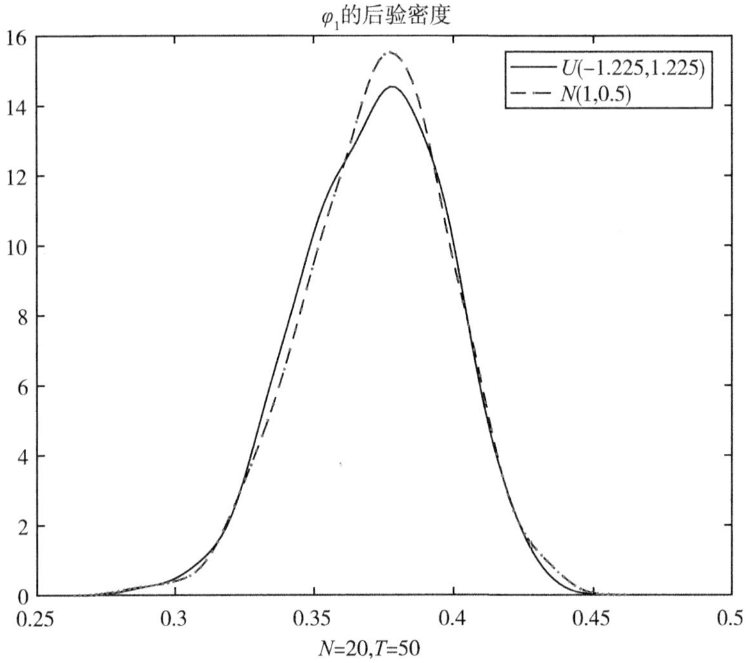
φ_1的后验密度
U(−1.225,1.225)
N(1,0.5)
16
14
12
10
8
6
4
2
0
0.25
0.3
0.35
0.4
0.45
0.5
N=20,T=50

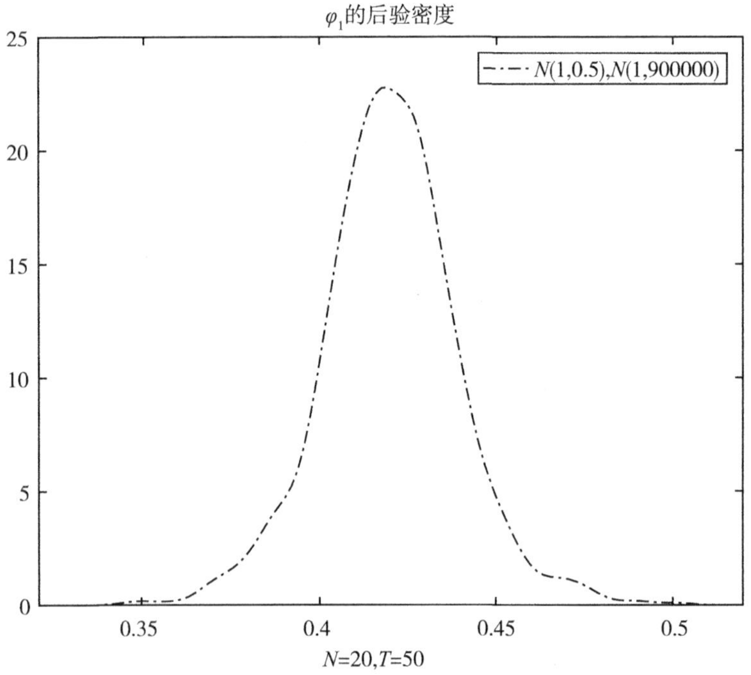
φ_1的后验密度
N(1,0.5),N(1,900000)
25
20
15
10
5
0
0.35
0.4
0.45
0.5
N=20,T=50

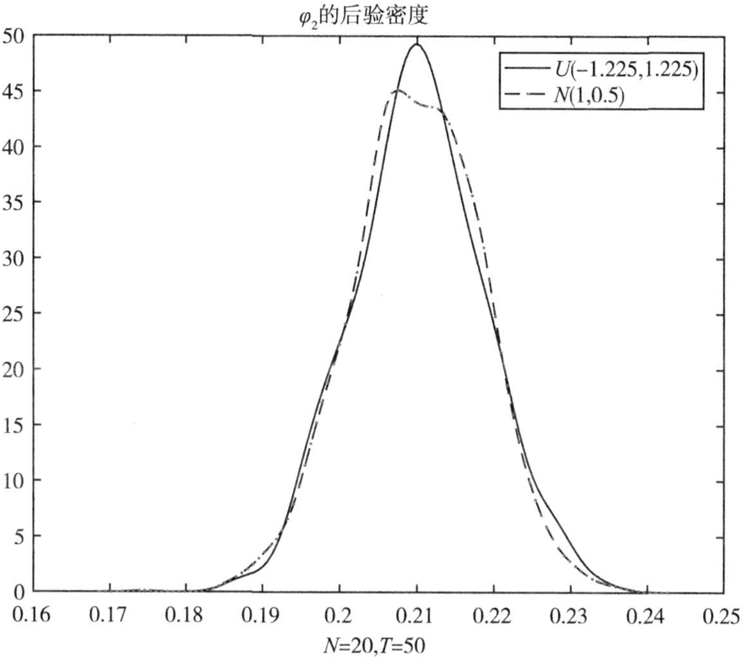

φ₂的后验密度
U(−1.225,1.225)
N(1,0.5)
N=20,T=50

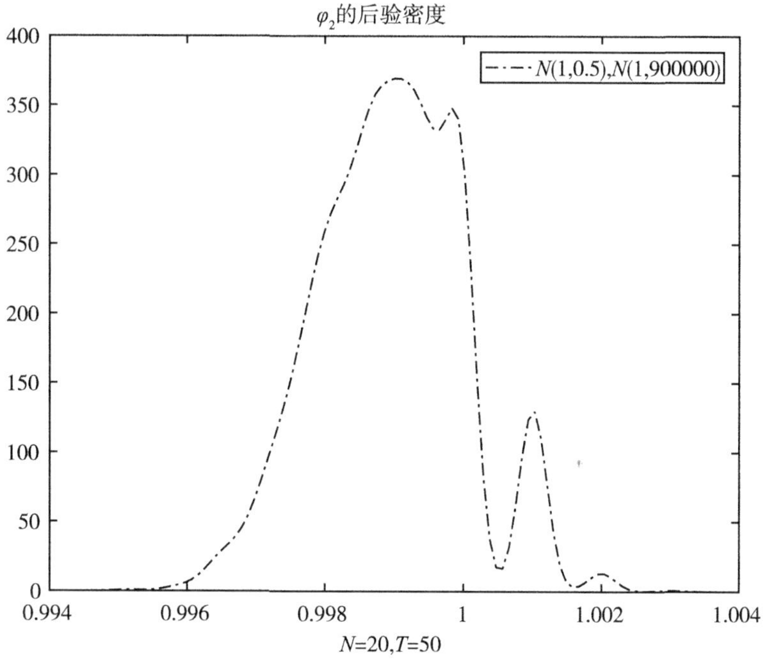

φ₂的后验密度
N(1,0.5),N(1,900000)
N=20,T=50

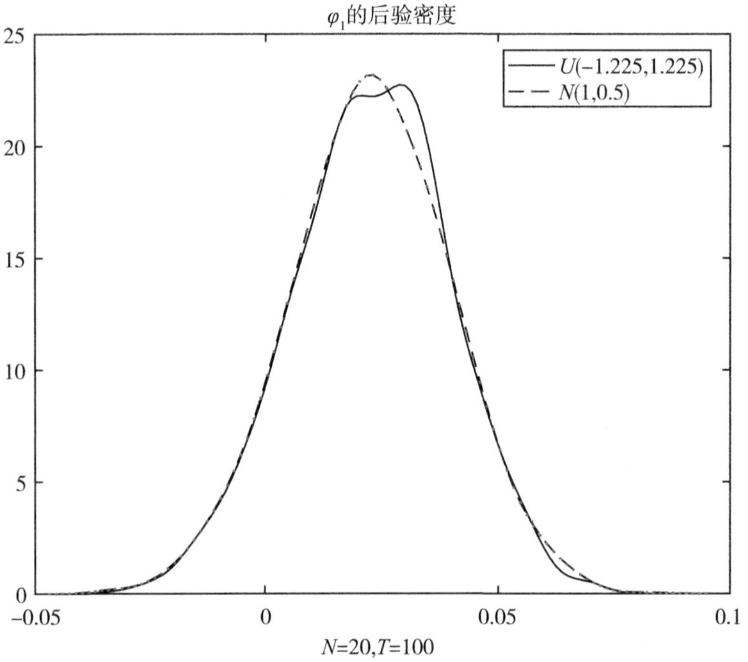
φ_1的后验密度
U(−1.225,1.225)
N(1,0.5)
25
20
15
10
5
0
−0.05
0
0.05
0.1
N=20,T=100

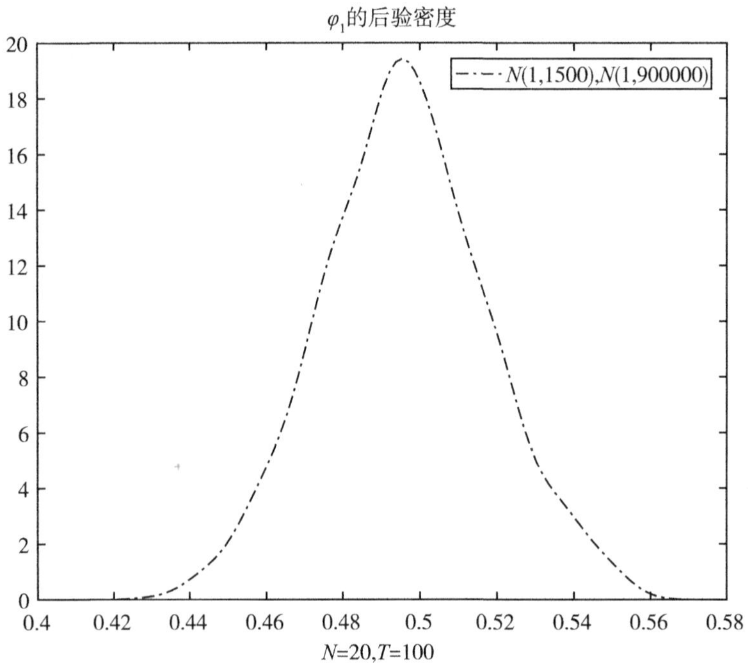
φ_1的后验密度
N(1,1500),N(1,900000)
20
18
16
14
12
10
8
6
4
2
0
0.4
0.42
0.44
0.46
0.48
0.5
0.52
0.54
0.56
0.58
N=20,T=100

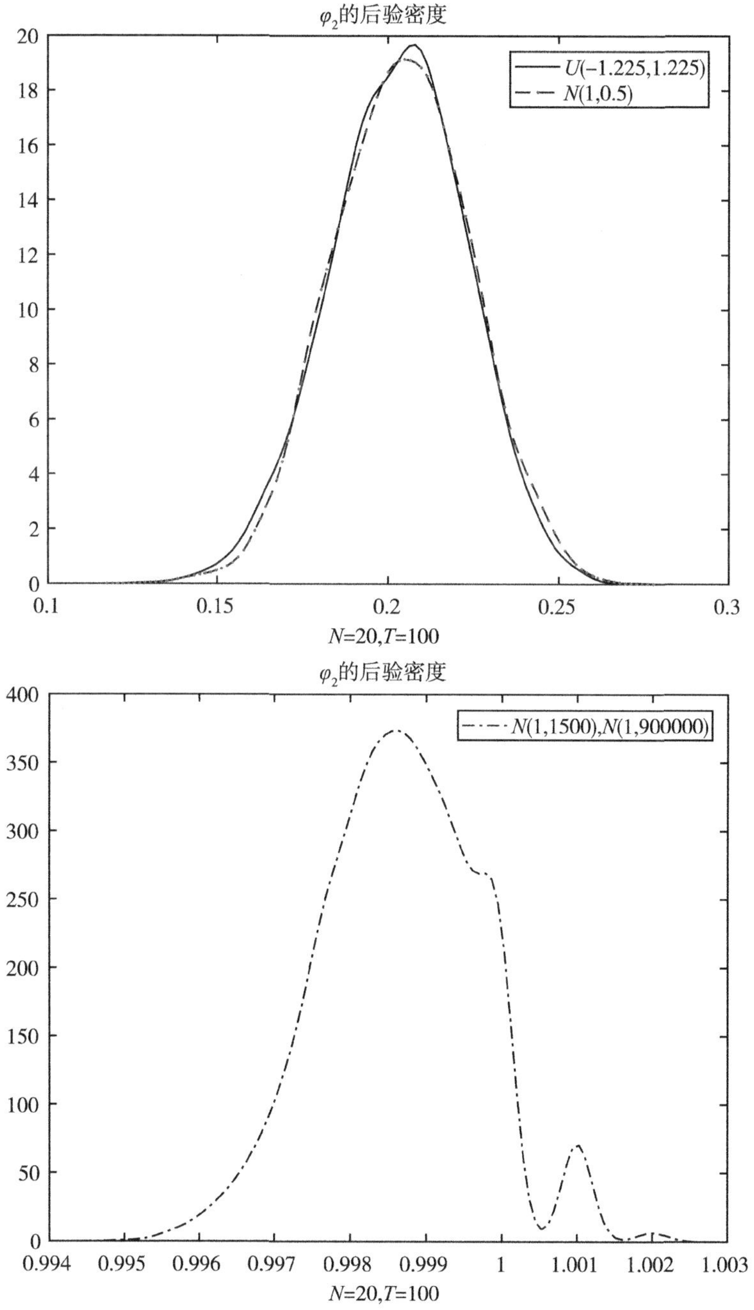

图 5.1 不同先验对应的 $\varphi_1(0.5)$，$\varphi_2(0.5)$ 的后验密度图

整回归残差项服从MTAR模型，则令 $I_{it}=\begin{cases}1, & 若\ e_{i,\ t-d}>\lambda \\ 0, & 若\ e_{i,\ t-d}\leqslant\lambda\end{cases}$，同时设 Θ_{-w} 表示参数空间 Θ 中除去 w 的其他参数的集合。下面讨论分位门限协整模型参数的后验条件分布。

（1）α_i 的完全条件后验分布。由条件概率的定义，$\forall i=1,\ 2,\ \cdots,\ N$，参数 α_i 的条件后验分布之间相互独立，则 α_i 关于参数 $\Theta_{-\alpha}$ 的完全条件分布为

$$\begin{aligned}\pi(\alpha_i \mid \tilde{y},\ \tilde{x},\ \Theta_{-\alpha}) &= L(\tilde{y},\ \tilde{x} \mid \Theta)\pi(\alpha_i) \\ &\propto N(\hat{\alpha}_i,\ \hat{h}_i^2)\end{aligned} \tag{5.14}$$

其中

$$\hat{\alpha}_i=\hat{h}_i^2\left\{\sum_{t=k+1}^{T}\frac{y_{it}-\varphi_1 e_{i,t-1}I_{it}-\varphi_2 e_{i,t-1}(1-I_{it})-\beta_i x_{it}-\xi v_{it}}{\theta^2 v_{it}}\right\},\hat{h}_i^{-2}=\frac{1}{h_0^2}+\sum_{t=k+1}^{T}\frac{1}{\theta^2 v_{it}}$$

（2）β_i 的完全条件后验分布。同理，$\forall i=1,\ 2,\ \cdots,\ N$，参数 β_i 的条件后验分布之间相互独立，β_i 关于参数 $\Theta_{-\beta}$ 的完全条件后验分布为多元正态分布：

$$\begin{aligned}\pi(\beta_i \mid \tilde{y},\ \tilde{x},\ \Theta_{-\beta}) &= L(\tilde{y},\ \tilde{x} \mid \Theta)\pi(\beta_i) \\ &\propto N_m(\hat{b}_i,\ \hat{B}_i)\end{aligned} \tag{5.15}$$

其中

$$\hat{b}_i=\hat{B}_i\left\{\sum_{t=k+1}^{T}\frac{\tilde{x}_{it}[\tilde{y}_{it}-\alpha_i-\varphi_1 e_{i,\ t-1}I_{it}-\varphi_2 e_{i,\ t-1}(1-I_{it})-\zeta v_{it}]}{\theta^2 v_{it}}+B_0^{-1}b_0\right\}$$

$$\hat{B}_i^{-1}=\sum_{t=k+1}^{T}\frac{\tilde{x}_{it}\tilde{x}'_{it}}{\theta^2 v_{it}}+B_0^{-1}$$

（3）φ_1 的完全条件后验分布。类似地，由条件概率的定义，第一机制自回归参数 φ_1 的完全条件后验分布为

$$\begin{aligned}\pi(\varphi_1 \mid \tilde{y},\ \tilde{x},\ \Theta_{-\varphi_1}) &= L(\tilde{y},\ \tilde{x} \mid \Theta)\pi(\varphi_1) \\ &\propto N(\hat{\varphi}_1,\ \hat{\sigma}_1^2)\end{aligned} \tag{5.16}$$

其中

$$\hat{\varphi}_1 = \hat{\sigma}_1^2\left\{\frac{1}{\sigma_1^2} + \sum_{i=1}^{N}\sum_{t=k+1}^{T}\frac{e_{i,t-1}(e_{it}-\xi v_{it})I_{it}}{\theta^2 v_{it}}\right\},\quad \hat{\sigma}_1^{-2} = \frac{1}{\sigma_1^2} + \sum_{i=1}^{N}\sum_{t=k+1}^{T}\frac{e_{i,t-1}^2 I_{it}}{\theta^2 v_{it}}$$

(4)同样地，第二机制自回归参数 φ_2 的完全条件后验分布为

$$\begin{aligned}\pi(\varphi_2 \mid \tilde{y}, \tilde{x}, \Theta_{-\varphi_2}) &= L(\tilde{y}, \tilde{x} \mid \Theta)\pi(\varphi_2)\\ &\propto N(\hat{\varphi}_2, \hat{\sigma}_2^2)\end{aligned} \tag{5.17}$$

其中

$$\hat{\varphi}_2 = \hat{\sigma}_2^2\left\{\frac{1}{\sigma_2^2} + \sum_{i=1}^{N}\sum_{t=k+1}^{T}\frac{e_{i,t-1}(e_{it}-\xi v_{it})(1-I_{it})}{\theta^2 v_{it}}\right\},$$

$$\hat{\sigma}_2^{-2} = \frac{1}{\sigma_2^2} + \sum_{i=1}^{N}\sum_{t=k+1}^{T}\frac{e_{i,t-1}^2(1-I_{it})}{\theta^2 v_{it}}$$

(5)特别地，参数 v_{it} 的完全条件后验分布可以看作服从广义逆高斯分布：

$$v_{it} \mid \tilde{y}, \tilde{x}, \Theta_{-v} \sim GIG\left(\frac{1}{2}, \hat{\delta}_{it}^2, \hat{\varpi}_{it}^2\right) \tag{5.18}$$

其中

$$\hat{\delta}_{it}^2 = \frac{[\tilde{y}_{it} - \varphi_1 e_{i,t-1}I_{it} - \varphi_2 e_{i,t-1}(1-I_{it}) - \alpha_i - \beta_i x_{it}]^2}{\theta^2},\quad \hat{\varpi}_{it}^2 = \frac{\xi^2}{\theta^2} + 2$$

(6) λ 的完全条件后验分布。根据条件概率的定义，λ 关于参数 $\Theta_{-\lambda}$ 的完全条件后验分布为

$$\begin{aligned}\pi(\lambda \mid \tilde{y}, \tilde{x}, \Theta_{-\lambda}) &= L(\tilde{y}, \tilde{x} \mid \Theta)\pi(\lambda)\\ &\propto L(\tilde{y}, \tilde{x} \mid \Theta)\end{aligned} \tag{5.19}$$

由此可见，λ 的后验条件密度没有标准分布形式。因此，需要利用 MCMC 抽样中的 MH 算法(Chen 和 Lee[208])进行估计，在 MH 计算的每次迭代中，由一个对称随机核生成 λ 的初始点．为简单起见，将其后验密度函数记作 $g(\lambda)$。

(7) d 的后验条件分布。由条件概率的定义，延迟参数 d 关于 Θ_{-d} 的条件后验密度函数为多项式分布，其相应概率为

$$P(d \mid \Theta_{-d}, \tilde{y}, \tilde{x}) = \frac{P(d, \Theta_{-d} \mid \tilde{y})}{P(\Theta \mid \tilde{y})}$$
$$= L(\tilde{y}, \tilde{x} \mid \Theta_{-d}, d) / \sum_{d=1}^{d_{\max}} L(\tilde{y}, \tilde{x} \mid \Theta_{-d}, d) \tag{5.20}$$

其中：$L(\tilde{y}, \tilde{x} \mid \Theta_{-d}, d) = \prod_{i=1}^{N} \prod_{t=k+1}^{T} (2\pi\theta\sqrt{v_{it}})^{-1/2} \exp\left\{ - \sum_{i=1}^{N} \sum_{t=k+1}^{T} \frac{(e_{it} - \varphi_1 e_{i,t-1} I_{\{Z_{i,t-d} < \lambda\}} - \varphi_2 e_{i,t-1} I_{\{Z_{i,t-d} \geqslant \lambda\}} - \xi v_{it})^2}{2\theta^2 v_{it}} \right\}$，延迟参数 d 取正整数 1，2，…，$d_{\max}$。

5.3　截面相依面板门限协整的贝叶斯 MCMC 分析

5.3.1　截面相依条件下的面板门限协整检验

门限协整检验既要检验协整是否存在又要检验是否具有非线性特征，因此，门限协整的检验相对较难。一般而言，协整是一种全局的行为(global behavior)，而非线性或门限行为则是局部的行为(local behavior)，因此，按照从全局到局部的逻辑，常用的 Balke 和 Fomby 门限协整检验首先检验协整然后检验门限效应。通常，如果 $\varphi_1 = 1$ 且 $\varphi_2 = 1$，则表明变量 y_{it} 与 x_{it} 不存在协整关系，特别地，$\varphi_1 = 1$ 说明 y_{it} 与 x_{it} 之间在第一个机制中没有协整，$\varphi_2 = 1$ 说明 y_{it} 与 x_{it} 之间在第二个机制中没有协整；而如果 $\varphi_1 < 1$ 或 $\varphi_2 < 1$ 并且同时有 φ_1 显著不等于 φ_2 则表示 y_{it} 与 x_{it} 之间存在门限协整关系。在门限效应的检验过程中，如果门限参数是需要估计的未知参数，则此时在原假设条件下存在一个冗余参数(此时即为门限参数)不可识别，从而导致检验统计量的分布不具有标准形式，这也就是所谓的 Davies 问题[209]。

然而，与传统门限协整检验不同，在贝叶斯方法中，门限协整一般是利用贝叶斯因子来进行检验，而贝叶斯因子把冗余参数积掉了，因此，贝叶斯框架下的门限协整不存在冗余参数在原假设下不可识别等问题。相应地，贝叶斯分位门限协整检验则是利用贝叶斯分位回归估计方法，得到各个分位水平下的参数估计，然后通过判断后验置信区间或者计算贝叶斯因子来进行门限协整检验，可以得到更全面充分的协整关系。如果第 τ 分位水平下的参数 $\varphi_1(\tau) < 1$ 或者 $\varphi_2(\tau) < 1$ 并且 $\varphi_1(\tau) \neq \varphi_2(\tau)$，则说明在第 τ 分位水平下 y_{it} 和 x_{it} 存在门限协整关系，否则，如果 $\varphi_1(\tau) = \varphi_2(\tau) = 1$，则说明在第 τ 分位水平下 y_{it} 和 x_{it} 没有协整关系。

5.3.2 门限协整模型的 MCMC 算法设计

依据分位门限协整模型参数的后验条件分布以及遍历性定理，我们可以应用 MCMC 抽样对门限协整模型进行模拟分析。首先，给定参数的初始值 $\Theta^{(0)} = (\alpha_i^{(0)}, \beta_i^{(0)}, \varphi_1^{(0)}, \varphi_2^{(0)}, v_{it}^{(0)}, \lambda^{(0)}, d^{(0)})$；然后，利用 MCMC 抽样方法，根据后验完全条件分布进行抽样，具体步骤如下：

步骤 1 从 α_i 的完全条件后验分布 $\pi(\alpha_i \mid \tilde{y}, \tilde{x}, \Theta_{-\alpha}^{(0)})$ 抽取 $\alpha_i^{(1)}$，$i = 1, 2, \cdots, N$。

步骤 2 从 β_i 的完全条件后验分布 $\pi(\beta_i \mid \tilde{y}, \tilde{x}, \Theta_{-\alpha, -\beta}^{(0)}, \alpha_i^{(1)})$ 抽取 $\beta_i^{(1)}$，$i = 1, 2, \cdots, N$。

步骤 3 从 φ_1 和 φ_2 的完全条件后验分布分别抽取 $\varphi_1^{(1)}$ 和 $\varphi_2^{(1)}$。

步骤 4 从 v_{it} 的后验 $\pi(v_{it} \mid \tilde{y}, \tilde{x}, \Theta_{-v, -\lambda, -d}^{(1)}, \lambda^{(0)}, d^{(0)})$ 抽取 $\{v_{it}\}$，$i = 1, 2, \cdots, N, t = 1, 2, \cdots, T$。

步骤 5 设计随机游走 M－H 算法从 λ 的后验条件分布 $\pi(\lambda \mid \Theta_{-d, -\lambda}^{(1)}, d^{(0)})$ 抽取 $\lambda^{(1)}$：

(i) 在第 j 次迭代，由随机核 $\lambda^* = \lambda^{(j-1)} + e$，$e \sim N(0, \gamma^2)$ 生成一个初始点 λ^*。此处，$\lambda^{(j-1)}$ 表示 λ 的第 $j-1$ 次迭代值，正数 γ 代表 M-H 计算的步长，通过调节步长 γ 可以使得 MCMC 迅速收敛；

(ii) 以 $P = \min\{1, g(\lambda^*)/g(\lambda^{(j-1)})\}$ 的概率接受 $\lambda^{(j)} = \lambda^*$，否则，令

$\lambda^{(j)} = \lambda^{(j-1)}$。接受概率与步长 γ 有关，γ 越大，接受率越低。

步骤 6　从后验概率为 $P(d \mid \Theta_{-d}^{(1)}, \tilde{y}, \tilde{x})$ 的后验完全条件分布抽取 $d^{(1)}$。

重复步骤 1~6，直至迭代依分布收敛到参数的目标分布，Markov 链达到平稳状态时则停止。为了消除初始值的影响，可以舍弃掉开始的若干次抽样，根据遍历性定理，从而可以用舍弃掉初始若干次抽样样本后的抽样序列，对面板门限协整模型参数进行分位估计，并利用这些抽样样本计算贝叶斯因子和后验概率，以检验各个分位水平下的门限协整关系。

5.4　Monte Carlo 仿真实验分析

5.4.1　面板门限协整序列的 DGP 与仿真实验设计

为了研究门限协整模型的贝叶斯分位估计的小样本性质，下面采用 Monte Carlo 仿真实验来进行分析。首先，利用下列数据生成过程生成两个独立序列 y 和 x：

$$y_{it} = \alpha + \beta x_{it} + e_{it},\ e_{it} = \varphi_1 e_{i,\ t-1} I_{\{e_{i,\ t-1}<0\}} + \varphi_2 e_{i,\ t-1} I_{\{e_{i,\ t-1}\geqslant 0\}} + \varepsilon_{it},\ \Delta x_{it} = \eta_{it} \tag{5.21}$$

其中，$\{\varepsilon_{it}, \eta_{it}\}$ $\forall i = 1, 2, \cdots, N$，$t = 1, 2, \cdots, T$ 由独立同分布的标准正态分布生成，取时期数 $T = \{50, 100\}$，个体数为 $N = \{20, 40\}$，$\alpha = 0$，$\beta = 1$，$(\varphi_1, \varphi_2) = \{(0.8, 12), (0.9, 1.2), (0.5, 1)\}$，根据 (φ_1, φ_2) 的三组不同取值，依次将相应的数据生成过程记为第一类 DGP、第二类 DGP 和第三类 DGP。

5.4.2　协整参数的后验估计

下面利用生成的面板时间序列数据，对门限协整模型进行贝叶斯分位估计，图 5.2 至图 5.7 分别给出了分位数 $\tau = 0.1, 0.25, 0.5, 0.75, 0.9$

处参数 φ_1 和 φ_2 的后验密度。总体而言，参数 φ_1 的真实值一般能包含在某些分位水平下的后验置信区间中，例如，当 $N = 20$，$T = 100$ 时，在图 5.2 中，低分位数 0.1 处的参数估计 $\varphi_1(0.1)$ 的 HPDI 包含真实值 $\varphi_1 = 0.8$。当 φ_2 的真实值为 1.2 时，参数 φ_2 的 HPDI 虽然不能包含真实值，但是其大多数分位水平下的后验估计却基本都在非平稳区域内，因此，对贝叶斯协整检验的判断没有影响。

对于 $\varphi_1 = 0.5$，$\varphi_2 = 1$ 时的生成数据，参数 φ_1 和 φ_2 的真实值一般都包含在某些分位水平下的后验置信区间中；具体地，$N = 20$，$T = 50$ 情形下，分位数 0.5 处 φ_1 和 φ_2 的参数估计 $\varphi_1(0.5)$ 和 $\varphi_2(0.5)$ 分别为 0.4422，0.999，相应的 HPDI 分别为(0.4021，0.506)，(0.997，1.001)，分别包含真实值 $\varphi_1 = 0.5$，$\varphi_2 = 1$；$N = 20$，$T = 100$ 情形下，分位数 0.5 处 φ_1 和 φ_2 的参数估计 $\varphi_1(0.5)$ 和 $\varphi_2(0.5)$ 分别为 0.4981，0.9987，相应的 HPDI 分别为(0.459，0.5375)，(0.9967，1.001)。

如果用贝叶斯方法对上述门限协整模型进行参数估计，则当 $N = 20$，$T = 50$ 时，φ_1 的后验均值为 0.431，HPDI 为(0.3639，0.5016)，φ_2 的后验均值为 0.9991，HPDI 为(0.9971，1.001)；当 $N = 20$，$T = 100$ 时，φ_1 的后验均值为 0.6403，HPDI 为(0.5998，0.6817)，φ_2 的后验均值为 0.9992，HPDI 为(0.9972，1.001)。由此可知，贝叶斯分位估计能够更加全面有效地描述面板时间序列的非对称和局部持续性的特征，能够对协整参数以及门限协整关系的存在性进行更全面的刻画。

5.4.3 门限协整检验分析

进一步，为了进行贝叶斯分位门限协整检验，表 5.1 至表 5.3 则分别给出了 $(\varphi_1, \varphi_2) = \{(0.8, 1.2), (0.9, 1.2), (0.5, 1)\}$ 情形下存在门限协整的后验概率，即 $\varphi_1 < 1$，$\varphi_2 \geq 1$ 或者 $\varphi_1 \geq 1$，$\varphi_2 < 1$ 时的后验概率。

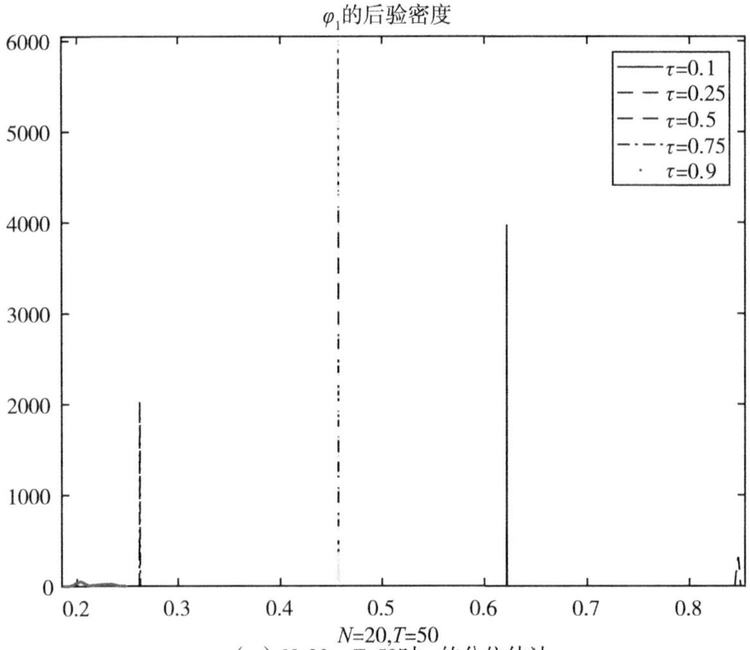

（a）N=20，T=50时φ_1的分位估计

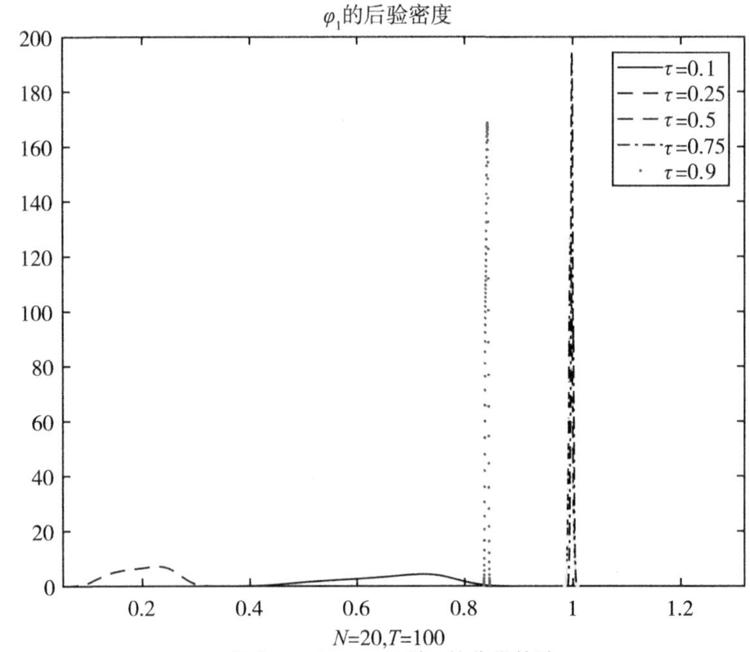

（b）N=20，T=100时φ_1的分位估计

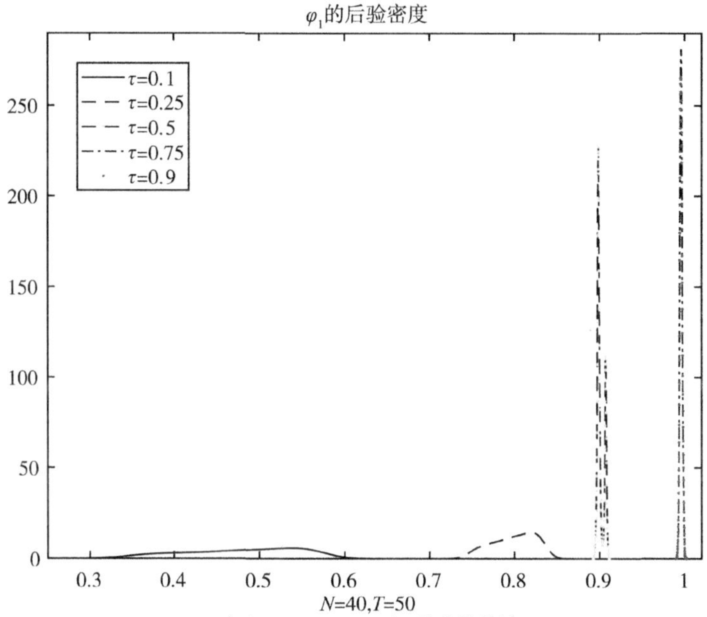

（c）N=40，T=50时φ_1的分位估计

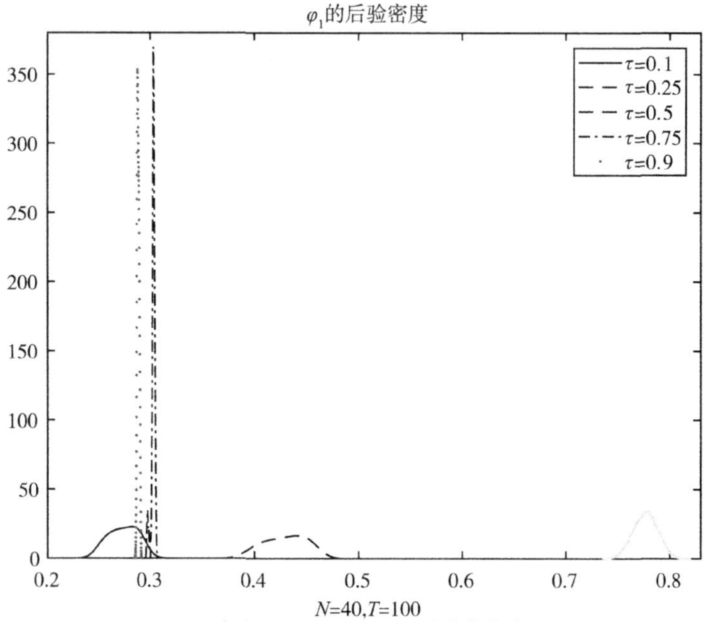

（d）N=40，T=100时φ_1的分位估计

图 5.2 第一类 DGP 情形下参数 φ_1 的后验密度

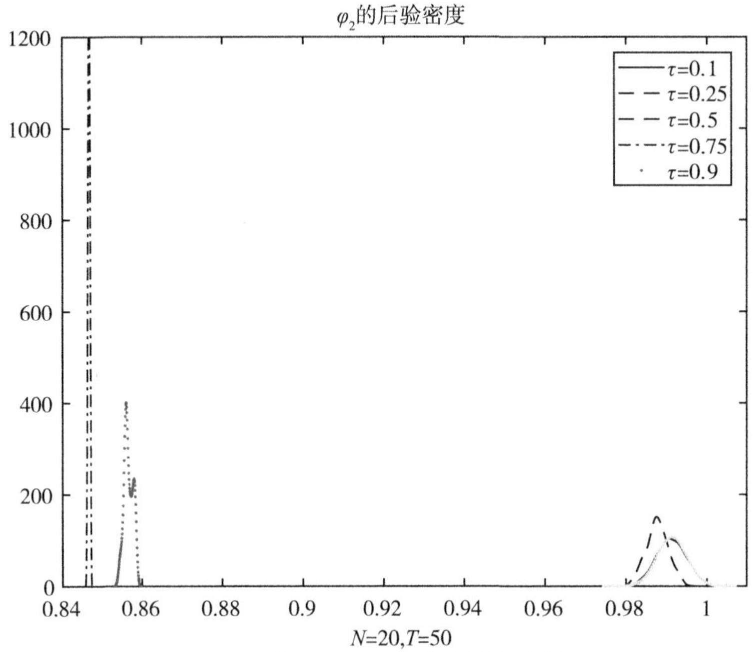

（a）N=20，T=50时φ_2的分位估计

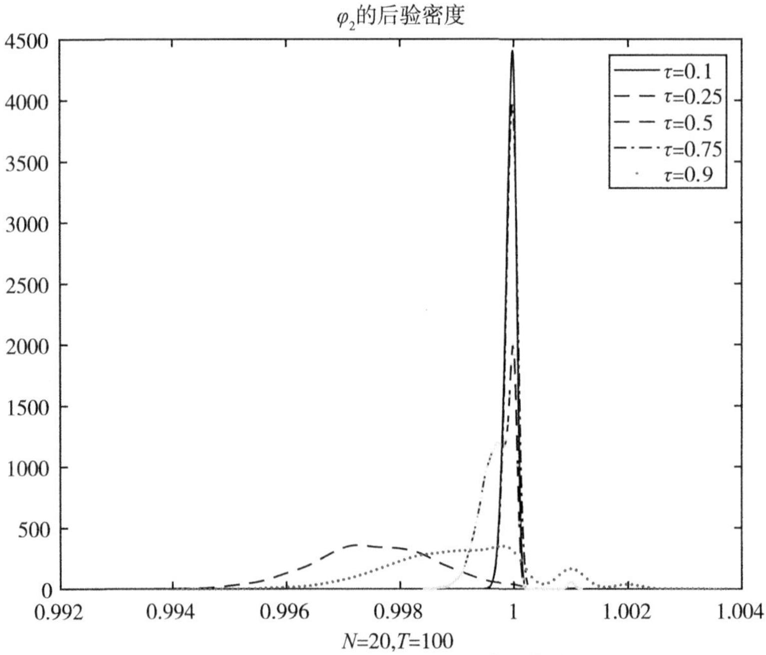

（b）N=20，T=100时φ_2的分位估计

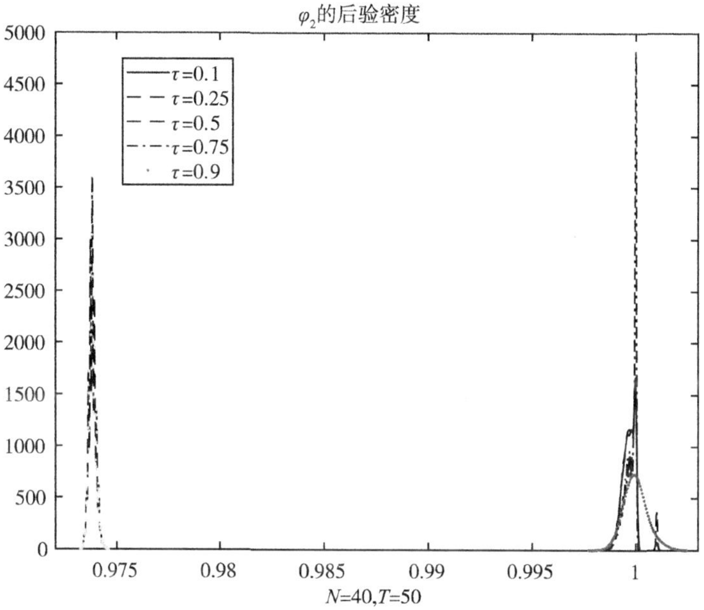

（c）N=40，T=50时φ_2的分位估计

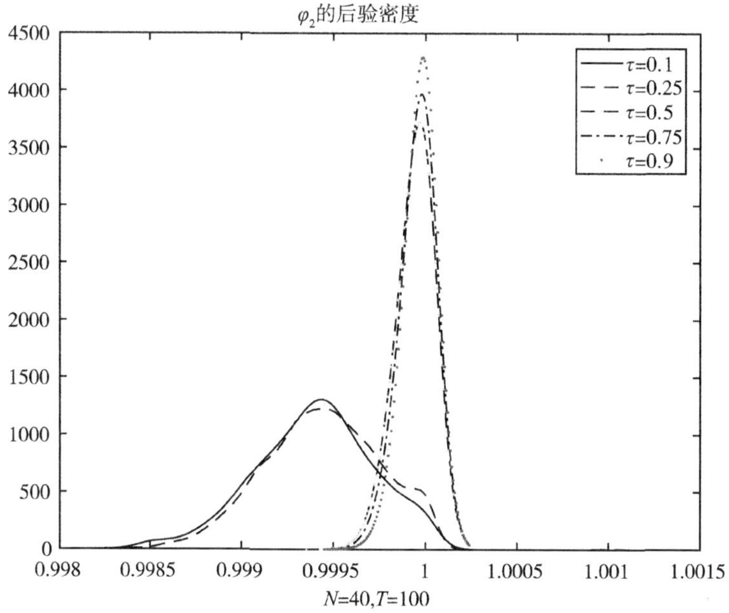

（d）N=40，T=100时φ_2的分位估计

图 5.3　第一类 DGP 情形下参数 φ_2 的后验密度

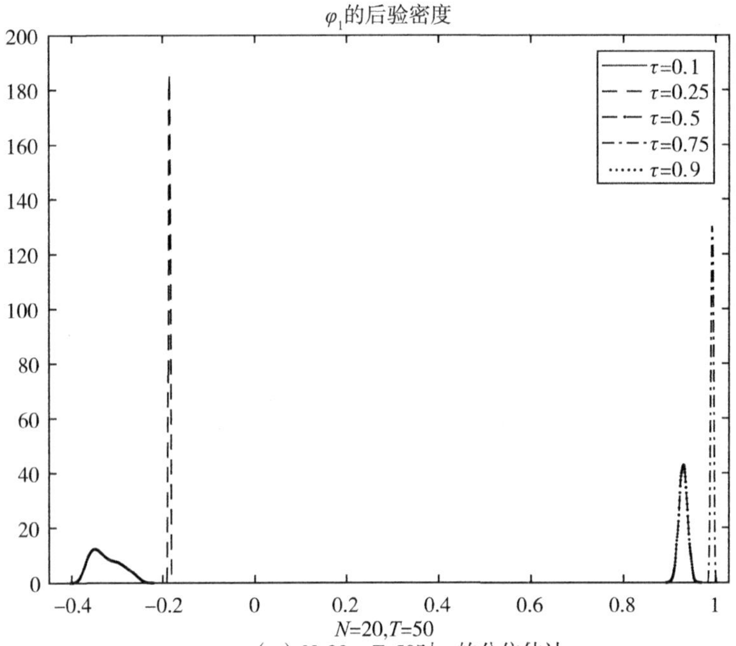

（a）N=20，T=50时φ_1的分位估计

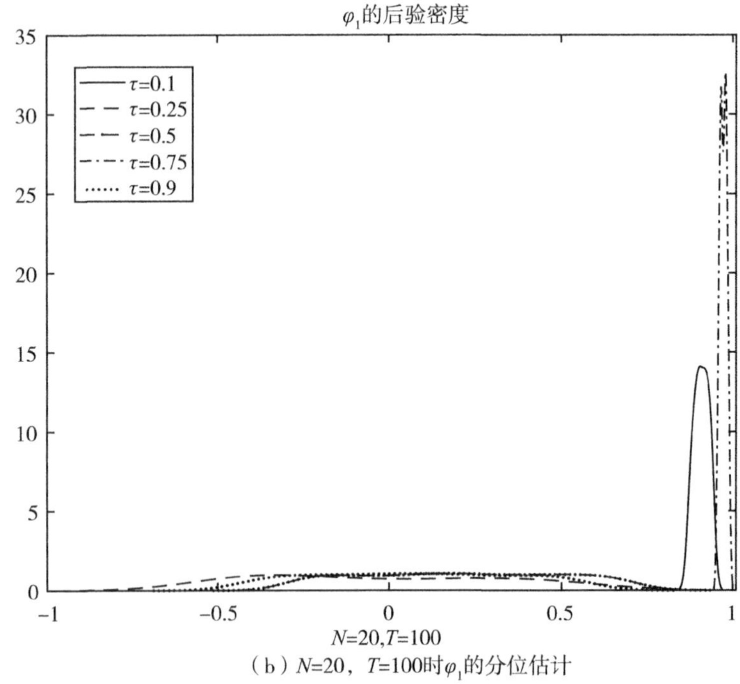

（b）N=20，T=100时φ_1的分位估计

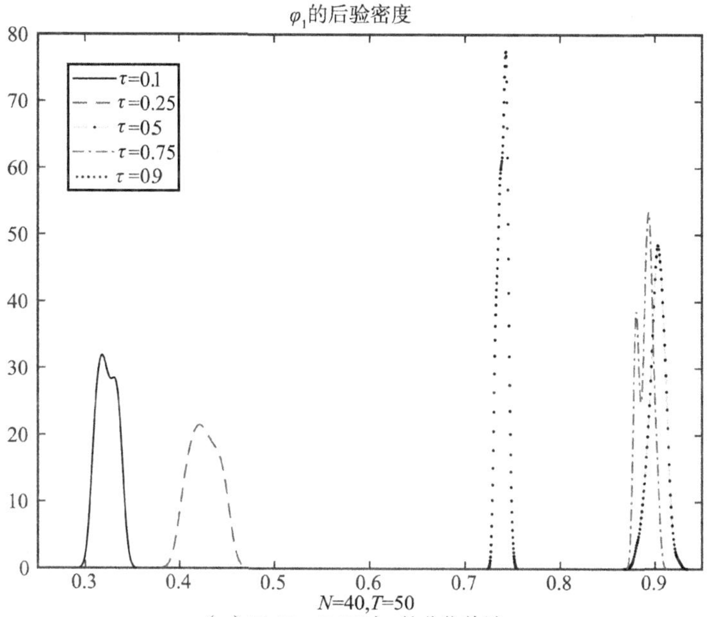

（c）N=40，T=50时φ_1的分位估计

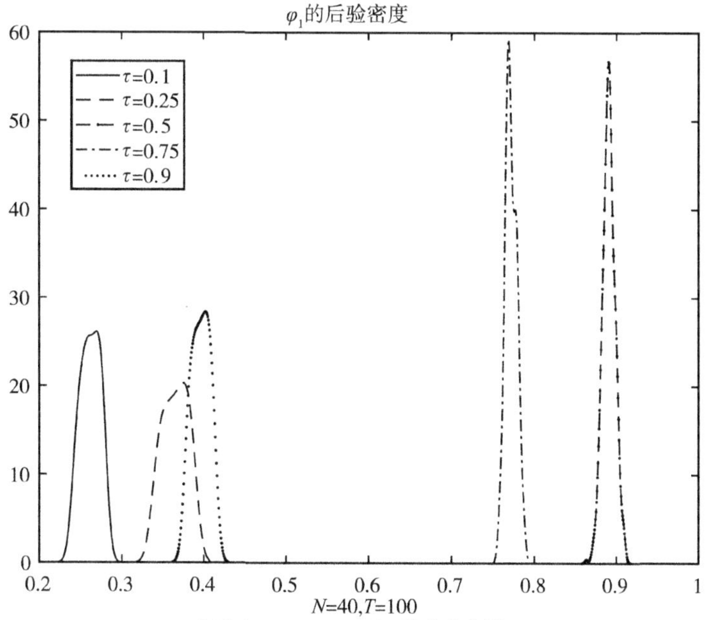

（d）N=40，T=100时φ_1的分位估计

图 5.4　第二类 DGP 情形下参数 φ_1 的后验密度

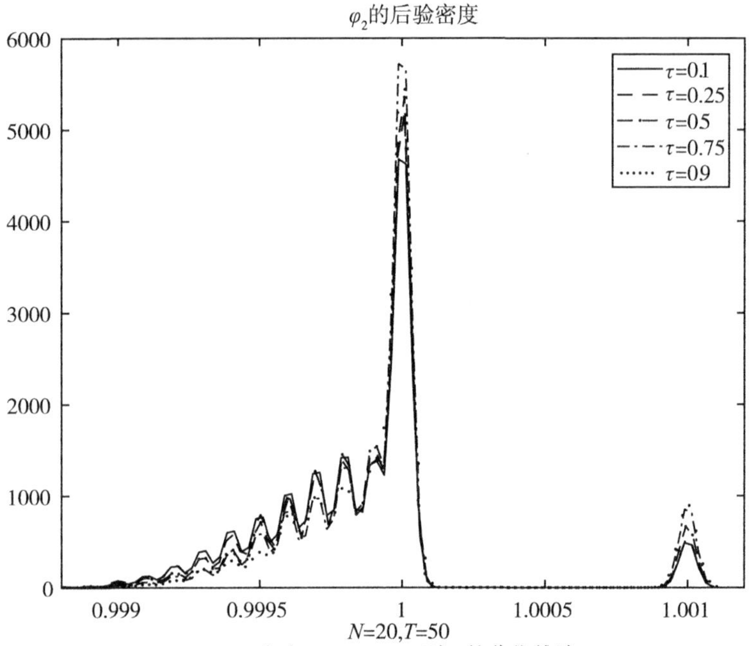

（a）N=20，T=50时φ_2的分位估计

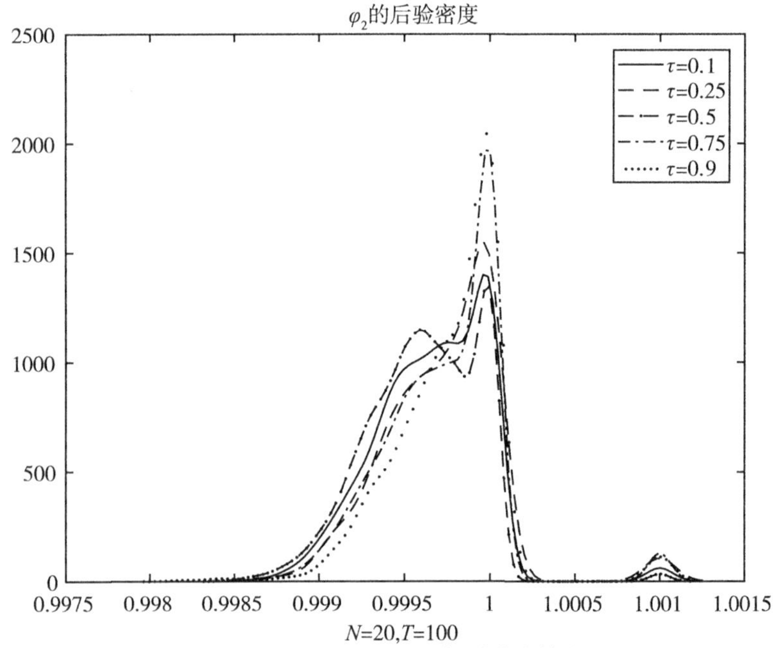

（b）N=20，T=100时φ_2的分位估计

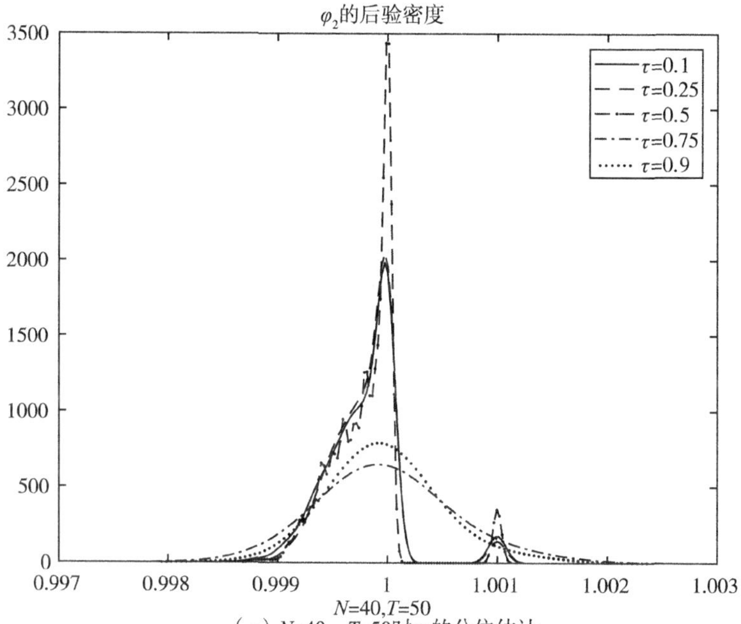

（c）N=40，T=50时φ_2的分位估计

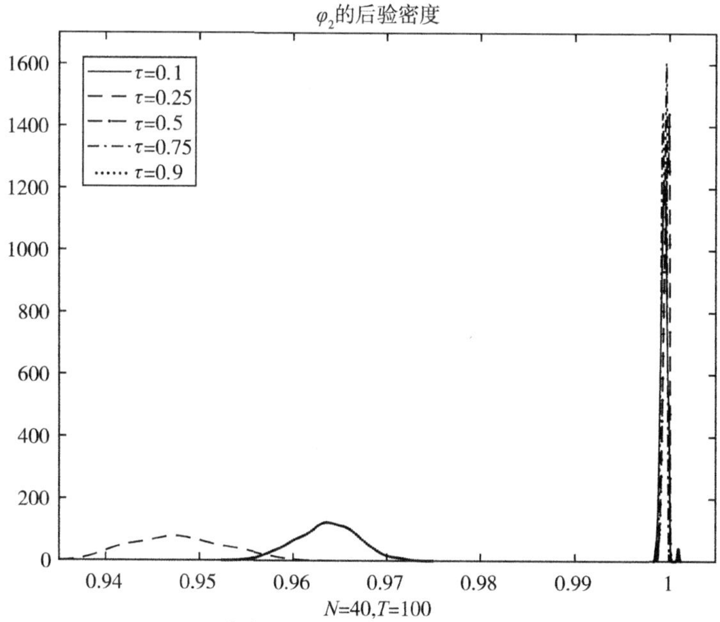

（d）N=40，T=100时φ_2的分位估计

图 5.5　第二类 DGP 情形下参数 φ_2 的后验密度

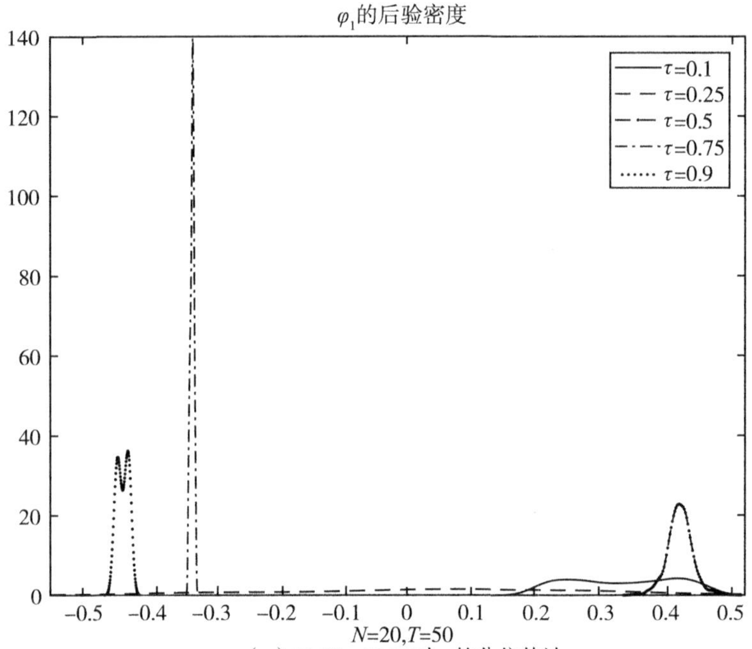

（a）N=20，T=50时φ_1的分位估计

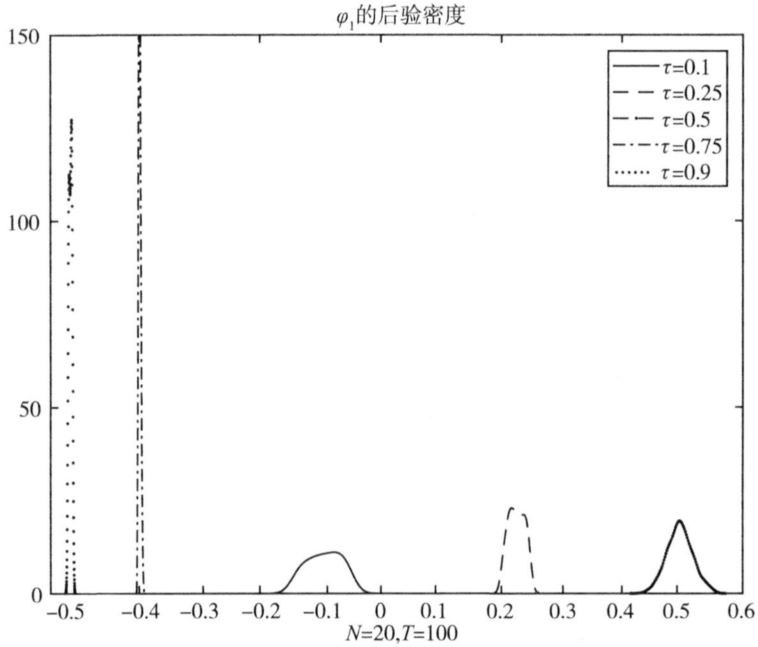

（b）N=20，T=100时φ_1的分位估计

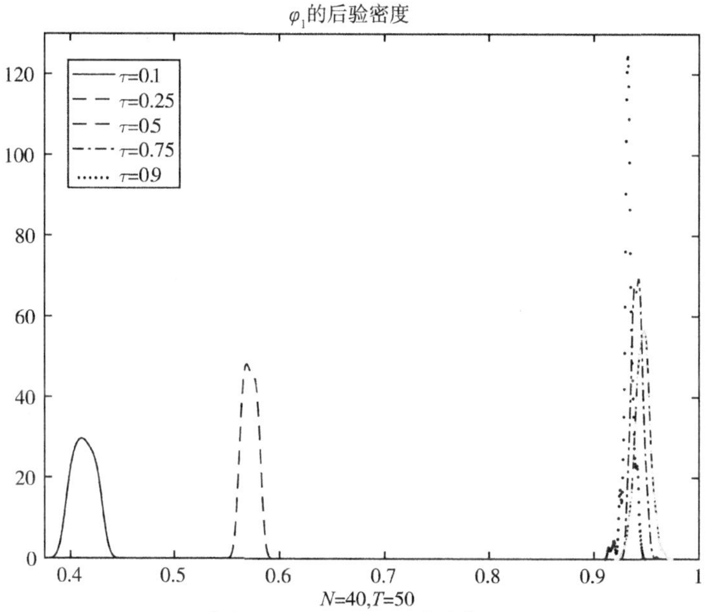

（c）N=40，T=50时φ_1的分位估计

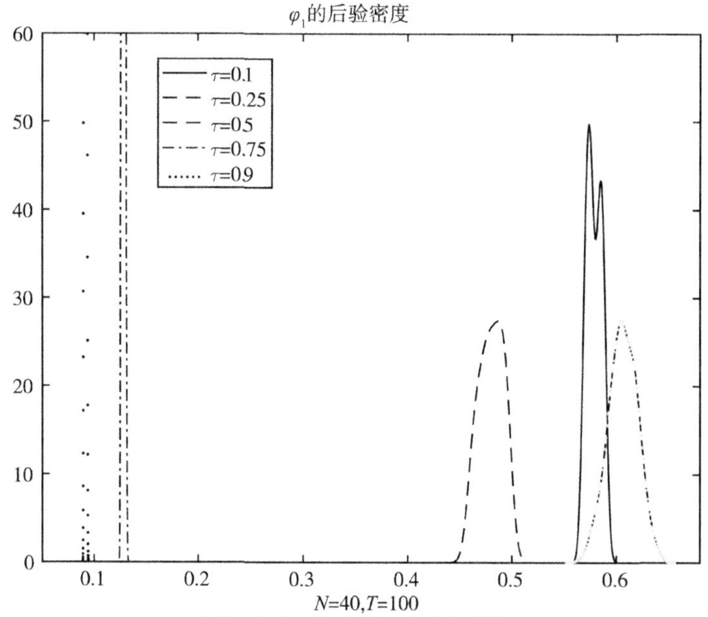

（d）N=40，T=100时φ_1的分位估计

图 5.6　第三类 DGP 情形下参数 φ_1 的后验密度

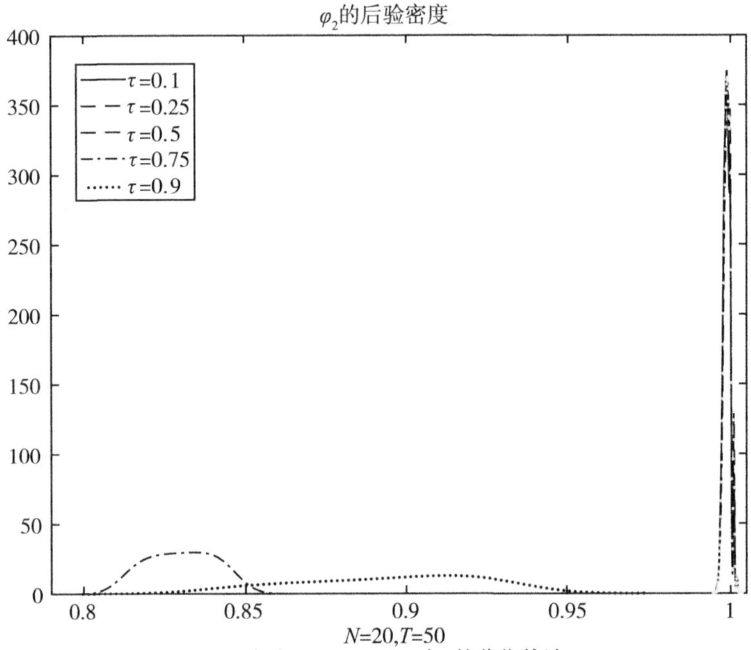

（a）N=20，T=50时φ_2的分位估计

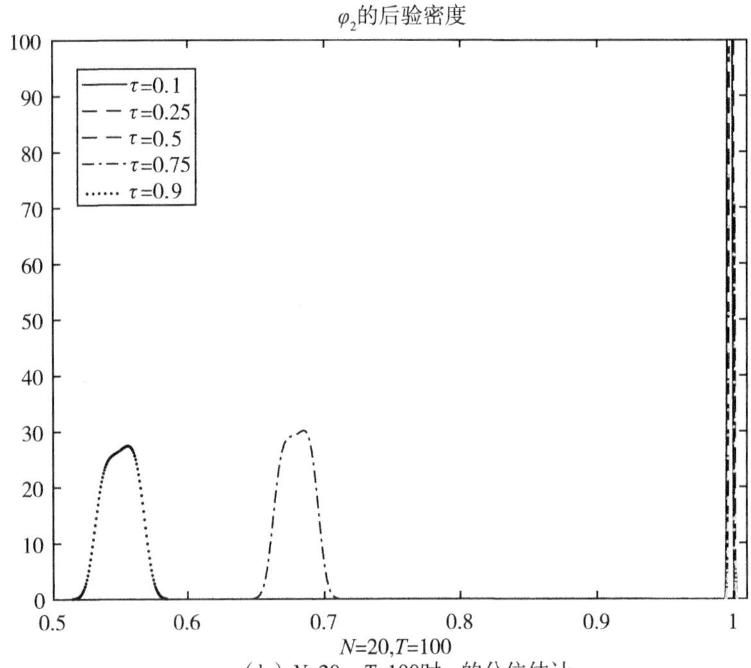

（b）N=20，T=100时φ_2的分位估计

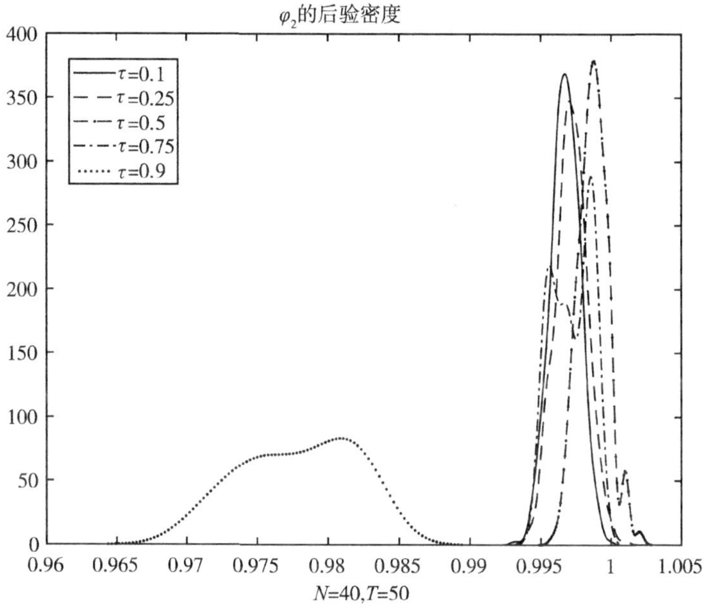

（c）N=40，T=50时φ_2的分位估计

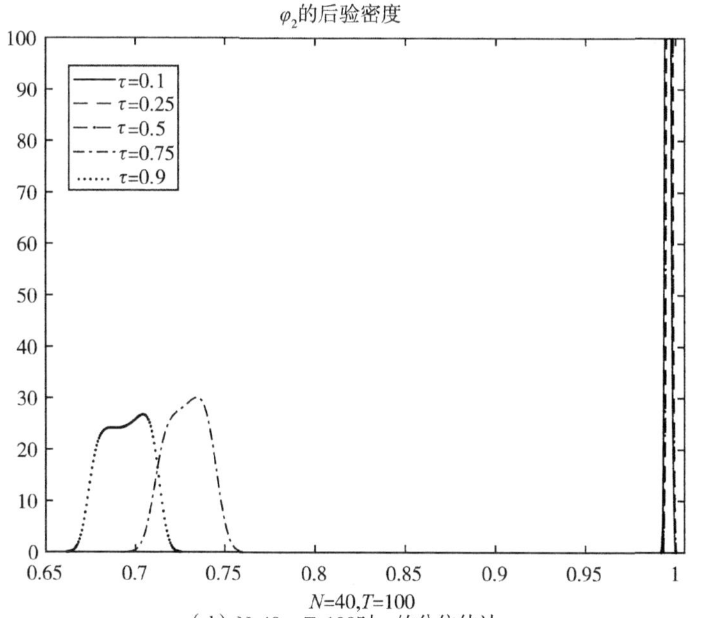

（d）N=40，T=100时φ_2的分位估计

图 5.7　第三类 DGP 情形下参数 φ_2 的后验密度

表 5.1　　贝叶斯分位门限协整的后验概率，$\varphi_1=0.8$，$\varphi_2=1.2$

N	*T*	$\tau=0.1$	$\tau=0.25$	$\tau=0.5$	$\tau=0.75$	$\tau=0.9$
20	50	0.0108	0.0000	0.0098	0.0000	0.0000
	100	0.5651	0.0150	0.3153	0.5771	0.2333
40	50	0.2370	0.2305	0.0000	0.4666	0.6636
	100	0.0430	0.0600	0.5723	0.6630	0.7470

表 5.2　　贝叶斯分位门限协整的后验概率，$\varphi_1=0.9$，$\varphi_2=1.2$

N	T	$\tau=0.1$	$\tau=0.25$	$\tau=0.5$	$\tau=0.75$	$\tau=0.9$
20	50	0.4188	0.4430	0.4670	0.5323	0.5630
	100	0.2380	0.3075	0.1840	0.3285	0.3610
40	50	0.3610	0.3620	0.3850	0.6240	0.6400
	100	0.0640	0.0000	0.2260	0.0000	0.0000

表 5.3　　贝叶斯分位门限协整的后验概率，$\varphi_1=0.5$，$\varphi_2=1$

N	T	$\tau=0.1$	$\tau=0.25$	$\tau=0.5$	$\tau=0.75$	$\tau=0.9$
20	50	0.1330	0.1290	0.1746	0.0000	0.0000
	100	0.0000	0.0053	0.1076	0.0000	0.0000
40	50	0.0010	0.0107	0.1220	0.0000	0.0000
	100	0.0000	0.0000	0.0000	0.0000	0.0000

从表中结果可知，除了 $N=40$，$T=100$ 的情形外，贝叶斯方法一般能以大于 10%的后验概率在某些分位水平下拒绝没有门限协整。例如，$N=20$，$T=100$ 时，贝叶斯方法能在 0.5 分位水平下以 10.76%~31.53%的后验概率支持门限协整；对于 $\varphi_1=0.8$，$\varphi_2=1.2$ 时的生成数据，在 $N=20$，$T=100$ 时，贝叶斯方法在 0.1，0.25，0.75，0.9 分位水平都能以 23.33%~57.71%的后验概率支持门限协整；对于 $\varphi_1=0.9$，$\varphi_2=1.2$ 时的生成数据，在 $N=20$，$T=100$ 时，贝叶斯方法在各个分位水平下都能以

18%~36%的后验概率支持门限协整，即使对于 $\varphi_1 = 0.5$，$\varphi_2 = 1$ 时的生成数据，在 0.5 分位水平支持门限协整的后验概率也有 10.76%；特别地，对于 $\varphi_1 = 0.9$，$\varphi_2 = 1.2$ 时的生成数据，在 $N = 40$，$T = 50$ 时，贝叶斯方法则在各个分位水平下都能以大于 36%的后验概率支持门限协整。因此，贝叶斯分位门限协整方法能够给出全面准确的协整检验结果，从而可以对面板时间序列变量之间的非对称长期关系进行全面有效的刻画。

5.5 本章小结

本章从贝叶斯角度出发，结合分位回归技术，研究了面板数据框架下截面个体相依的门限分位协整问题。传统门限协整检验由于门限模型的似然函数具有多峰、不连续特征，导致冗余参数识别存在困难，最优化计算相对复杂。针对这些问题，提出了贝叶斯分位回归方法，对去除截面相依后的面板门限协整模型进行贝叶斯分位推断，从而得到各个分位协整参数的后验分布。同时，结合相应的 MCMC 抽样算法，获得各个分位协整参数的后验估计并通过计算后验概率以进行各个分位水平下的门限协整检验。最后利用仿真实验验证了贝叶斯分位面板门限协整方法的可行性和有效性，发现贝叶斯分位门限协整比贝叶斯门限协整更能准确地进行协整参数估计和协整检验，同时能够提供各个分位水平下变量之间是否存在非对称协整的全面信息。

第6章 国际原油与股票市场的面板协整研究

作为一种重要的全球性能源，原油对全球经济发展起着不可忽视的作用。随着经济全球化趋势的加剧，国际原油价格的波动牵动着全世界的目光。特别地，自 Hamilton 指出原油价格波动是导致第二次世界大战后美国经济衰退的一个主要原因之后[210]，原油价格和宏观经济之间的联动性识别成为理论界和实务界关注的热点。现有研究主要还只是集中在考察原油价格波动对总需求、通胀、失业率和经济增长等经济行为的影响，而针对国际原油价格与股票市场之间联动性特征的研究还相对较少。

本章主要利用面板数据，分别从传统面板协整和贝叶斯分位面板协整的角度出发，对国际原油与股票市场的联动性关系进行系统性研究，以发现原油价格与股票市场之间的长期与短期关系。本章首先说明了原油价格波动与股票市场的联动性特征，然后探讨原油价格波动与中国各行业股票市场间的动态关系，接着针对跨国股票市场进行研究，最后为本章小结。

6.1 原油价格与股票市场的联动性特征

原油价格的波动是国际经济中关注的一个重要问题，世界上还没有别的商品像原油一样，其价格可以在短期内陡升陡降，这些特征都使得原油早已超越了普通商品的范畴，成为宏观经济研究中不可忽视的一个重要指标。研究原油价格与经济行为间关系的文献众多，而对原油价格与股票市场间关系的研究却相对较少。目前，针对原油价格与股票市场之间的关系，大部分研究主要集中研究原油价格变化和股票价格之间的联系，同时结合其他经济因素，考察原油价格变化对股票市场的影响。但是，不同学者得出了不同的结论，因此，本章将结合现有的研究成果，对原油与股票市场的联动性特征进行进一步的研究。

总体而言，现有的研究结论主要可以归纳为以下四种观点：第一种观点认为原油价格变化和股票市场之间呈显著负向的关系[211-214]，其中，Hammoudeh 和 Li[215]利用日数据，发现原油价格增长与世界资本市场存在负的双向动态关系。Ghouri[216]也指出 WTI 和美国月度股票之间有强负向关系。Miller 和 Ratti[217]结合其他的宏观经济变量，利用协整向量误差修正模型(VECM)分析了世界原油价格和国际股票市场之间的长期关系，认为原油价格与国际股票市场之间具有负向关系。Aloui 和 Jammazi[218]以及 Chen[219]则利用马尔可夫转换模型得到了类似的结果。并且，Basher 和 Sadorsky[220]发现原油价格风险对新兴股票市场收益有很强的影响；而 Hammoudeh 和 Choi[221]以及 Nandha 和 Hammoudeh[222]也发现原油在新兴股票市场中起着重要的作用，当原油价格下跌时股价上涨，而原油价格上涨时则股价下跌。第二种观点认为原油价格变化与股票市场之间的关系是显著正向的。El-Sharif 等[223]指出油价(即原油价格，下同)上涨会导致原油市场和天然气市场的收益增加；Narayan 和 Narayan[224]则发现股价、油价和名义汇率有协整关系，并且油价对越南股价有显著的正向影响。Arouri 和 Rault[225]也指出油价上涨对除了沙特阿拉伯外的其他 GCC 国家的股价有正向的影响。第三种观点认为油价变化对股票市场有显著的影响，但是这种影响是正向的还是负向的依赖于不同的条件。Park 和 Ratti[226]研究表明股票市场受原油价格变化的影响部分依赖于研究的国家是原油进口国还是原油出口国。Cong 等[227]则考察了原油价变化与中国股市的交互作用，发现油价变化和利率的相对重要程度随着中国市场的条件不同而发生变化。第四种观点则认为油价变化与股票市场之间没有明显的关系。Henriques 和 Sadorsky[228]指出油价波动对代用能源公司的股价没有显著的影响。Apergis 和 Miller[229]研究了原油市场波动对多国股票市场的影响，结果也表明国际股票市场收益受原油市场波动的影响很小。

6.2　原油价格波动与中国各行业股价的面板协整分析

现有研究大多数是以国家为对象，特别是英国、美国、欧洲等发达国家，主要考察原油价格波动与各国股票市场之间的联动性特征，只有少量相关研究是针对某一国家的各个行业进行的。并且，目前很少有文献考察原油价格波动与发展中国家或者新兴市场的各行业股票价格之间的关系。本节将利用面板数据构建模型，从行业的角度进一步探讨国际原油价格波动与中国行业股指之间的动态关系。

6.2.1　数据描述与变量定义

由于以前的经济周期研究认为利率对股票市场行为有重要的影响[212,228,230]，因此，本节将把额外的变量——利率作为回归模型中的因素，以便更好地考察实际油价与中国各行业股票价格之间的关系。在此，将利用行业股指作为代表各个行业股票价格的指标。按照中国证监会的行业分类，利用 2001 年 7 月至 2010 年 12 月中国 13 个行业的行业股指数据(数据来源：深交所数据)进行分析，从而得到中国的行业股指面板数据，同时，中国利率和 WTI 油价数据分别来源于中国人民银行网站和 EIA。利率、实际油价和实际股价分别表示为 ir，roil 和 sp，此处，所有变量都取自然对数形式。为了检验变量的平稳性，首先对各变量进行单位根检验。由于油市场和股票市场可能存在结构突变，因此，忽视潜在的变结构特征会导致关于单整阶数的错误结论[231]，在此，本节在研究油价和股票市场的交互作用时考虑潜在的变结构特征。

为了考虑可能的结构突变，利用 Carrion-i-Silvestre 等[232]的面板平稳性检验方法对变量进行平稳性检验，结果如表 6.1 所示，表中分别列出了截面独立假设下变结构平稳性检验和利用 bootstrap 方法的截面相依假设条件下的变结构平稳性检验结果。从表中各统计量数值可以发现，在截面独立

表 6.1　　各序列的变结构平稳性检验结果

变量	LM(λ) 同质性检验				LM(λ)异质性检验			
	统计量	bootstrap 临界值			统计量	bootstrap 临界值		
		10%	5%	1%		10%	5%	1%
sp	1.8680(0.0311)	0.2345	0.5288	1.1711	2.9701(0.0015)	0.8113	1.1684	1.9170
Δsp	2.1079(0.0180)	2.9182	4.0261	7.2950	2.2141(0.0130)	2.9371	4.0373	7.3701
roil	—	−1.8986	−2.3572	−2.9441	—	−1.8452	−2.2811	−2.9030
Δroil	—	−2.0991	−2.5702	−3.1090	—	−2.0761	−2.5193	−3.0951
ir	2.5562(0.0051)	6.5821	8.2743	11.8822	2.6221(0.0041)	6.8990	8.7381	12.5204
Δir	—	−1.9182	−2.3142	−2.8720	—	−1.8692	−2.2619	−2.7889

注：表中括号内数据是截面独立假设条件下平稳性检验的 p 值。

假设下，各行业股价和利率都是在 1% 显著性水平上拒绝平稳性原假设，而在截面相依条件下，各行业股价和油价的同质性检验统计量和异质性检验统计量均在 5% 显著性水平上拒绝，因此，总体可以判断，股价、油价和利率均服从 $I(1)$ 单整过程。

6.2.2　基于面板变结构协整的油价与股票市场关系研究

首先，利用 Westerlund[70] 提出的变结构面板协整检验方法对原油和股票市场间的动态关系进行研究。具体地，基于如下系统方程构建 LM 型面板协整检验模型进行协整检验(其原假设为存在协整关系)：

$$\begin{cases} \mathrm{sp}_{it} = d_{ij} + \beta_{1i}\mathrm{roil}_t + \beta_{2i}\mathrm{ir}_t + u_{it} \\ u_{it} = r_{it} + v_{it} \\ r_{it} = r_{i,\ t-1} + \phi_i v_{it} \end{cases} \tag{6.1}$$

其中，$j = 1, \cdots, m_i + 1$ 表示结构突变点，时间为 T，d_{ij} 是具有 m_i 个结构突变的第 i 个行业的截距项，因此，最多存在 m_i 个这样的突变或者 $m_i + 1$ 个机制，记 $T_{i0} = 1$，$T_{i,\ m_i+1} = T$，则这些突变发生的时间为 $T_{i1}, \cdots, T_{im_i}$。

通过变结构面板协整分析，表 6.2 分别列出了中国各行业股价的突变点个数和发生突变的时间点。从结果可以看出，随着行业不同，其突变点个数和突变时间有所不同，体现了各行业之间突变结构具有异质性特征。农林牧渔、建筑业、社会服务和综合类指数都有 5 个结构突变，制造业、信息技术、批发零售、金融保险和传播文化指数发生了 4 次结构突变，而采掘业、水电煤气和房地产业均只有 3 个结构突变点。

表 6.2　　**变结构面板协整检验结果**

Panel A：突变点个数的估计		
行业	变点个数	发生突变的时间
农林牧渔	5	2002/11，2004/06，2006/09，2008/02，2009/07
采掘业	3	2004/05，2007/01，2009/03

续表

行业	变点个数	发生突变的时间
制造业	4	2002/11，2004/06，2006/11，2009/06
水电煤气	3	2004/09，2006/12，2008/05
建筑业	5	2002/11，2004/05，2006/09，2008/02，2009/07
运输仓储	2	2006/12，2008/05
信息技术	4	2002/11，2004/07，2006/12，2009/06
批发零售	4	2002/11，2004/07，2006/10，2009/06
金融保险	4	2002/11，2004/06，2006/11，2008/04
房地产业	3	2003/06，2006/10，2008/04
社会服务	5	2002/11，2004/04，2006/09，2008/02，2009/07
传播文化	4	2002/11，2005/03，2007/01，2008/06
综合类	5	2003/02，2004/07，2006/09，2008/02，2009/07

Panel B：变结构面板协整

	统计量	bootstrap 临界值		
		10%	5%	1%
$Z_{FM}(m)$	9.755	5.898	9.239	16.319
$Z_{DOLS}(m)$	3.124	5.594	8.916	17.101

但是，运输仓储只在2006年12月和2008年5月发生了结构突变，这可能分别与2006年9月油价的突然下跌和2008年5月12日中国发生的特大地震——汶川大地震有关，因为运输仓储业与原油的消费密不可分，所以油价的突然下跌对运输仓储业的影响是很合理的；而特大地震——汶川大地震给中国人民带来的冲击也是很明显的，汶川大地震级数达到7.8级，导致了数万人的死亡，受到了全球人民的关注，给中国的经济也造成了较大影响。同时，这些行业股票与油价的关系首次发生结构突变一般是在

2002 年 11 月，这可能是由于在此期间中国证券市场正在实施改革。另一个显著的结构突变点是 2008 年 2 月至 2009 年 7 月，这主要是 2008 年全球金融危机所导致的。总体来看，这些结构突变都与全球或者中国的政治、经济等大事件发生时间较为吻合。因此，在分析原油与中国各行业股票价格的关系时考虑结构突变因素是十分重要的。

从表 6.2 中 Panel B 的协整检验结果可知，对于 bootstrap 临界值，基于 FMOLS 估计的 LM 检验统计量不能在 1%显著性水平上拒绝协整原假设，而基于 DOLS 估计的 LM 检验统计量也不能在 10%显著性水平上拒绝协整原假设。因此，可以认为原油价格和中国行业股指之间存在变结构协整关系。

6.2.3　基于贝叶斯分位协整的动态关系研究

上述传统变结构面板协整方法是以存在协整关系为原假设的检验方法，由于传统变结构面板协整模型存在变结构类型难以识别的问题，并且，当模型中存在多个结构突变点时，将会导致模型的估计参数过多。因此，本节将利用贝叶斯方法，构建油价和股价的平滑变结构面板协整回归模型进行贝叶斯分位面板协整研究，以期对原油价格和中国行业股指的动态关系有更加全面深入的分析。其相应的平滑变结构面板协整回归模型为：

$$\begin{cases} \widetilde{\mathrm{sp}}_{it} = \alpha_{ik}\sin(2\pi k_i t/T) + \gamma_{ik}\cos(2\pi k_i t/T) + \beta_{1i}\,\mathrm{roil}_t + \beta_{2i} ir_t + u_{it} \\ u_{it} = \varphi_i u_{i,\ t-1} + \varepsilon_{it} \end{cases} \tag{6.2}$$

进行分位协整研究，以对原油价格和中国各行业股价的动态关系有更加全面的研究，其中，$\widetilde{\mathrm{sp}}$为去掉截面均值后的股价。

对上述平滑变结构面板协整模型进行贝叶斯分位推断，设计相应的 MCMC 算法以得到参数的后验样本。在 MCMC 抽样过程中，总共迭代 10000 次，舍弃前面 5000 次迭代以保证抽样的收敛性，然后用后面 5000 次迭代获得的样本来估计平滑变结构分位协整模型的参数。图 6.1 给出了

参数 φ 的后验分布密度函数图。

从图 6.1 可以看出，除了 0.5 分位水平外，模型参数 φ 在各分位水平 $\tau=0.1$，$\tau=0.25$，$\tau=0.75$ 以及 $\tau=0.9$ 下的后验估计基本为 0.71，并且参数的后验分布呈钟形且比较光滑，因此不仅直观地给出了参数 φ 的后验分布和 HPDI，而且也说明 MCMC 仿真的效果比较好。表 6.3 列出了主要分位水平下的贝叶斯分位协整结果。

表 6.3　　**贝叶斯分位平滑变结构协整结果**

分位数	标准差	MC 误差	φ 的后验均值	φ 的后验中位数	HPDI	$\varphi<1$ 的后验概率
0.10	0.0136	0.0014	0.7110	0.7116	(0.6811，0.7362)	1.0000
0.25	0.0153	0.0015	0.7102	0.7108	(0.6803，0.7388)	1.0000
0.50	0.0168	0.0002	0.9960	0.9959	(0.9627，1.0290)	0.6020
0.75	0.0147	0.0011	0.7096	0.7101	(0.6813，0.7365)	1.0000
0.90	0.0152	0.0020	0.7113	0.7122	(0.6782，0.7395)	1.0000

从表 6.3 可以看出，MC 误差都比较小，并且明显都比标准差小很多，从而说明了 MCMC 抽样算法的收敛性和有效性，进而保证了后验估计的准确性。同时，除了 0.5 分位水平外，各分位水平下参数 φ 的后验均值和后验中位数都在 0.71 左右，并且 HPDI 也基本重合，说明了贝叶斯分位方法能够全面有效地对模型参数进行估计。特别地，在 0.5 分位水平下存在平滑变结构协整的后验概率为 0.6020，而在其他分位水平下存在平滑变结构协整的后验概率均为 1。因此，可以认为国际原油价格与中国各行业股票价格之间存在平滑变结构协整关系，即国际原油价格与中国各个行业的股票价格之间存在具有结构变化的长期均衡关系，从而也再次验证了传统面板变结构协整的检验结果。

6.2.4　实证结果比较

利用传统面板变结构协整方法，发现国际原油价格与中国的行业股指

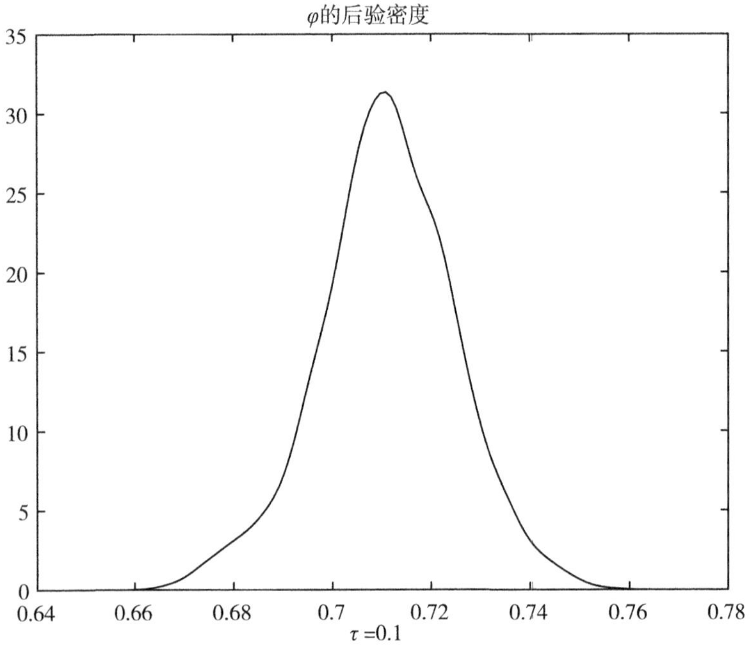

（a）0.1分位水平下参数φ的后验估计

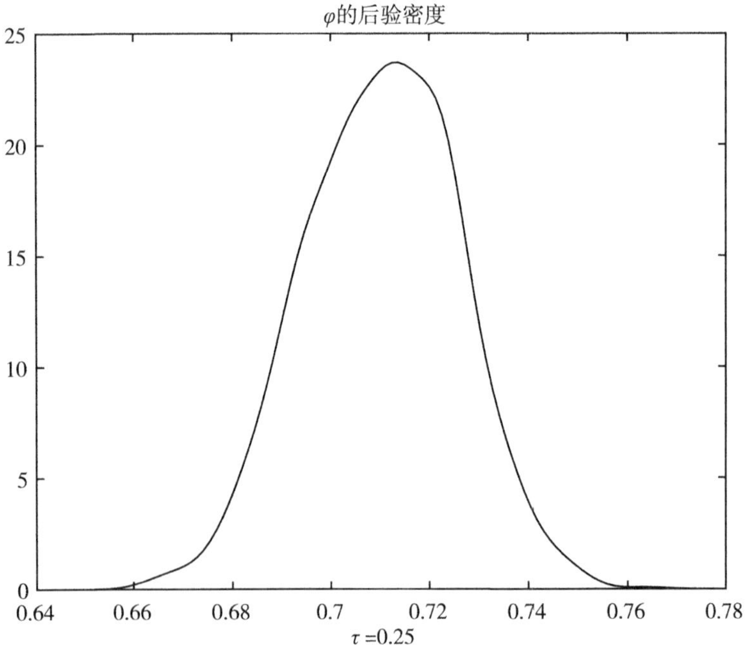

（b）0.25分位水平下参数φ的后验估计

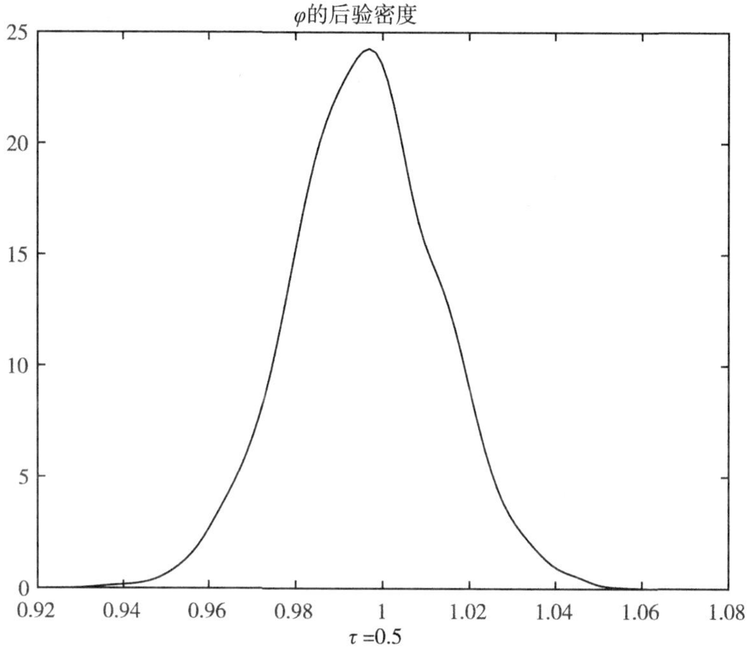

（c）0.5分位水平下参数φ的后验估计

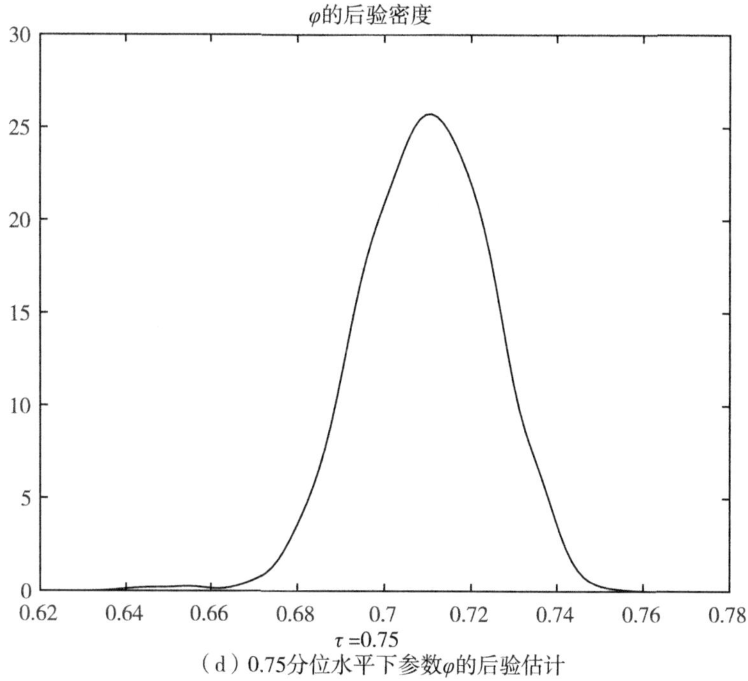

（d）0.75分位水平下参数φ的后验估计

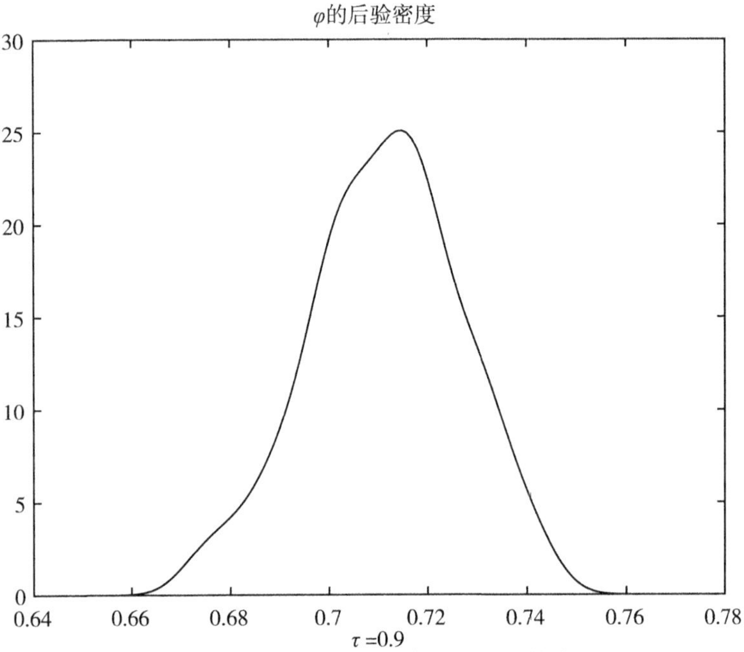

（d）0.9分位水平下参数φ的后验估计

图 6.1　分位协整模型参数 φ 的后验密度

之间存在变结构的协整关系，并且几乎所有行业都会发生 3 至 5 次结构突变。为了避免突变点过多而导致的待估参数过多的问题，这里利用面板平滑变结构协整模型进行贝叶斯分位研究，考察各个分位水平下的变结构协整情况，发现除了在 0.5 分位水平下是以 0.602 的后验概率支持变结构协整外，其他分位水平下具有变结构协整的后验概率均为 1，说明国际原油价格与中国各行业股票价格之间确实存在变结构协整关系。并且，参数 φ 的后验估计在各个分位水平下趋于一致，没有表现出非对称性，表明了贝叶斯分位协整检验的可靠性。相对而言，贝叶斯分位协整验证了传统面板变结构协整的结果，同时，给出了更加全面的协整关系信息，并且避免了要确定变结构类型的难题，可以比较容易地进行参数估计和协整检验。总体来看，可以认为原油价格与中国各行业股指之间确实存在着变结构协整关系，即存在着一种具有结构变化的长期均衡关系。

6.3 原油价格波动与跨国股票市场的面板协整分析

关于原油价格与股票市场关系的现有研究主要是假设变量间的关系是线性的，并且假设向长期均衡的调整是对称的。但是，现实中大多数宏观经济、金融变量都表现出非对称特征，如果忽略变量间的非对称调整，则可能会导致推断有偏，甚至得出错误的结论。同时，对于投资者和管理者而言，研究这些经济和金融变量内在的非对称行为是很有意义的，诸如非对称调整什么时候发生，以及以怎样的速度发生这样的信息将为投资者进行投资，以及企业管理决策提供重要的参考依据。因此，本节将利用面板数据，结合门限协整模型和贝叶斯分位门限协整模型来全面考察原油价格与多国股票市场之间长期关系。

6.3.1 样本选取及单位根检验

根据 Fama 假说[233]，在股票市场行为的分析中，经济活动和通胀指标均会起作用，因此，在国际经济背景下有必要考虑利率和工业产值的影响，以便更准确地刻画原油价格对股票市场的影响。在本节中，记 ip 为工业产值，其他变量的表示与 6.2 节一致，同时，利用实际经济变量(而不是名义变量)的水平数据进行分析，所有变量都取自然对数形式。特别地，选取的样本为 14 个国家的面板数据：美国、英国、墨西哥、挪威、瑞典、波兰、土耳其、巴西、印度、智利、中国、以色列、斯洛文尼亚以及南非。利用 1995 年 1 月至 2009 年 12 月的实际股价，以及 WTI 油价、工业产值和短期利率数据进行分析。为了检验变量的平稳性，首先对其进行单位根检验。考虑到可能的截面相依特征，在此，应用 Bai 和 Ng[196] 以及 Pesaran[234] 的面板单位根检验，结果如表 6.4 所示。

表 6.4　　面板单位根检验结果

变量	BN Z 统计量		BN P 统计量		Pesaran CIPS 统计量	
	水平	差分	水平	差分	水平	差分
所有国家						
ip	-2.9739	3.2686***	5.7455	52.46***	-1.7196	-7.1646***
ir	0.0927	4.1633***	28.694	59.155***	-2.6271	-6.1384***
sp	-1.7201	5.9786***	15.129	72.74***	-1.986	-9.7949***
WTI	0.0726	7.6804***	28.543	85.475***	-2.4413	-10.027***
除挪威外的其他国家						
ip	-2.4379	3.203***	8.4198	49.097***	-1.6485	-6.9818***
r	-0.8015	7.942***	20.221	83.271***	-2.5088	-6.2979***
sp	-0.3255	5.7662***	23.653	67.581***	-1.882	-9.6024***
WTI	0.3918	8.6021***	28.825	88.031***	-2.1132	-10.295***

注：表中 *** 表示在 1%显著性水平上显著。

由于挪威是石油出口国，而别的国家是石油进口国，所以分别按包含挪威的面板数据和不包含挪威的面板数据进行分析，以验证结果的稳健性。从表 6.4 中的结果可知，水平变量不能在 1%显著性水平上拒绝单位根原假设，但是一阶差分变量却在 1%显著性水平上拒绝单位根原假设。因此，可以认为，原油价格、实际股价、利率和工业产值都服从 $I(1)$ 单整过程，可以接着进行面板协整检验。

6.3.2　面板门限协整与贝叶斯分位协整检验

为了确定实际股价和原油价格之间是否存在非对称长期关系，首先利用面板门限协整进行协整检验。在此，考虑如下长期模型：

$$\mathrm{sp}_{it} = d_{ij} + \beta_1 \mathrm{roil}_{it} + \beta_2 \mathrm{ir}_{it} + \beta_3 \mathrm{ip}_{it} + u_{it} \tag{6.3}$$

首先估计模型(6.3)得到回归残差，然后对回归残差基于 TAR 和 MTAR 模型进行 Caner 和 Hansen[111] 单位根检验。类似于 Maddala 和 Wu[235] 以及 Choi[236] 的面板检验统计量，令 p_i 为第 i 个国家 Caner 和 Hansen 检验的 p 值，则可以构造 Caner 和 Hansen 检验对应的 Fisher 型面板统计量

$$P^{CHMW} = -2\sum_{i=1}^{N}\log(p_i) \tag{6.4}$$

$$Z^{CHC} = (1/\sqrt{N})\sum_{i=1}^{N}\Phi^{-1}(p_i) \tag{6.5}$$

同时，考虑到面板数据中可能的截面相依性，利用 bootstrap 方法估计统计量的 bootstrap 分布。表 6.5 和表 6.6 分别列出了包含挪威和不包含挪威时的面板门限协整检验结果。表 6.5 和表 6.6 中的前两行是关于门限效应的 Wald 检验结果，后面的行是关于门限协整的检验结果。从 TAR 门限协整模型和 MTAR 模型的结果可以看出，基于 MTAR 模型的结果不受统计量设置的影响，其相应的 MW 型统计量和 Choi 型统计量基本都是在 5%显著性水平上显著的；而基于 TAR 模型的 MW 型统计量在 10%显著性水平上都不显著，但是，其相应的 Choi 型统计量在 1%显著性水平上却是显著的。因此，可以认为基于 MTAR 模型的检验结果比基于 TAR 模型的检验结果更加稳健，所以，下面的研究将主要在 MTAR 模型基础上进行。

并且，从表 6.5 和表 6.6 的结果可见，面板 MTAR 模型在 1%显著性水平上拒绝没有门限效应和没有协整原假设，因此，可以认为原油价格和股票市场之间存在门限协整关系。同时，表 6.5 和表 6.6 的结果都表明原油价格与股票市场之间存在门限协整，说明研究样本中是否包含挪威并不影响非对称协整的结果，作为其中唯一的一个纯石油出口国，挪威没有对整个面板中原油价格与股票市场之间的非对称关系判断造成影响。门限协整的存在表明在油价变化到股票市场的传递中有非对称性，从而，像长期均衡的调整是非对称的，这意味着相对于长期均衡的正偏离和负偏离将不会以相同的速度得到纠正。

表 6.5　**面板门限协整检验**

	TAR 模型		MTAR 模型	
	MW 型检验统计量	Choi 型检验统计量	MW 型检验统计量	Choi 型检验统计量
		门限效应检验		
W 统计量（在单位根原假设下）	35.4604(0.1590)	−4.0419(0.0000)***	66.0662(0.0000)***	−9.1962(0.0000)***
W 统计量（在平稳备择假设下）	36.2611(0.1376)	−4.2077(0.0000)***	68.8172(0.0000)***	−9.5773(0.0000)***
		协整检验		
R_{1T}（门限未知）	30.0893(0.3608)	−2.8561(0.0021)***	76.7491(0.0000)***	−10.6262(0.0000)***
R_{1T}（门限已知）	28.5658(0.4351)	−2.4995(0.0062)***	82.0435(0.0000)***	−11.2898(0.0000)***
t_1 统计量	82.5679(0.0000)***	−11.3541(0.0000)***	95.0579(0.0000)***	−12.8177(0.0009)***
t_2 统计量	33.80842(0.2075)	−3.6918(0.0001)***	44.7643(0.0244)**	−5.8377(0.0000)***

注：表中括号内是 Bootstrap 的 p 值，**，*** 分别表示在 5%和 1%显著性水平上显著。

表 6.6 除挪威以外的面板门限协整检验

	TAR 模型		MTAR 模型	
	MW 型检验统计量	Choi 型检验统计量	MW 型检验统计量	Choi 型检验统计量
门限效应检验				
W 统计量（在单位根原假设下）	26. 5745(0. 4325)	-2. 3328(0. 0098)***	52. 8840(0. 0014)***	-7. 2967(0. 0000)***
W 统计量（在平稳备择假设下）	28. 6864(0. 3260)	-2. 8278(0. 0023)***	50. 9588(0. 0025)***	-6. 9969(0. 0000)***
协整检验				
R_{1T}（门限未知）	29. 3374(0. 2961)	-2. 9754(0. 0015)***	63. 1105(0. 0000)***	-8. 7846(0. 0000)***
R_{1T}（门限已知）	27. 9032(0. 3643)	-2. 6471(0. 0041)***	61. 6055(0. 0001)***	-8. 5755(0. 0000)***
t_1 统计量	65. 6182(0. 0000)***	-9. 1261(0. 0000)***	85. 9089(0. 0000)***	-11. 6348(0. 0000)***
t_2 统计量	33. 5239(0. 1476)	-3. 8769(0. 0000)***	31. 5874(0. 2116)	-3. 4697(0. 0003)***

注：表中括号内是 Bootstrap 的 p 值，*** 表示在 1%显著性水平上显著。

鉴于传统检验方法的一些缺陷，为了对油价变化和股票市场的非对称协整关系进行更全面可靠的分析，下面接着结合模型(6.3)和 MTAR 形式的门限误差修正模型 $u_{it} = \varphi_1 u_{i,\ t-1} I_{\{\Delta u_{i,\ t-d} < \lambda\}} + \varphi_2 u_{i,\ t-1} I_{\{\Delta u_{i,\ t-d} \geqslant \lambda\}} + \varepsilon_{it}$ 进行贝叶斯分位回归推断，从而进行基于贝叶斯分位回归的面板门限协整研究。

为了对油价变化和 14 个国家的股票市场数据进行贝叶斯分位面板门限协整分析，首先设计与面板门限协整模型相应的 MCMC 算法，通过 MCMC 仿真总共迭代 10000 次，得到模型参数的后验抽样，舍弃初始 5000 次迭代以保证 MCMC 抽样能够收敛到目标分布，然后用舍弃初始抽样后的 5000 次迭代获得的样本来估计面板分位门限协整模型的参数。图 6.2 给出了门限模型参数 φ_1 和 φ_2 的后验分布密度函数图，而表 6.7 和表 6.8 则列出了主要分位水平下的贝叶斯分位门限协整结果。

从图 6.2 可以看出，两个不同机制下参数 φ_1 和 φ_2 的后验估计不同，参数的后验分布一般都呈钟形且比较光滑，因此不仅直观地给出了参数 φ_1 和 φ_2 的后验分布和 HPDI，而且也说明 MCMC 仿真效果比较好。

表 6.7　**贝叶斯分位门限协整的标准差**

分位数	第一机制参数 φ_1		第二机制参数 φ_2	
	标准差	MC 误差	标准差	MC 误差
0.10	0.0258	0.0004	0.0006	0.0000
0.25	0.0259	0.0004	0.0007	0.0000
0.50	0.0215	0.0003	0.0011	0.0000
0.75	0.0254	0.0003	0.0006	0.0000
0.90	0.0261	0.0004	0.0006	0.0000

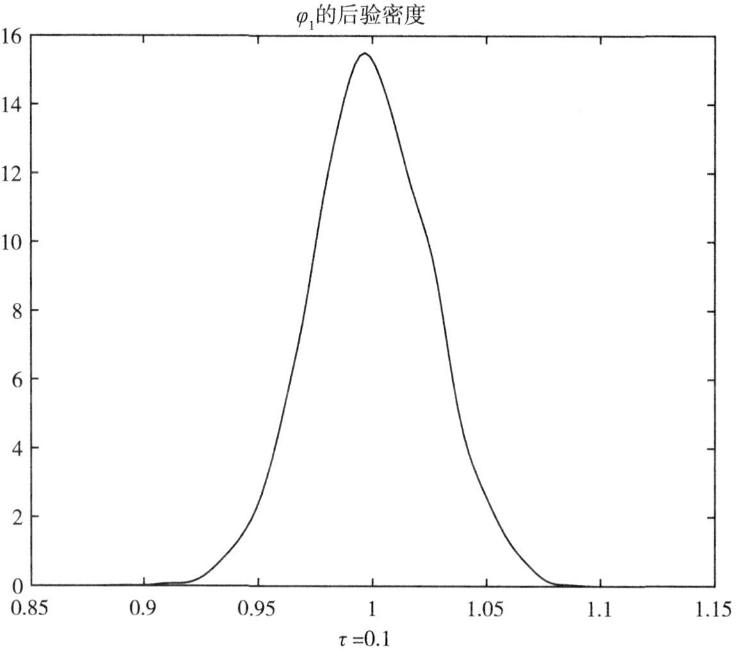

（a）0.1分位水平下参数φ_1的后验估计

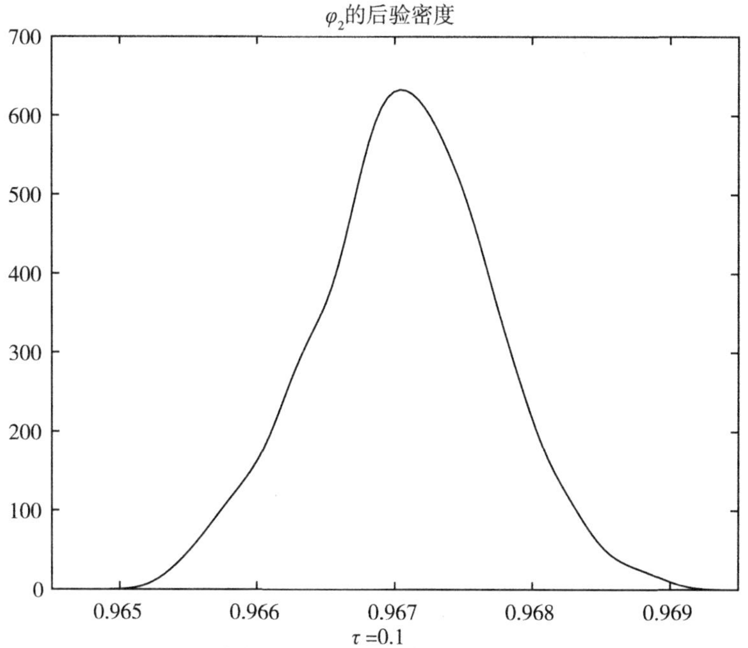

（b）0.1分位水平下参数φ_2的后验估计

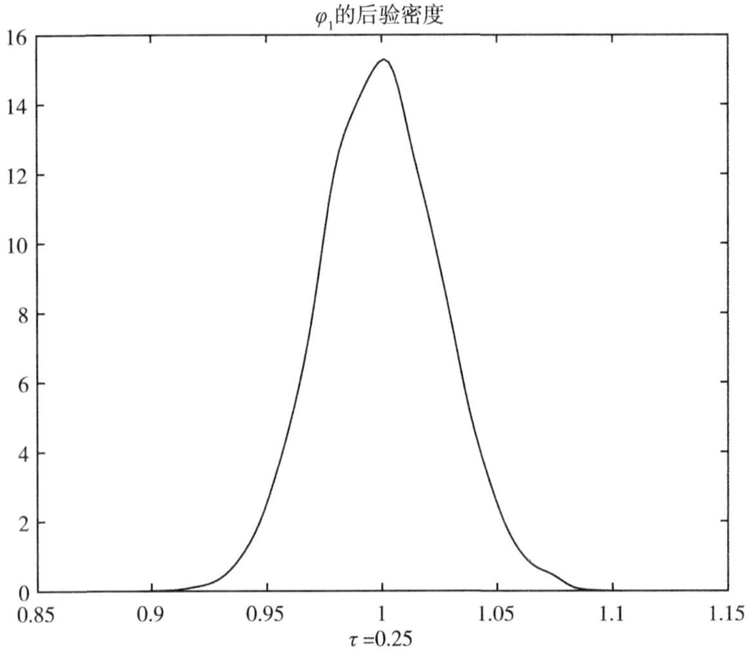

（c）0.25分位水平下参数φ_1的后验估计

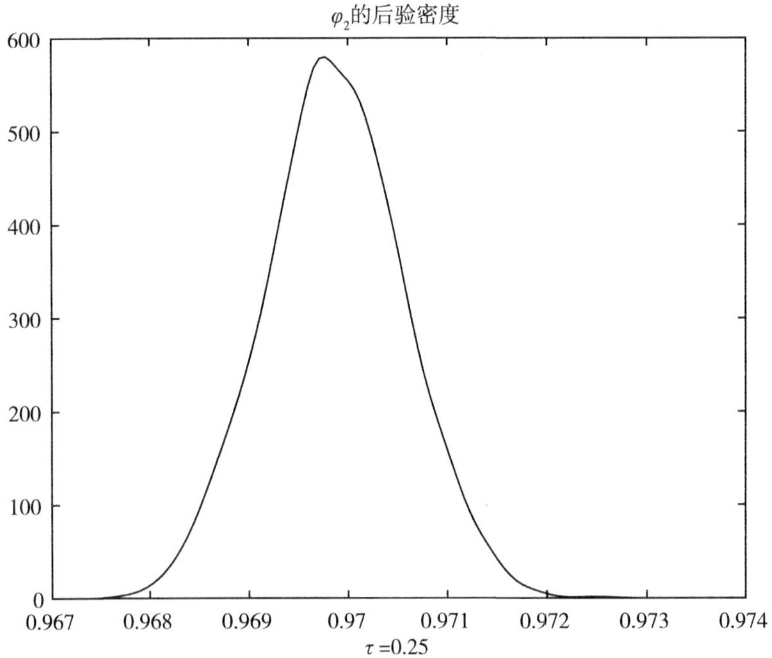

（d）0.25分位水平下参数φ_2的后验估计

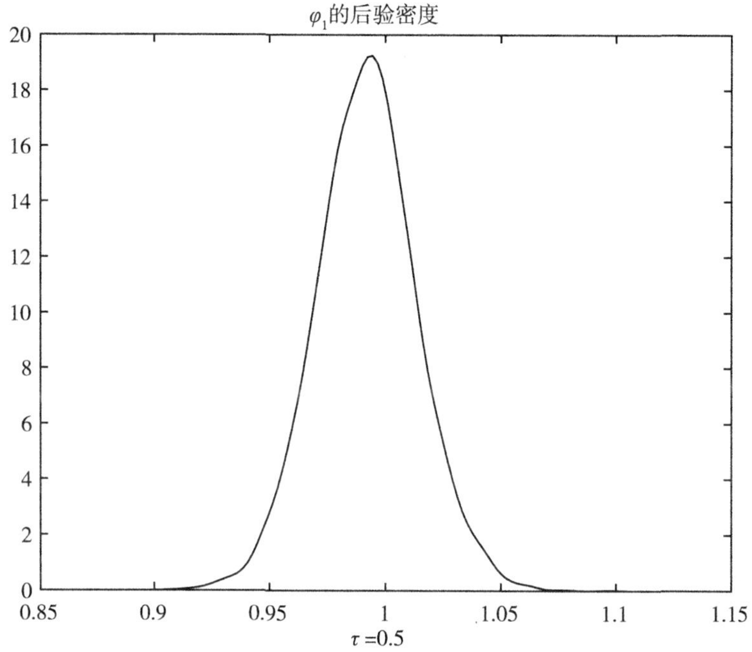

（e）0.5分位水平下参数φ_1的后验估计

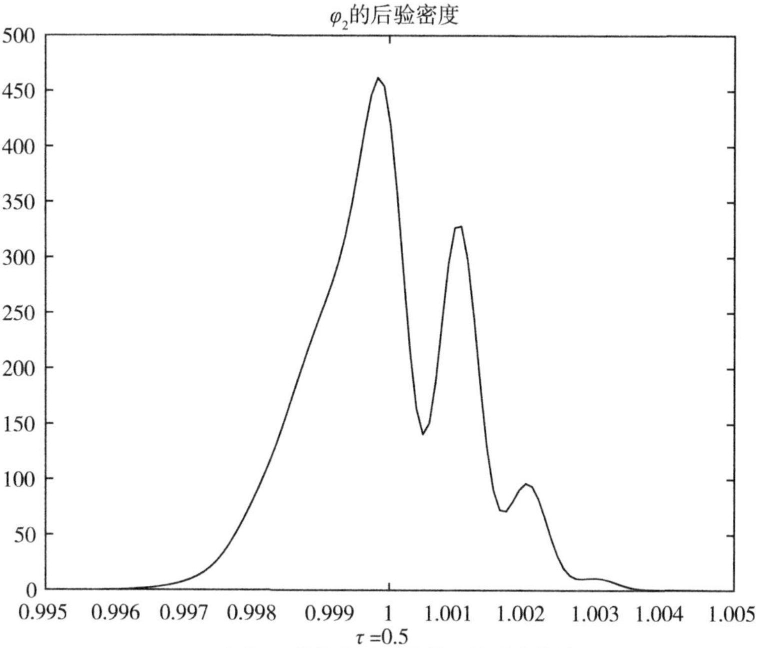

（f）0.5分位水平下参数φ_2的后验估计

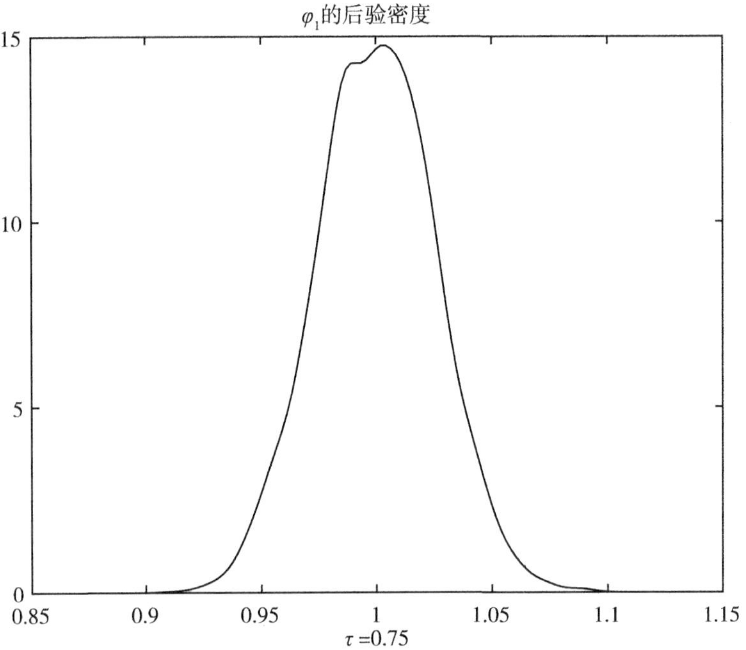

（g）0.75分位水平下参数φ_1的后验估计

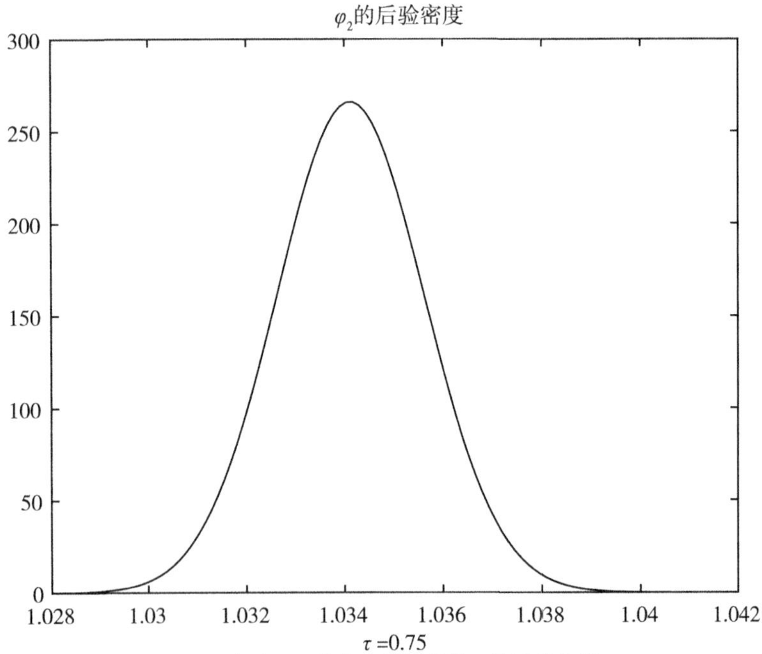

（h）0.75分位水平下参数φ_2的后验估计

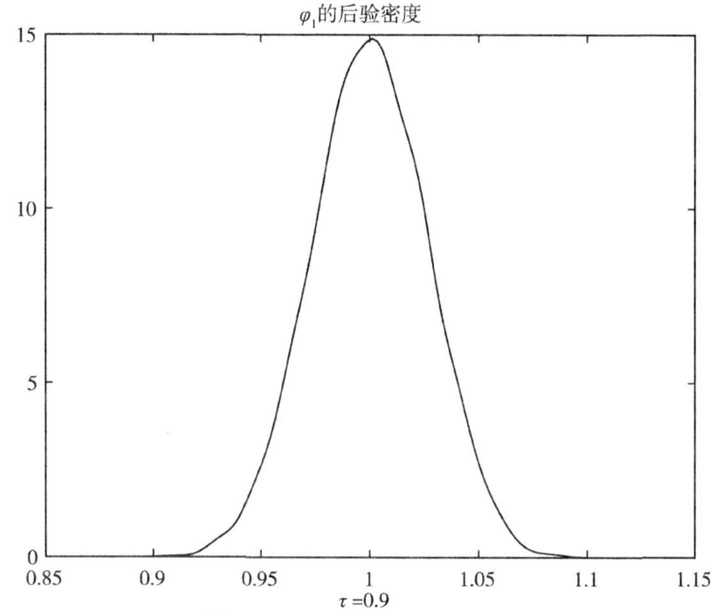

（i）0.9分位水平下参数φ_1的后验估计

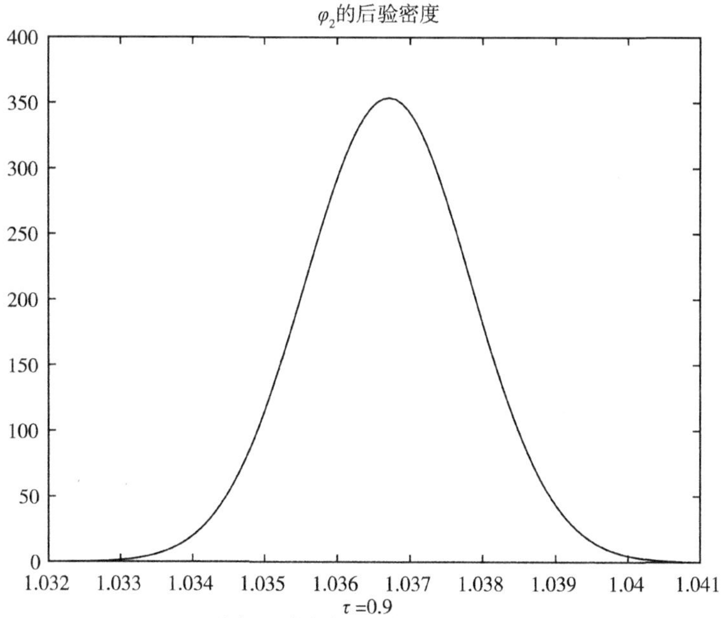

（j）0.9分位水平下参数φ_2的后验估计

图 6.2　分位门限协整模型参数 φ 的后验密度

表 6.8　　　　　　　　　**贝叶斯分位门限协整结果**

参数	后验均值	后验中位数	HPDI	$Pr(\varphi_1 \geq 1 \mid Data)$	$Pr(\varphi_2 < 1 \mid Data)$
$\varphi_1(0.10)$	0.9997	0.9991	(0.9488, 1.0510)	0.4856	1.0000
$\varphi_2(0.10)$	0.9671	0.9671	(0.9658, 0.9683)		
$\varphi_1(0.25)$	0.9998	0.9996	(0.9505, 1.0520)	0.4924	1.0000
$\varphi_2(0.25)$	0.9699	0.9699	(0.9685, 0.9712)		
$\varphi_1(0.50)$	0.9920	0.9920	(0.9498, 1.0360)	0.6560	0.5066
$\varphi_2(0.50)$	1.0000	1.0000	(0.9980, 1.0021)		
$\varphi_1(0.75)$	1.0000	1.0000	(0.9505, 1.0490)	0.5046	0.0000
$\varphi_2(0.75)$	1.0340	1.0340	(1.0330, 1.0350)		
$\varphi_1(0.90)$	1.0000	1.0000	(0.9484, 1.0501)	0.5068	0.0000
$\varphi_2(0.90)$	1.0370	1.0370	(1.0360, 1.0380)		

由表 6.7 可以看出，各个分位水平下参数 φ_1 和 φ_2 的后验抽样的 MC 误差都比较小，明显都小于标准差，从而说明了 MCMC 抽样算法的收敛性和有效性，保证了后验估计的准确性。表 6.8 的结果则表明，参数各个分位水平下的后验估计存在局部持续性的特点；并且，从后验概率可以判断，在 0.1，0.25 低分位水平下，变量之间以 49%左右的后验概率支持门限协整，并且变量之间是在第二机制存在协整，在中位数水平下不能认为变量之间存在门限协整，而在 0.75，0.9 高分位水平下，变量之间在第二机制不存在协整关系，在第一机制分别以 49.54%和 49.32%的后验概率支持协整。

因此，总体可以认为，原油价格与股票市场之间存在门限协整关系，具体而言，原油价格与股票市场之间在中位数水平下不存在门限协整关系，而在低分位水平和高分位水平下都存在门限协整关系，不同的是，在低分位水平下是第二机制中存在协整，而在高分位水平下是第一机制中存在协整关系。这些不仅进一步验证了传统门限协整方法的结论，同时也更加全面地描述了国际原油价格与股票市场之间的门限协整关系，体现了面板时间序列变量之间的非对称关系特征。

6.3.3 非线性 Granger 因果检验

如果变量之间有协整关系，则可以用面板 VECM 来检验变量之间的 Granger 因果关系；而如果变量之间有门限协整关系，则应当用门限 VECM 来考察对于变量之间长期均衡的非对称调整。门限 VECM 是将 VECM 中的一阶滞后估计残差项 $\hat{u}_{i,\ t-1}$ 替换为 $\varphi_1\hat{u}_{i,\ t-1}I_{\{u_{i,\ t-1}<\lambda\}}+\varphi_2\hat{u}_{i,\ t-1}I_{\{u_{i,\ t-1}\geqslant\lambda\}}$ 或者 $\varphi_1\hat{u}_{i,\ t-1}I_{\{\Delta u_{i,\ t-1}<\lambda\}}+\varphi_2\hat{u}_{i,\ t-1}I_{\{\Delta u_{i,\ t-1}\geqslant\lambda\}}$，前者为 TAR 形式的门限 VECM，后者则为 MTAR 形式的门限 VECM。由于原油价格和股票市场之间有 MTAR 形式的门限协整，所以下面利用 MTAR 形式的双机制 TVECM 考察原油价格和股票市场之间的非线性 Granger 因果关系。表 6.9 列出了整个面板的非对称 Granger 因果关系，而表 6.10 则列出了除挪威外的其他样本国家的非对称 Granger 因果关系。

对比表 6.9 和表 6.10 的结果可以发现，表 6.10 的结果与 6.9 基本类似，说明在整个样本面板中包含石油出口国挪威并不影响非对称 Granger 因果关系的结果分析。同时，从表 6.9 和表 6.10 中可知，在第一机制和第二机制都存在从油价、利率和工业产值到股票市场的长期关系，也存在从股票市场、利率、工业产值到油价的长期关系，并且，油价、利率、股票市场和工业产值之间在两个机制中都有长期 Granger 因果关系。但是，在两个机制中，向均衡的调整速度是不同的，这也表明了存在非对称调整。对于股价和原油价格，在偏离发生负的改变时对均衡的调整速度比在偏离发生正的改变时要更快，这就说明当偏离在缩小时，股票和原油的价格传递速度会变得更快。此外，从短期来看，当偏离发生正的改变时，从原油价格到股票价格以及从股票价格到原油价格都有显著的 Granger 因果；而当偏离发生负的改变时，却只有从股票价格到原油价格的短期 Granger 因果，没有从原油价格到股票价格的短期 Granger 因果。

表 6.9　**面板门限 Granger 因果检验**

因变量	第一机制					第二机制				
	短期关系				长期关系	短期关系				长期关系
	Δsp	Δir	Δip	Δroil	ECM	Δsp	Δir	Δip	Δroil	ECM
Δsp	–	0. 1287 (0. 1811)	−0. 2304*** (0. 0737)	−0. 1003** (0. 0429)	−0. 5421*** (0. 0561)	–	−0. 2491 (0. 2151)	−0. 1674 (0. 1098)	−0. 0488 (0. 0584)	−0. 6364*** (0. 0638)
Δir	−0. 0735*** (0. 0270)	–	0. 0819*** (0. 0255)	0. 0372*** (0. 0137)	−0. 0167 (0. 0198)	0. 0133 (0. 0257)	–	−0. 0199 (0. 0346)	−0. 0408** (0. 0178)	0. 0005 (0. 0201)
Δip	−0. 1028* (0. 0619)	−0. 1679 (0. 1446)	–	0. 0293 (0. 0316)	0. 1239*** (0. 0454)	−0. 0979** (0. 0484)	−0. 2810** (0. 1267)	–	0. 0712** (0. 0333)	0. 0875** (0. 0377)
Δroil	−0. 4201*** (0. 1058)	−0. 4739** (0. 2410)	0. 0574 (0. 0967)	–	0. 4528*** (0. 0744)	−0. 2653*** (0. 1012)	0. 1304 (0. 2516)	0. 2546** (0. 1282)	–	0. 5489*** (0. 0750)

注：表中括号内的值是标准误，*，**，*** 分别表示在 10%，5%和 1%显著性水平上显著。

表 6.10　　除挪威以外的面板门限 Granger 因果检验

因变量	第一机制					第二机制				
	短期关系				长期关系	短期关系				长期关系
	Δsp	Δir	Δip	Δroil	ECM	Δsp	Δir	Δip	Δroil	ECM
Δsp	-	0.1430 (0.1889)	-0.3072 *** (0.0859)	-0.0903 ** (0.0437)	-0.6077 *** (0.0613)	-	-0.2228 (0.2212)	-0.1533 (0.1166)	-0.0328 (0.0615)	-0.6686 *** (0.0672)
Δir	-0.0838 *** (0.0288)	-	0.0413 (0.0288)	0.0340 ** (0.0139)	-0.0187 (0.0209)	0.0140 (0.0279)	-	-0.0217 (0.0375)	-0.0428 ** (0.0191)	0.0063 (0.0216)
Δip	-0.1371 ** (0.0640)	0.1504 (0.1420)	-	0.0373 (0.0309)	0.1212 ** (0.0476)	-0.0867 (0.0543)	-0.2511 * (0.1376)	-	0.0621 * (0.0371)	0.0774 * (0.0419)
Δroil	-0.4408 *** (0.1130)	-0.4244 * (0.2476)	0.0158 (0.1097)	-	0.4219 *** (0.0798)	-0.2435 ** (0.1087)	0.1548 (0.2621)	0.2661 * (0.1376)	-	0.5104 *** (0.0792)

注：表中括号内的值是标准误，*，**，*** 分别表示在 10%，5%和 1%显著性水平上显著。

6.3.4　实证结果比较与主要结论

传统门限协整的结果表明国际原油价格、利率、工业产值以及股票市场之间具有MTAR形式的门限协整关系。由于传统门限协整检验存在计算相对复杂以及协整关系刻画不完全的缺陷，本节利用贝叶斯分位门限协整进行进一步分析，发现国际原油价格、利率、工业产值以及股票市场之间在低分位水平和高分位水平下都存在门限协整关系；而在中位数水平下不存在门限协整关系；特别地，在低分位水平下是在第二机制存在协整关系，而在高分位水平下是在第一机制存在协整，体现了面板时间序列的非对称特征。因此，可以认为原油价格、利率、工业产值以及股票市场之间确实存在非对称门限效应。总体来看，贝叶斯分位门限协整方法能够提供更加全面便捷的协整检验，克服了传统门限协整检验方法计算相对复杂的难题。

由于原油价格、利率、工业产值以及股票市场之间存在门限协整关系，所以利用门限VECM进一步进行非线性Granger因果检验，发现原油和股票市场之间存在双向的长期关系，并且，与偏离的改变是正的情形相比，当偏离的改变是负的时，向长期均衡调整的速度更快，根据这种现象我们认为股票-原油的价格传递速度在偏离缩小时可能变得更快。

6.4　本章小结

本章主要利用面板协整方法，针对国际原油价格与股票市场之间的联动性关系进行研究，探讨原油价格与中国各行业股指，以及原油价格与多国股票市场之间的联系。首先以中国为例，利用13个行业股指的面板数据，结合面板变结构协整和基于贝叶斯分位回归理论的平滑变结构面板协整方法，研究了原油价格与中国各个行业股票价格之间的动态关系；接着利用面板门限协整和基于贝叶斯分位回归理论的面板门限协整方法分别考察了原油价格与14个国家的股票市场之间的关系，得出了如下结论：

(1)从中国各行业来看，原油价格与中国各行业股票价格之间确实存在变结构协整关系，并且，从贝叶斯分位面板门限协整的结果可以发现，它们之间在低分位0.1，0.25水平和高分位0.75，0.9水平上都存在结构变化的协整关系，而在中位数水平下也以60.2%的后验概率支持平滑变结构协整关系。

(2)从跨国股票市场来看，在考虑了额外变量利率和工业产值的影响时，发现原油价格以及股票市场之间存在MTAR形式的门限协整关系。并且，从贝叶斯分位的角度来看，它们之间在低分位水平和高分位水平下都存在门限协整关系，而在中位数水平下不存在门限协整关系；特别地，在低分位水平下是在第二机制存在协整关系，而在高分位水平下是在第一机制存在协整。非线性Granger因果检验进一步发现，原油和股票市场之间存在双向的长期关系，并且，当偏离发生负的改变时，向长期均衡调整的速度更快，这些都体现了原油和这些国家股票市场之间的非对称动态调整行为。

上述结论充分验证了贝叶斯分位面板协整方法的可行性与有效性，同时也说明了原油价格和股票市场之间的联动性特征。相对而言，贝叶斯分位面板协整方法能够提供更加全面便捷的模型参数估计和协整检验信息，更能体现面板时间序列的局部持续性和非对称性等特征。

原油价格与中国各行业股指之间的变结构协整关系说明在考虑了结构突变的情况下，原油价格与中国各行业股指具有长期均衡关系，表明中国股市与国际原油市场具有协同趋势。原油价格与股票市场之间的门限协整关系则表明原油市场与这14个国家的股票市场有共同趋势；另一方面，其Granger因果关系表明投资者可以从一个市场的信息来对另一个市场行为进行预测，以便制定有效的投资策略。因此，投资者可以投资这14个国家的股票市场以规避油价震荡的风险，但是需要同时考虑到原油和这些国家股票市场之间的动态调整行为的非对称性特征。

参考文献

[1] Engle R F, Granger C W J. Co-integration and error correction: Representation, estimation and testing. Econometrica, 1987, 55 (2): 251-276.

[2] Camarero M, Carrion-i-Silvestre J L, and Tamarit C. Does real interest rate parity for OECD countries? New evidence using panel stationarity tests with cross-section dependence and structural breaks. Scottish Journal of Political Economy, 2010, 57 (5): 568-590.

[3] McCoskey S, Kao C. A Residual-based Test of the Null Cointegration in Panel Data. Econometric Review, 1998, 17: 57-84.

[4] Kao C. Spurious regression and residual-based tests for cointegration in panel data. Journal of Econometrics, 1999, 90: 1-44.

[5] Kao C, Chiang M-H. On the estimation and inference of a cointegrated regression in panel data. Advances of Econometrics, 2000, 15: 7-51.

[6] Pedroni P. Critical values for cointegration tests in heterogeneous panels with multiple regressors. Oxford Bulletin of Economics and Statistics, 1999, Special Issue: 653-670.

[7] Pedroni P. Panel cointegration: asymptotic and finite sample properties of pooled time series tests with an application to the PPP hypothesis. Econometric Theory, 2004, 20: 597-625.

[8] Westerlund J. A panel CUSUM test of the null of cointegration. Oxford Bulletin of Economics and Statistics, 2005, 67 (2): 231-262.

[9] Phillips P C B, Hansen B E. Statistical inference in instrumental variables regression with I (1) processes. Review of Economic Studies, 1990, 57: 99-125.

[10] Saikkonen P. Asymptotic efficient estimation of cointegration regressions. Econometric Theory, 1991, 7: 1-21.

[11] Larsson R, Lyhagen J. Likelihood-based inference in multivariate panel cointegration models. Working paper series in Economics and Finance, No. 331, Stockholm School of Economics, 1999.

[12] Larsson R, Lyhagen J. Testing for common cointegrating rank in dynamic panels. No. 378, Working Paper Series in Economics and Finance from Stockholm School of Economics, 2000.

[13] Larsson R, Lyhagen J, Löthgren M. Likelihood-based cointegration tests in heterogenous panels. Econometrics Journal, 2001, 4: 109-142.

[14] O'Connell P G J. The overvaluation of purchasing power parity. Journal of International Economics, 1998, 44: 1-19.

[15] Gengenbach C, Palm F, Urbain J P. Panel cointegration testing in the presence of common factors. Oxford Bulletin of Economics and Statistics, 2006, 68: S1, 683-719.

[16] Westerlund J. Panel cointegration tests of the Fisher effect. Journal of Applied Econometrics, 2008, 23: 193-233.

[17] Bai J, Carrion-i-Silvestre J L. Testing panel cointegration with unobserable dynamic common factors. Mimeo, University of Barcelona, 2005.

[18] Westerlund J. Estimating cointegrated panels with common factors and the forward rate unbiasedness hypothesis. Journal of Financial Econometrics, 2007, 5: 491-522.

[19] Fuertes A-M. Sieve bootstrap t-tests on long-run average parameters. Computational Statistics and Data Analysis, 2008, 52: 3354-3370.

[20] Urbain J-P, Westerlund J. Least squares asymptotics in spurious and

cointegrated panel regressions with common and idiosyncratic stochastic trends. Oxford Bulletin of Economics and Statistic, 2011, 73 (1): 119-139.

[21] Kapetanios G, Pesaran M H, Yamagata T. Panels with nonstationary multifactor error structures, unpublished manuscript, 2009.

[22] Pesaran M H. Estimation and inference in large heterogeneous panels with a multifactor error structure. Econometrica, 2006, 74: 967-1012.

[23] Westerlund J, Hess W. A new poolability test for cointegrated panels. Journal of Applied Econometrics, 2011, 26 (1): 56-88.

[24] Bai J, Kao C. On the estimation and inference of a panel cointegration model with cross-sectional dependence. In Baltagi BH (Ed) Panel Data Econometrics: Theoretical Contributions and Empirical Applications, Elsevier Science: Amsterdam, 2006, 3-20.

[25] 林谦, 黄浩, 黎实. 考虑截面相关条件下的异质性面板数据协整回归模型的估计. 统计研究, 2010, 27 (9): 103-108.

[26] Berenguer-Rico V, Carrion-i-Silvestre J L. Testing for multicointegration in panel data with common factors. Oxford Bulletin of Economics and Statistics, 2006, 68 (s1): 721-739.

[27] Westerlund J. Testing for error correction in panel data. Oxford Bulletin of Economics and Statistics, 2007, 69 (6): 709-748.

[28] Westerlund J, Basher S A. Can panel data really improve the predictability of the monetary exchange rate model? Journal of Forecasting, 2007, 26 (5): 365-383.

[29] Westerlund J, Edgerton D L. A panel bootstrap cointegration test. Economics Letters, 2007, 97: 185-190.

[30] Di Iorio F, Fachin S. Testing for cointegration in dependent panels via residual-based bootstrap methods. Working paper. 2008.

[31] Fachin S. Long-run trends in internal migrations in Italy: a study in panel

cointegration with dependent units. Journal of Applied Econometrics, 2007, 22: 401-428.

[32] Groen J J J, Kleibergen F. Likelihood-based cointegration analysis in panels of vector error-correction models. Journal of Business and Economic Statistics, 2003, 21: 295-318.

[33] Breitung J. A parametric approach to the estimation of cointegration vectors in panel data. Econometric Reviews, 2006, 24: 151-173.

[34] Demetrescu M, Tarcolea A-I. Panel cointegration testing using nonlinear instruments. Working paper, Goethe-University Frankfurt, 2005.

[35] Westerlund J. New simple tests for panel cointegration. Econometrics Reviews, 2005, 24: 297-316.

[36] Westerlund J. Data dependent endogeneity correction in cointegrated panels. Oxford Bulletin of Economics and Statistic, 2005, 67 (5): 691-705.

[37] 张晓峒，王贵鹏，聂巧平．一般序列相关下面板虚假回归研究——估计量的渐进分布和小样本性质．南开经济研究，2006 (2): 122-129.

[38] Caporate G M, Cerrato C. Panel data tests of PPP: a critical overview. Applied Financial Economics, 2006, 16: 73-91.

[39] MeligkotsidouL, Tzavalis E, Vrontos I D. A Bayesian analysis of unit roots in panel data models with cross-sectional dependence. Available at SSRN: http: //ssrn. com/abstract=1334766. 2009.

[40] Koop G, Leon-Gonzalez R, Strachan R. Bayesian inference in a cointegrating panel data model. Advances in Econometrics, 2008, 23: 433-469.

[41] Carriero A, Kapetanios G, Marcellino M. Forecasting exchange rates with a large Bayesian VAR. International Journal of Forecasting, 2009, 25 (2): 400-417.

[42] Mol C D, Giannone D, Reichlin L. Forecasting using a large number of predictors: Is Bayesian shrinkage a valid alternative to principal components? Journal of Econometrics, 2008, 146 (2): 318-328.

[43] Lahiri K, Sheng X. Learning and heterogeneity in GDP and inflation forecasts. International Journal of Forecasting, 2010, 26 (2): 265-292.

[44] Trapani L, Urga G. Optimal forecasting with heterogeneous panels: A Monte Carlo study. International Journal of Forecasting, 2009, 25 (3): 567-586.

[45] Perron P. The great crash, the oil price shock, and the unit root hypothesis. Econometrica, 1989, 57: 1361-1401. Erratum, Econometrica, 1993, 61: 248-249.

[46] Perron P. Testing for a unit root in a time series with a changing mean. Journal of Business &Economic Statistics, 1990, 8: 153-162. Corrections and Extensions by Perron P, and Vogelsang T. Journal of Business & Economic Statistics, 1992, 10: 467-470.

[47] Rappoport P, Reichlin L. Segmented trends and non-stationary time series. Economic Journal, 1989, 99 supplement: 168-177.

[48] Gregory A W, Nason J M. Testing for structural breaks in cointegrated relationship. Working paper in Queen's University, Department of Economics. 1991.

[49] Campos J, Ericsson N R, Hendry D F. Cointegration tests in the presence of structural breaks. Journal of Econometrics, 1996, 70 (1): 187-220.

[50] Gregory A W, Hansen B E. Residual-based tests for cointegration in models with regime shifts. Journal of Econometrics, 1996, 70 (1): 99-126.

[51] Gregory A W, Hansen B E. Tests for cointegration in models with regime and trend shifts. Oxford Bulletin of Economics and Statistics, 1996, 58: 555-560.

[52] Hao K. Testing for structural change in cointegrated regression models: some comparisons andgeneralizations. Econometric Reviews, 1996, 15: 401-429.

[53] Diebold F X, Chen C. Testing structural stability with endogenous breakpoints: A size comparison of analytic and bootstrap procedures. Journal of Econometrics, 1996, 70: 221-241.

[54] Inoue A. Tests of cointegrating rank with a trend-break. Journal of Econometrics, 1999, 90: 215-237.

[55] Lutkepohl H, Saikkonen P, Trenkler C. Testing for the cointegrating rank of a VAR processes with level shift at unknown time. Econometrica, 2004, 72: 647-662.

[56] Kuo B. Test for partial parameters stability in regressions with I (1) processes. Journal of Econometrics, 1998, 86: 337-368.

[57] Seo B. Tests for structural change in cointegrated systems. Econometric Theory, 1998, 14: 222-259.

[58] Hansen H, Johansen S. Some tests for parameter constancy in the cointegrated VAR. Econometrics Journal, 1999, 2: 25-52.

[59] Hansen P R. Structural changes in cointegrated processes. Ph. D. Thesis, University of California, San Diego. 2000.

[60] Johansen S, Mosconi R, Nielsen B. Cointegration analysis in the presence of structural breaks in the deterministic trend. Econometrics Journal, 2000, 3: 216-24.

[61] 杨宝臣，张世英．变结构协整问题研究．系统工程学报，2002，17 (1): 26-31.

[62] Leybourne S J, Newbold P. Spurious rejections by cointegration tests induced by structural breaks. Applied Economics, 2003, 35 (9): 1117-1121.

[63] Carrion-i-Silvestre J L, Sansó A. Testing the null of cointegration with

structural breaks. Oxford Bulletin of Economics and Statistics, 2006, 68 (5): 623-646.

[64] Westerlund J, Edgerton D L. New improved tests for cointegration with structural breaks. Journal of Time Series Analysis, 2007, 28 (2): 188-224.

[65] Kurozumi E, Arai Y. Testing for the null hypothesis of cointegration with a structural break. Econometric Reviews, 2007, 26 (6): 705-739.

[66] Davidson J, Monticini A. Tests for cointegration with structural breaks based on subsamples. Computational Statistics and Data Analysis, 2010, 54: 2498-2511.

[67] Banerjee A, Carrion-i-Silvestre J L. Cointegration in panel data with breaks and cross-section dependence. European Central Bank, Working Paper Series, No. 591, 2006.

[68] Westerlund J, Edgerton D. A simple test for cointegration in dependent panels with structural breaks. Oxford Bulletin of Economics and Statistics, 2008, 70: 665-703.

[69] Westerlund J. Testing for panel cointegration with a level break. Economics Letters, 2006, 91: 27-33.

[70] Westerlund J. Testing for panel cointegration with multiple structural breaks. Oxford Bulletin of Economics and Statistics, 2006, 68: 101-132.

[71] Di Iorio F, Fachin S. Testing for cointegration with breaks in dependent panels. Working paper, 2010.

[72] Gutierrez L. Simple tests for cointegration in panels with structural breaks. Applied Economics Letters, 2010, 17 (2): 197-200.

[73] Kao C, Trapani L, Urga G. Modelling and testing for structural changes in panel cointegration models with common and idiosyncratic stochastice trend. Center for policy research working paper, 2007.

[74] Breitung J, Eickmeier S. Testing for structural breaks in dynamic factor

models. Journal of Econometrics, forthcoming, 2011.

[75] Liao W. Structrual breaks in panel data models: A new approach. Working paper, 2008.

[76] Canova F, Ciccarelli M. Forecasting and turning point predictions in a Bayesian panel VAR model. Journal of Econometrics, 2004, 120 (2): 327-359.

[77] Balke N, Fomby T. Threshold cointegration. International Economic Review, 1997, 38 (3): 627-645.

[78] Tsay R S. Testing and modeling multivariate threshold models. Journal of the American Statistical Association, 1998, 93 (443): 1188-1202.

[79] Cook S. Finite-sample power properties of threshold cointegration tests. Applied Economics Letters, 2008, 15 (1): 27-30.

[80] Esteve V, Prats M A. Threshold cointegration and nonlinear adjustment between stock prices and dividends. Applied Economics Letters, 2010, 17 (4): 405-410.

[81] Gooijer J G D, Vidiella-i-Anguera A. Forecasting threshold cointegrated systems. International Journal of Forecasting, 2004, 20 (2): 237-253.

[82] 刘印旭，张世英．基于门限协整系统的预测方法研究．数量经济技术经济研究，2005，22 (8): 129-136.

[83] Kapetanios G, Shin Y, Snell A. Testing for a unit root in the nonlinear STAR framework. Journal of Econometrics, 2003, 112 (2): 359-379.

[84] Koop G, Potter S M. Dynamic asymmetries in U.S. unemployment. Journal of Business and Economic Statistics, 1999, 17: 298-312.

[85] Kapetanios G, Shin Y, Snell A. Testing forcointegration in nonlinear smooth transition error correction models. Econometric Theory, 2006, 22 (2): 279-303.

[86] Choi I, Saikkonen P. Testinglinearity in cointegrating smooth transition regressions. Econometrics Journal, 2004, 7 (2): 341-365.

[87] 欧阳志刚．协整平滑转移回归中的线性检验——基于完全修正最小二乘法的扩展．统计研究，2010，27（3）：70-75.

[88] 刘金全，刘志刚．具有 Markov 区制转移的向量误差修正模型及其应用．管理科学学报，2006，9（5）：44-49.

[89] Hansen B E. Threshold effects in non-dynamic panels: estimation, testing, and inference. Journal of Econometrics, 1999, 93: 345-368.

[90] Shin D W, Jhee W. Tests for asymmetry in possibly nonstationary dynamic panel models. Economic Letters, 2006, 91: 15-20.

[91] Shin D W, Lee O. Unit root tests for panel MTAR model with cross-sectionally dependent error. Metrika, 2008, 67: 315-326.

[92] Beyaert A, Camacheo M. TAR panel unit root tests and real convergence. Review of Development Economics, 2008, 12 (3): 668-681.

[93] He C, Sandberg R. Inference for unit roots in a panel smooth transition autoregressive model where the time dimension is fixed. SSE/EFI Working Paper Series in Economics and Finance No. 581. Stockholm School of Economics, 2005.

[94] He C, Sandberg R. Testing for unit roots in nonlinear dynamic heterogeneous panel. SSE/EFI Working Paper Series in Economics and Finance No. 582. Stockholm School of Economics, 2005.

[95] Wu J-L, Lee H-Y. A revisit to the non-linear mean reversion of real exchange rates: Evidence from a series-specific non-linear panel unit-root test. Journal of Macroeconomics, 2009, 31: 591-601.

[96] Cerrato M, de Peretti C, Sarantis N. A nonlinear panel unit root test under cross section dependence. Working Papers, Department of Economics, University of Glasgow, 2009.

[97] Chi-Keung M L. Convergence across the United States: Evidence from panel ESTAR unit root test. International Advances in Economic Research, 2010, 16 (1): 52-64.

[98] Kapetanios G, Shin Y, Snell A. Testing for a unit root in the nonlinear STAR framework. Journal of Econometrics, 2003, 112: 359-379.

[99] Chiang M-H, Kuan C-M, Lo C-H. Panel unit root test under smooth transition. Institute of International Business. National Cheng Kung University, 2007.

[100] Fok D, van Dijk D, Franses P H. A multi-level panel STAR model for US manufacturing sectors. Journal of Applied Econometrics, 2005, 20 (6): 811-827.

[101] Fok D, van Dijk D, Franses P H. Forecasting aggregates using panels of nonlinear time series. International Journal of Forecasting, 2005, 21 (4): 785-794.

[102] 吴强，彭方平．动态门槛面板模型及我国经济增长收敛性研究．统计研究，2007，24（6）：28-31.

[103] 王少平，欧阳志刚．中国城乡收入差距对实际经济增长的阈值效应.中国社会科学．2008，（2）：54-66.

[104] Hansen B E. Inference when a nuisance parameter is not identified under the null hypothesis. Econometrica, 1996, 64 (2): 413-430.

[105] Hansen B E, Seo B. Testing for two regime threshold cointegration in vector error-correction models. Journal of Econometrics, 2002, 110 (2): 293-318.

[106] Bauwens L, Lubrano M, Richard J F. Bayesian inference in dynamic econometric models, Advanced Texts in Econometrics. New York: Oxford University Press. 1999: 41.

[107] Koop G. Bayesian analysis of endogenous delay threshold models. Journal of Business& Economic Statistics, 2003, 21 (1): 93-103.

[108] Geweke J, Terui N. Bayesian threshold autoregressive models for nonlinear time series. Journal of Time Series Analysis, 2008, 14 (5): 441-454.

[109] Park S J et al. Bayesian test for asymmetry and nonstationarity in MTAR model with possibly incomplete data. Computational Statistics & Data Analysis, 2005, 49 (4): 1192-1204.

[110] Smith P. Bayesian inference for a threshold autoregression with a unit root. Melbourne Institute Working paper, http://econpapers.repec.org/RePEc: iae: iaewps: wp2006n20. 2006.

[111] Caner M, Hansen B E. Threshold autoregression with a unit root. Econometrica, 2001, 69 (6): 1555-1596.

[112] Jung Y Y, Shin D W S. Bayesian analysis of panel data using an MTAR model. Journal of Applied Statistics, 2005, 32 (8): 841-854.

[113] Koop G, Tobias J L. Semiparametric Bayesian inference in smooth coefficient models. Journal of Econometrics, 2006, 134 (2): 283-315.

[114] Balcombe K, Bailey A, Brooks J. Threshold effects in price transmission: the case of Brazilian wheat, maize, and soya prices. American Journal of Agricultural Economics, 2007, 89 (2): 308-323.

[115] Stock J H. Asymptotic properties of least squares estimators of cointegrating vectors. Econometrica, 1987, 55: 1035-1056.

[116] Phillips P C B. Optimal inference in cointegrated systems. Econometrica, 1991, 59: 283-306.

[117] Phillips P C B, Loretan M. Estimating long-run economic equilibria. Review of Economic Studies, 1991, 58: 407-436.

[118] Stock J H, Watson M W. A simple estimator of cointegrating vectors in higher order integrated systems. Econometrica, 1993, 61 (4): 783-820.

[119] Johansen S. Maximum likelihood estimation and inference on cointegration-with applications to the demand for money. Oxford Bulletin of Economics and Statistics, 1990, 52: 169-210.

[120] Johansen S. Estimation and hypothesis testing of cointegration vectors in

Gaussian vector autoregressive models. Econometrica, 1991, 59: 1551-1580.

[121] Box G E P, Tiao G C. A canonical analysis of multiple time series. Biometrika, 1977, 64: 355-365.

[122] Harris D. Principal components analysis of cointegrated time series. Econometric Theory, 1997, 13: 529-557.

[123] Sims C A. Bayesian skepticism on unit root econometrics. Journal of Economic Dynamics and Control, 1988, 12: 463-474.

[124] DeJong D. Co-integration and trend-stationarity in macroeconomic time series. Journal of Econometrics, 1992, 52: 347-370.

[125] Dorfman J. A numerical Bayesian test for cointegration of AR processes. Journal of Econometrics, 1994, 66: 289-324.

[126] Koop G. Cointegration tests in present value relationships: a Bayesian look at the bivariate properties of stock prices and dividends. Journal of Econometrics, 1991, 49: 105-140.

[127] Koop G. An objective Bayesian analysis of common stochastic trends in international stock prices and exchange rates. Journal of Empirical Finance, 1994, 1: 343-364.

[128] Bauwens L, Lubrano M. Identification restrictions and posterior densities in cointegrated Gaussian VAR systems, in: Advances in Econometrics 11, Part B, (JAI Press, Greenwich) 3-28. 1996.

[129] Geweke J. Bayesian reduced rank regression in econometrics. Journal of Econometrics, 1996, 75: 121-146.

[130] Kleibergen F, van Dijk H K. On the shape of the likelihood/posterior in cointegration models. Econometric Theory, 1994, 10: 514-551.

[131] Martin G, Martin V. Bayesian inference in the triangular cointegration model using a Jeffreys prior. Communications in Statistics, Theory and Methods, 2000, 29: 1759-1785.

[132] Kleibergen F. Bayesian simultaneous equations analysis using equality restricted random variables. 1997 Proceedings of the Section on Bayesian Statistical Science, 141-147, American Statistical Association, 1997.

[133] Kleibergen F, van Dijk H K. Bayesian simultaneous equations analysis using reduced rank structures. Econometric Theory, 1998, 14: 701-743.

[134] Kleibergen F, Paap R. Prior, posteriors and bayes factors for a Bayesian analysis of cointegration. Journal of Econometrics, 2002, 111: 223-249.

[135] Strachan R. Valid Bayesian estimation of the cointegrating error correction model. Journal of Business and Economic Statistics, 2003, 21: 185-195.

[136] Villani M. Aspects of Bayesian cointegration. PhD thesis, Stockholm University, 2000.

[137] Villani M. Bayesian reference analysis of cointegration. Econometric Theory, 2005, 21: 326-357.

[138] Villani M. Bayesian point estimation of the cointegration space. Journal of Econometrics, 2006, 134: 645-664.

[139] Strachan R., Inder B. Bayesian analysis of the error correction model. Journal of Econometrics, 2004, 123 (2): 307-325.

[140] Strachan R, van Dijk H K. Valuing structure, model uncertainty and model averaging in vector autoregressive processes. Econometric Institute Report EI 2004-23, Erasmus University Rotterdam, Econometric Institute, 2004.

[141] Koenker R, Xiao Z. Unit root quantile autoregression inference. Journal of the American Statistical Association, 2004, 99 (467): 775-787.

[142] Galvao Jr A F. Unit root quantile autoregression testing using covariates. Journal of Econometrics, 2009, 152 (2): 165-178.

[143] Xiao Z. Quantile cointegrating regression. Journal of Econometrics, 2009, 150 (2): 248-260.

[144] Koenker R, Bassett G. Regression quantiles. Econometrica, 1978, 46 (1): 33-50.

[145] YuK, Moyeed R A. Bayesian quantile regression. Statistics & Probability Letters, 2001, 54 (4): 437-447.

[146] Yu K. Quantile regression using RJMCMC algorithm. Computational Statistics & Data Analysis, 2002, 40 (2): 303-315.

[147] Yu K, Lu Z, Stander J. Quantile regression: applications and current research areas. Journal of the Royal Statistical Society Series D (The Statistician), 2003, 52 (3): 331-350.

[148] Yu K, Lu Z. Local linear additive quantile regression. Scandinavian Journal of Statistics, 2004, 31 (3): 333-346.

[149] Yu K; Stander J. Bayesian analysis of a Tobit quantile regression model. Journal of Econometrics, 2007, 137 (1): 260-276.

[150] Tsionas E G. Bayesian quantile inference. Journal of Statistical Computation and Simulation, 2003, 73 (9): 659-674.

[151] Cai Y. A quantile approach to US GNP. Economic Modelling, 2007, 24: 969-979.

[152] Cai Y, Stander J. Quantile self-exciting threshold autoregressive time series models. Journal of time series, 2008, 29 (1): 186-202.

[153] Cai Y. Forecasting for quantile self-exciting threshold autoregressive time series models. Biometrika, 2010, 97 (1): 199-208.

[154] Kozumi H, Kobayashi G. Gibbs sampling methods for Bayesian quantile regression. Journal of Statistical Computation and Simulation, 2011: ifirst: 1-14.

[155] Burgette L F, Reiter J P. Modeling adverse birth outcomes via comfirmatory factor quantile regression. Biometrics, 2011, doi: 10. 1111/j. 1541-0420. 2011. 01639. x.

[156] Benoit D F, Van den Poel D. Binary quantile regression: a Bayesian

approach based on the asymmetric Laplace distribution. Journal of Applied Econometrics, 2011, doi: 10.1002/jae.1216.

[157] Reed C, Yu K. A Partially Collapsed Gibbs sampler for Bayesian quantile regression. Brunel University, Working paper, 2009.

[158] Lancaster T, Jun S J. Bayesian quantile regression methods. Journal of Applied Econometrics, 2010, 25 (2): 287-307.

[159] YuK, Jones M C. Local linear quantile regression. Journal of the Americam Statistical Association, 1998, 93 (441): 228-237.

[160] De Gooijer J G, Gannoun A, Zerom D. A multivariate quantile predictor. Communications in Statistics-Theory and Methods, 2006, 35: 133-147.

[161] Min I, Kim I. A Monte Carlo comparison of parametric and nonparametric quantile regressions. Applied Economics Letters, 2004, 11: 71-74.

[162] Chen L, Yu K. Automatic Bayesian quantile regression curve fitting. Statistics and Computing, 2009, 19 (3): 271-281.

[163] Kottas A, Krnjaji'c M. Bayesian semiparametric modelling in quantile regression. Scandinavian Journal of Statistics, 2009, 36 (2): 297-319.

[164] Thompson P, Cai Y, Moyeed R, Stander J. Bayesian non-parametric quantile regression using splines. Computational Statistics and Data Analysis, 2010, 54 (6): 1138-1150.

[165] Koenker R, Bassett G. Robust tests for heteroscedasticity based on regression quantiles. Econometrica, 1982, 50 (1): 43-61.

[166] Powell J L. Least absolute deviations estimation for the censored regression model. Journal of Econometrics, 1984, 25: 303-325.

[167] Weiss A. Estimating nonlinear dynamic models using least absolute error estimation. Econometric Theory, 1987, 7: 46-68.

[168] Koenker R, Xiao Z. Quantile autoregression. Journal of the American

Statistical Association, 2006, 101: 980-990.

[169] Qu Z. Testing for structural change in regression quantiles. Journal of Econometrics, 2008, 146 (1): 170-184.

[170] Galvao Jr A F, Montes-Rojas G, Olmo J. Threshold quantile autoregressive models. Journal of Time Series Analysis, 2011, 32 (3): 253-267.

[171] Lipsitz S R, Fitzmaurice G M, Molenberghs G, Zhao L P. Quantile regression methods for longitudinal data with Drop-outs: application to CD4 cell counts of patients infected with the human immunodeficiency virus. Journal of the Royal Statistical Society: Series C (Applied Statistics), 1997, 46 (4): 463-476.

[172] Koenker R. Quantile regression for longitudinal data. Journal of Multivariate Analysis, 2004, 91: 74-89.

[173] Lamarche C. Robust penalized quantile regression estimation for panel data. Journal of Econometrics, 2010, 157: 396-408.

[174] Canay I A. A note on quantile regression for panel data models. Northwestern University, Working paper, 2011.

[175] Galvao Jr A F, Montes-Rojas G V. Penalized quantile regression for dynamic panel data. Journal of Statistical Planning and Inference, 2010, 140: 3476-3497.

[176] Galvao Jr A F. Quantile regression for dynamic panel data with fixed effects. Journal of Econometrics, 2011, 164 (1): 142-157.

[177] Harding M, Lamarche C. A quantile regression approach for estimating panel data models using instrumental variables. Economics Letters, 2009, 104: 133-135.

[178] 罗幼喜，田茂再．面板数据的分位回归方法及其模拟研究．统计研究，2010，27 (10)：81-87.

[179] Kato K, Galvao Jr A F. Smoothed quantile regression for panel

data. Hiroshima University, Working paper, 2010.

[180] Kato K, Galvao Jr A F, Montes-Rojas G V. Asymptotics and bootstrap inference for quantile regression panel data. Hiroshima University, Working paper. 2010.

[181] Karlsson A. Nonlinear quantile regression estimation of longitudinal data. Communications in Statistics-Simulation and Computation, 2008, 37: 114-131.

[182] Geraci M, Bottai M. Quantile regression for longitudinal data using the asymmetric Laplace distribution. Biostatistics, 2007, 8 (1): 140-145.

[183] Yuan Y, Yin G. Bayesian quantile regression for longitudinal studies with nonignorable missing data. Biometrics, 2010, 66: 105-114.

[184] Kobayashi G, Kozumi H. Bayesian analysis of quantile regression for censored dynamic panel data. Computational Statistics, 2011, doi: 10. 1007/s00180-011- 0263-3.

[185] Luo Y, Lian H, Tian M. Bayesian quantile regression for longitudinal data models. Journal of Statistical Computation and Simulation, 2011, iFirst: 1-15.

[186] Harris D. , Inder B. A test of the null hypothesis of cointegration. In Non-Stationary Time Series Analysis and Cointegration, ed. C. Hargreaves, Oxford University Press, New York, 1994.

[187] Shin Y. A residual-based test of the null of cointegration against the alternative of no cointegration. Econometric Theory, 1994, 19: 91-115.

[188] Koop G. Bayesian Econometrics. John Wiley & Sons Ltd, England, 2003.

[189] 朱慧明，韩玉启. 贝叶斯多元统计推断理论. 北京：科学出版社，2006.

[190] 茆诗松. 贝叶斯统计. 北京：中国统计出版社，1999.

[191] 阿诺德·泽尔纳著. 计量经济学贝叶斯推断引论. 张尧庭，译. 上

海：上海财经大学出版社，2005.
[192] Chib S. Marginal likelihood from the Gibbs output. Journal of the American Statistical Association, 1995, 90: 1313-1321.
[193] Smith A F M, Roberts G O. Bayesian computation via the Gibbs sampler and related Markov chain Monte Carlo methods. Journal of the Royal Statistical Society Series B, 1993, 55: 3-23.
[194] Tierney L. Markov chains for exploring posterior distributions. Annals of Statistics, 1994, 22: 1701-1762.
[195] Quah D. Exploiting cross section variation for unit root inference in dynamic data. Economics Letters, 1994, 44: 9-19.
[196] Bai J, Ng S. A PANIC attack on unit roots and cointegration. Econometrica, 2004, 72: 1127-1177.
[197] Kobayashi G, Kozumi H. Bayesian analysis of quantile regression for censored dynamic panel data. Computational Statistics, 2011, DOI: 10.1007/s00180-011-0263-3.
[198] Lubrano M. Testing for unit roots in a Bayesian framework. Journal of Econometrics, 1995, 69 (1): 81-109.
[199] Uhlig H. What macroeconomists should know about unit roots: a Bayesian perspective. Econometrics Theory, 1994, 10 (3-4): 645-671.
[200] Burgette L F, Reiter J P. Modeling adverse birth outcomes via confirmatory factor quantile regression. Biometrics, 2011, DOI: 10.1111/j.1541-0420.2011.01639.x.
[201] Arai Y, Kurozumi E. Testing for the null hypothesis of cointegration with a structural break. Econometric Reviews, 2007, 26 (6): 705-739.
[202] Gallant A R. On the bias in flexible functional forms and an essentially unbiased form: the flexible Fourier form. Journal of Econometrics, 1981, 15: 211-245.
[203] Prodan R. Potential pitfalls in determining multiple structural changes

with an application to purchasing power parity. Journal of Business and Economics Statistics, 2008, 26: 50-65.

[204] Im K S, Pesaran M H, Shin Y. Testing for unit roots in heterogeneous panels. Journal of Econometrics, 2003, 115: 53-74.

[205] Juáreza M A, Steel M F J. Non-Gaussian dynamic Bayesian modeling for panel data. Journal of Applied Econometrics, 2010, 25: 1128-1154.

[206] Chen C W S. A Bayesian analysis of generalized threshold autoregressive models. Statistics & Probability Letters, 1998, 40 (1): 15-22.

[207] Jung Y Y, Shin D W, Oh M-S. Bayesian analysis of panel data using an MTAR model. Journal of Applied Statistics, 2005, 32 (8): 841-854.

[208] Chen C W S, Lee J C. Bayesian inference of threshold autoregressive models. Journal of Time Series Analysis, 1995, 16 (5): 483-492.

[209] Davies R. Hypothesis testing when a nuisance parameter is present only under the alternative. Biometrika, 1977, 64: 247-254.

[210] Hamilton J D. Oil and the macroeconomy since World War Ⅱ. The Journal of Political Economy, 1983, 9: 228-248.

[211] Jones C M, Kaul G. Oil and the stock markets. Journal of Finance, 1996, 51: 463-491.

[212] Sadorsky P. Oil price shocks and stock market activity. Energy Economics, 1999, 21: 449-469.

[213] Ciner C. Energy shocks and financial markets: nonlinear linkages. Studies in Nonlinear Dynamics and Econometrics, 2001, 5: 203-212.

[214] Kilian L, Park C. The impact of oil price shocks on the U. S. stock market. International Economic Review, 2009, 50: 1267-1287.

[215] Hammoudeh S, Li H. Oil sensitivity and systematic risk in oil-sensitive stock indices. Journal of Economics and Business, 2005, 57: 1-21.

[216] Ghouri S S. Assessment of the relationship between oil prices and US oil stocks. Energy Policy, 2006, 34: 3327-3333.

[217] Miller J I, Ratti R A. Crude oil and stock markets: stability, instability, and bubbles. Energy Economics, 2009, 31: 559-568.

[218] Aloui C, Jammazi R. The effects of crude oil shocks on stock market shifts behaviour: a regime switching approach. Energy Economics, 2009, 31: 789-799.

[219] Chen S-S. Do higher oil prices push the stock market into bear territory? Energy Economics, 2010, 32: 490-495.

[220] Basher S A, Sadorsky P. Oil price risk and emerging stock markets. Global Finance Journal, 2006, 17: 224-251.

[221] Hammoudeh S, Choi K. Characteristics of permanent and transitory returns in oil-sensitive emerging stock markets: the case of GCC countries. Journal of International Financial Markets, Institutions and Money, 2007, 17: 231-245.

[222] Nandha M, Hammoudeh S. Systematic risk, and oil price and exchange rate sensitivities in Asia-Pacific stock markets. Research in International Business and Finance, 2007, 21: 326-341.

[223] El-Sharif I, Brown D, Burton B, Nixon B, Russell A. Evidence on the nature and extent of the relationship between oil prices and equity values in the UK. Energy Economics, 2005, 27: 819-830.

[224] Narayan P K, Narayan S. Modelling the impact of oil prices on Vietnam's stock prices. Applied Energy, 2010, 87: 356-361.

[225] Arouri M E H, Rault C. Oil prices and stock markets in GCC countries: empirical evidence from panel analysis. International Journal of Finance and Economics, 2011, n/a. doi: 10.1002/ijfe.443.

[226] Park J, Ratti R A. Oil price shocks and stock markets in the U. S. and 13 European countries. Energy Economics, 2008, 30: 2587-2608.

[227] Cong R-G, Wei Y-M, Jiao J-L, Fan Y. Relationships between oil price shocks andstock market: an empirical analysis from China. Energy

Policy, 2008, 36: 3544-3553.

[228] Henriques I, Sadorsky P. Oil prices and the stock prices of alternative energy companies. Energy Economics, 2008, 30: 998-1010.

[229] Apergis N, Miller S M. Do structural oil-market shocks affect stock prices? Energy Economics, 2009, 31: 569-575.

[230] Chen N-F. Financial investment opportunities and the macroeconomy. Journal of Finance, 1991, 46: 529-554.

[231] Bai J, Carrion-i-Silvestre J L. Structural changes, common stochastic trends, and unit roots in panel data. Review of Economic Studies, 2009, 76: 471-501.

[232] Carrion-i-Silvestre J L, Del Barrio-Castro T, López-Bazo E. Breaking the panels: an application to the GDP per capita. Econometrics Journal, 2005, 8: 159-175.

[233] Fama E F. Stock returns, real activity, inflation, and money. American Economic Review, 1981, 71: 545-565.

[234] Pesaran M H. A simple panel unit root test in the presence of cross section dependence. Journal of Applied Econometrics, 2007, 22: 265-312.

[235] Maddala G S, Wu S. A comparative study of unit root tests with panel data and a new simple test. Oxford Bulletin of Economics and Statistics, 1999, Special Issue: 631-652.

[236] Choi I. Unit root tests for panel data. Journal of International Money and Finance, 2001, 20: 249-272.